国学新读本

《CHUANXI LU》 ZHUSHUO

《传习录》注说

岳淑珍 注说

河南大学出版社
·郑州·

国学新读本编辑委员会

总策划　马小泉

主　编　李振宏

编　委　(以姓氏笔画为序)

　　　　马小泉　王　健　朱绍侯　刘小敏
　　　　苏凤捷　李中华　李振宏　杨天宇
　　　　杨寄林　杨朝明　何晓明　宋会群
　　　　张云鹏　张富祥　郑慧生　赵国华
　　　　姜建设　袁喜生　曹　峰　曹础基
　　　　戚良德　龚留柱　曾振宇　熊铁基

目　录

序 ………………………………… 李振宏（1）
《传习录》通说 …………………………………（1）
　一、王阳明心学思想的发展历程 ……………（1）
　二、《传习录》的思想内涵 …………………（42）
　三、《传习录》的版本与阳明心学的传播 …（91）
　四、《传习录》的历史影响及当代价值 ……（97）
　五、《传习录》的阅读 ………………………（116）
　六、《传习录》的校注说明 …………………（123）
《传习录》简注 …………………………………（124）
　卷上 …………………………………………（124）
　卷中 …………………………………………（202）
　卷下 …………………………………………（279）
〔附录〕朱子晚年定论 …………………………（341）
参考文献 …………………………………………（356）

序

最近一些年来，一股"国学热"的思潮强劲涌动，在文化学界以至于整个社会上，引起了强烈反响。为什么在这样一个社会的大变革时代，在从传统社会向现代社会的转型期，最为传统的国学，却能引起国人的极大兴趣，这的确是一个值得思考和研究的问题。

"国学"作为一个学术文化概念，产生于近代。从渊源上讲，"国学"概念的产生，与"国粹"有些关联，并且是从对抗西学入侵的角度提出来的。今天，中华民族早已是一个独立于世界民族之林的自立自强的民族，全球经济一体化所带来的世界文化的汇合与交融，也早已是历史发展的必然趋势，而在这样的历史大势中，却会有"国学热"的产生，乍一看来，确有不可思议之处。但实际上，国学的当代走红，则与我们今天所处的历史时代有着一定的关系。

随着改革开放的迅速推进，随着市场经济的强劲发展，传统道德受到了强烈冲击，传统文化与现代文化观念的碰撞也日益强烈。于是，如何看待传统文化的问题，就严峻地摆到了国人的面前。传统文化的出路何在，它从何而来，要走向何方，如何对之进行价值重估，一切关心文化问题、有强烈历史责任感的人们，无不把关注的目光投向中国的传统学术。当然，也不排除一些对改革开放和市场经济所带来的冲击无法理解和接受，对现代经济发展对传统道德的亵渎强烈抗议的人们，自然而然地发出向传统文化复归而倡导国学的呼声。总之，无论是出于积极的思考，还是抱着一种向后看的心态，对国学的重视则成了最近十多年来一种普遍的文化选择。

于是，对待"国学热"就需要有一个分析的态度。对于任何一个民族的发展来说，传统文化都是其牢固的根基，是其一切历史的出发点，摒弃传统，甚至全盘否定传统文化，都是幼稚可笑的、不可取的。但一遇到问题就求助于传统，甚至一味狂热地提倡向传统复归，也是走不通的，过去那句常说的"倒退是没有出路的"话，虽说不是什么至理名言，却也还是有些道理的。这些年来，一些地方出现的中小学生，甚至幼儿园小朋友"读经热"，就是一种值得注意的现象。国学，毕竟是一种学术，需要有一定的文化基础，有一定的分析批判能力，才能对之进行识读、鉴别而决定其取舍。所以，严格地说，对于国学，尤其是经学，在当代中国，需要的是研究以及在此基础上的批判继承，而不是再像传统社会中那样采取唱诗班的方式，对青少年一代进行无分析的灌输。因此，如何弘扬传统文化，就是一个需要思考的问题。

正是基于以上考虑，为了满足弘扬优秀传统文化的需要，也为了对社会上盲目崇尚读经的风气有所引导，我们组织了这套"国学新读本"丛书，选择一些在中国传统文化中影响较大的国学典籍，对之简明扼要地进行注释，然后在读本前边用较大篇幅解读该典籍的基本思想文化内涵，评述其在中国文化史上的地位和影响，并对如何阅读该典籍做出读书方法上的引导。通过这样一个较为翔实的导读内容，以批判分析的态度，给青年人的国学典籍阅读提供一个健康的思想导向。根据这样的宗旨，这套丛书，在大的结构上，每本都分为"通说"和"简注"两个部分，"通说"是导读的性质，"简注"在于疏通文字，希望这样的安排，能够为青年朋友和一般社会读者提供一个国学入门的向导。果能如此,也就实现了撰著者和出版者的愿望。

国学所以是国学,就在于它是我们祖国优秀民族文化和民族精神的载体。这些国学典籍包含着民族文化的基因,蕴藏着民族精神的范型。衷心期待这套丛书能够成为广大读者学习国学精华、体认民族精神、继承祖国优秀文化遗产的良师益友。

李振宏

《传习录》通说

王阳明(1472—1529),原名云,后改名守仁,字伯安,浙江余姚人。官至南京兵部尚书,封新建伯。明隆庆元年(1567)追赠新建侯,谥文成。他是明代著名的思想家、哲学家、军事家、文学家、教育家。其一生文治武功俱称于世,其哲学思想上承孟子,中继陆九渊,从而形成与程朱理学分庭抗礼的阳明心学,中国哲学思潮亦自王阳明心学的形成与广泛传播开始转变。其学说不仅对我国明、清两代以及近现代影响深远,而且对东亚国家如日本、朝鲜亦影响颇深。

一、王阳明心学思想的发展历程

王阳明有着显赫的家族,其先人王览本为琅琊人,晋朝时官至光禄大夫,至曾孙著名书法家王羲之时,始从琅琊徙居山阴。之后,王阳明的十一世祖迪功郎王寿又从山阴迁居余姚,王氏一族自此在余姚定居下来。王氏家族进入明代以来,逐步走向繁荣。王寿五世孙王纲文武兼备,为明代开国功臣刘伯温的至交好友,被刘伯温举荐为兵部郎中,后又被擢为广东参议,在广东平定苗人的战役中战死①;其子王彦达痛心于父亲的忠死,不愿为官,且自号秘湖渔隐。王阳明的高祖王与准即王彦达之子,精通《易》《礼》,有极高的天赋,撰有《易微》。但王与准鄙视科举,并拒绝引荐,甘心做隐士,不趋炎附势,以遁石翁为号。曾祖王世杰因其父曾在门前种植有三棵槐树而自号槐里子,时人尊称其为槐里先生。多次被县里举荐,皆以家中尚有老父母为由,推辞不受。父母先后谢世后,王世杰遵奉母命,才接受地方举荐进入南京国子监。国子监祭酒陈敬宗见到王世杰后欣赏有加,推荐他到朝廷做官,但王世杰还没有到任就辞世了。王世杰美髯秀目,似神仙中人,且羡慕孔子弟子曾子的洒落与超脱。著有《易春秋说》《周礼考正》等。阳明祖父王伦,字天叙,细目美须,身材魁梧,生性爱竹,胸次洒落,号为竹轩,时人以陶渊明、林逋比之。擅长弹琴,吟啸诗歌。生活颇清贫,靠教授弟子维持家用。著有《竹轩稿》《江湖杂稿》等。王阳明之父王华,字德辉,别号实庵,晚年号海日翁,又因在龙泉山读书,号龙山公。成化十七年(1481)殿试第一,中了状元,被授翰林院修撰。弘治元年(1488),出任经筵讲官,负责为皇帝讲经读书,又被任命为每日进讲的讲官。后担任翰林院学士,官至南京吏部尚书。"龙山公常思山阴山水佳丽,又为先世故居,复自姚徙越城之光相坊居之。"②王华气质淳厚,才识宏达,仁恕守节,不修边幅;为诗作文,不事雕琢,追求自然,多涉猎儒家经典,著有《龙山稿》《礼经大义》等。王氏家族深厚的文化底蕴和洒脱自由的环境,培养了王阳明聪颖善思、豪迈不羁的天性。

---

① 王守仁:《王阳明全集》卷三十三《年谱一》,吴光、钱明、董平等编校,上海古籍出版社,2011,第1345页。按,《明史·王纲传》记载略有不同,云其死于海盗之手。

② 《王阳明全集》卷三十三《年谱一》,第1345页。

1. 少年聪颖善思，思天下第一等事（1472—1484）

王阳明出生于成化八年（1472）九月三十日，据《年谱一》载，其母亲郑夫人怀孕十四个月才生下王阳明。阳明出生时，其祖母梦见绯衣神人从云中送儿与她，祖父竹轩公甚异，即以云为其名。当时乡人皆传其梦，后来，阳明出生之楼便命名为瑞云楼。阳明五岁尚不能言，一日，有神僧见王云道："好个孩儿，可惜道破。"①竹轩公似有所悟，于是就为王云更名为王守仁。更名后即能言，并且能诵读竹轩公读过的文章。

成化十八年（1482，阳明十一岁），举家迁居北京。在途经金山寺时，竹轩公酒酣，与客赋诗未成，阳明出口成诗曰："金山一点大如拳，打破维扬水底天。醉倚妙高台上月，玉箫吹彻洞龙眠。"客人十分吃惊，又命赋《蔽月山房》诗，阳明随口应答："山近月远觉月小，便道此山大于月。若人有眼大如天，还见山小月更阔。"②从五岁诵读竹轩公所读书至十一岁能出口成诗，阳明聪颖的秉性可见一斑，第二首诗充满禅趣，似乎预示着阳明终究成为不同凡俗的哲人。

王阳明于成化十九年（1483，阳明十二岁）入私塾，其天性豪迈不羁，其父王华常常为此忧虑，唯独竹轩公知其所以然。一日，阳明与同学走在长安街上，遇一相士，相士看到王阳明后非常诧异，并对其说道："吾为尔相，后须忆吾言：须拂领，其时入圣境；须至上丹台，其时结圣胎；须至下丹田，其时圣果圆。"阳明对此语似有所悟，此后，往往对书静坐凝思。尝问塾师道："何为第一等事？"塾师告诉他："惟读书登第耳。"而王阳明凝视着老师说："登第恐未为第一等事，或读书学圣贤耳。"③可以说，在少不更事的年纪，王阳明

---

① 《王阳明全集》卷三十三《年谱一》，第 1346 页。
② 《王阳明全集》卷三十三《年谱一》，第 1346 页。
③ 《王阳明全集》卷三十三《年谱一》，第 1346-1347 页。

就静思好学,朦胧地立下了一生的宏愿。其入私塾第二年,母亲郑夫人病故,阳明居丧哭泣甚哀。

2. 青年豪迈慕圣举,欲格物成圣(1485—1499)

阳明不仅聪颖善思,其豪迈不羁的天性也很快就表现出来了,成化二十二年(1486),十五岁的王阳明出游居庸三关,慨然有经略四方之志。他在居庸三关考察的一个多月中,多次访乡贤,思考御边策略,还曾与胡人交锋,致使二胡人双双中箭。在与胡人交战胜利后,他梦到自己拜谒伏波将军庙,且赋诗一首:"卷甲归来马伏波,早年兵法鬓毛皤。云埋铜柱雷轰折,六字题文尚不磨。"马伏波即东汉光武帝时期的马援,此诗表达了对马援为汉朝中兴而戍守边关、建功立业的景仰之情及其戍边报国的志向。后又听说京城周边石英、王勇肆意掠夺,而陕西的石和尚、刘千斤等攻城作乱,关心国事、忧国忧民的王阳明多次想向朝廷献破敌之策,"龙山公斥之为狂,乃止"。①

弘治元年(1488,阳明十七岁),王阳明回到老家完成人生的大事——成婚。其岳父(亦是其舅父)为时任江西布政司参议的诸养和,是其父王华的至交好友。大婚之日的王阳明偶然步入道观铁柱宫,并向道士讨养生之术,"遂相与对坐忘归"②,翌日始还家中。大喜之日新郎缺席,新婚之夜让新娘独守空房,王阳明的成亲确实与凡人不同。可以说,此时对道家思想的痴迷,为王阳明其后心学思想的形成打下了良好的基础。大婚后,暂住在诸养和官署的王阳明,利用官署所存数箱纸张,日习书法,书法大进。王阳明曾经对学者说:"吾始学书,对模古帖,止得字形。后举笔不轻落纸,凝思静虑,拟形于心,久之始通其法。既后读明道先生书曰:'吾作字

---

① 《王阳明全集》卷三十三《年谱一》,第1347页。
② 《王阳明全集》卷三十三《年谱一》,第1347页。

甚敬,非是要字好,只此是学。'既非要字好,又何学也?乃知古人随时随事只在心上学,此心精明,字好亦在其中矣。'后与学者论格物,多举此为证。"①

王阳明从小立下了做圣贤的宏愿,而当时王阳明心中程朱当为圣贤,因为明代科举考试的内容即是经过程朱笺释过的儒家经典,所谓"程朱理学",阳明的启蒙教育所学内容即如此。因此,弘治二年(1489),十八岁的王阳明"慕圣举",在送诸夫人归余姚,舟至广信(今江西上饶)时,拜访了当时著名的儒者娄谅。娄谅向其讲授"宋儒格物之学,谓'圣人必可学而至'",阳明"遂深契之"。②弘治三年(1490,阳明十九岁),阳明祖父王伦在故里辞世,其父王华因守丧居家,其间为家族子弟讲解儒家经义。王阳明白天随众课业,晚上搜取诸经子史,切磋琢磨。弘治五年(1492,阳明二十一岁),阳明参加浙江乡试,与孙燧、胡世宁同举。也就是在这一年,阳明"始侍龙山公于京师",潜心研究宋儒格物之学,并在京师遍求朱熹遗书研读。朱熹认为,理存在于一草一木之中。当时王华官署中多竹,于是,阳明取竹子格之。他对着庭前的竹子辗转思索,一格再格,希望获得真知,彻悟万物之理,这就是有名的"阳明格竹"典故之由来。但是阳明一直格到身体患病,也没有格出任何收获。于是在感慨"圣贤有分"的同时,"乃随世就辞章之学"。③但弘治六年(1493,阳明二十二岁)阳明会试落第,其愿不遂。王阳明可谓连遭打击,格物不成,认为与圣贤无缘,科考落榜,仕途不顺,心情十分沮丧。时为宰相的李东阳鼓励他说:"汝今岁不第,来科必为状元,试作来科状元赋。"在李东阳的鼓励下,阳明竟然援笔立就,因此遭人嫉恨,及弘治九年(1496,阳明二十五岁)会试,被忌者

---

① 《王阳明全集》卷三十三《年谱一》,第 1347-1348 页。
② 《王阳明全集》卷三十三《年谱一》,第 1348 页。
③ 《王阳明全集》卷三十三《年谱一》,第 1349 页。

所抑。此时同舍中有以不第为耻者,阳明则说:"世以不得第为耻,吾以不得第动心为耻。"①此次落第后,阳明再归余姚,在龙泉山寺结诗社,与诗社成员对弈联诗,吟赏烟霞,诗艺大进。

弘治十年(1497,阳明二十六岁),王阳明又回到了京师,开始研读兵法,"凡兵家秘书,莫不精究。每遇宾宴,尝聚果核列阵势为戏"②,想使自己成为能武能文的统御之才。此时的王阳明内心充满了激烈的矛盾,一方面"自念辞章艺能不足以通至道",一方面对程朱理学仍抱有很大希望。弘治十一年(1498,阳明二十七岁),有一天读到朱熹上宋光宗疏,其中说:"居敬持志,为读书之本,循序致精,为读书之法。"于是检讨自己虽然探讨博洽,但没有循序致精,所以一无所获。又循序思之,仍觉理与心终判为二,一直思索至旧病复发,也毫无结果,又一次感慨"圣贤有分"。于是"偶闻道士谈养生,遂有遗世入山之意"。在这样矛盾的心情中,阳明终于在弘治十二年(1499,阳明二十八岁)春考中进士,"赐二甲进士出身第七人,观政工部"。③

3. 为官初期——徘徊于佛道间(1499—1505)

进士及第的王阳明先观政工部,一年后被委以实职。王阳明观政工部时的第一桩差事,即是到河南浚县督造威宁伯王越的坟墓。王越为景泰二年(1451)进士,以军功封为威宁伯,王阳明对他钦慕有加,"尝梦武宁伯遗以弓剑"。工程竣工后,威宁伯家人以王越生前佩剑赠之,王阳明看到自己梦中所见的宝剑,期望自己有一天能和威宁伯王越一样,领军杀敌,立功疆场。督造威宁伯王越墓工程完工之后,阳明回到京城,就在此时,传来"达寇猖獗"的消息。

---

① 《王阳明全集》卷三十三《年谱一》,第 1349 页。
② 《王阳明全集》卷三十三《年谱一》,第 1349 页。
③ 《王阳明全集》卷三十三《年谱一》,第 1349-1350 页。

朝廷下诏求言,王阳明上书对边务提出了八项建议,"言极剀切"。① 然而此时的王阳明人微言轻,所上《边务八事》如石沉大海,但从其所上疏中可知,阳明此时即对兵法颇有研究,已经具备战略家的资质。弘治十三年(1500,阳明二十九岁),王阳明观政期满,被任命为刑部云南清吏司主事。第二年(1501,阳明三十岁),王阳明奉命到江北审录囚犯。他主持正义,平反了许多冤假错案,江北各州府多所赞扬。事毕,王阳明游览了九华山,并洋洋洒洒写下了《游九华赋》。他会见了善于"谈仙"的道者蔡蓬头,又与地藏洞异人谈论大乘教义。此时期,王阳明的思想仍然是矛盾的,他期望自己成圣,但又表露出对神仙生活的向往。他在九华山所作的《题四老围棋图》是此时心迹的形象展示:"世外烟霞亦许时,至今风致后人思。却怀刘项当年事,不及山中一著棋。"②可以说,王阳明不断地吸取道家与佛家思想之精华,在矛盾中寻求着自己的成圣之道。

弘治十五年(1502,阳明三十一岁)五月,游毕九华山,王阳明回京复命。此时的京城,复古运动如火如荼,以李梦阳、何景明为首的前七子提倡"文必秦汉,诗必盛唐",发起了明代以来文学革新的风潮。王阳明看到"京中旧游俱以才名相驰骋,学古诗文",渴望做圣贤而又暂时无缘成为圣贤的王阳明,创作了不少与时文不同的清新之作。但驰骋文辞并非阳明所愿,他成圣之心复活,于是感慨万分地说道:"吾焉能以有限精神为无用之虚文也!"③倍感失望的王阳明决定告别政治,告别文坛,此年八月,"遂告病归越"。回到绍兴后的王阳明,筑室会稽山阳明洞,并自号阳明,在此精心研

① 《王阳明全集》卷三十三《年谱一》,第1350页。
② 《王阳明全集》卷十九,第737页。
③ 《王阳明全集》卷三十三《年谱一》,第1351页。

究佛道秘籍经典，行导引术，摒弃俗务，专心修炼，往往"池边一坐即三日"①，日久，"遂先知"。随着修炼时间的加长，王阳明认为这是"簸弄精神，非道也"。王阳明这种物我两忘的清心修行，其结果是超脱世间的一切羁绊，从而达到万物皆空之心灵平静的心境，他已经觉得"已而静久，思离世远去"，"惟祖母岑与龙山公在念，因循未决"，阳明想到八十多岁的祖母岑太夫人对自己是何等的疼爱，父亲龙山公养育自己费尽心血，此情如何能割舍！一日忽然悟得，"此念生于孩提。此念可去，是断灭种性矣"，若因一念之差，隐于深山，为僧为道，不是要断灭种性吗？自己将置亲人于何地，能抛弃亲情吗？又能置国家万民于不顾吗？正是有了这一忽然之念，王阳明"渐悟仙、释二氏之非"。于是在弘治十六年（1503，阳明三十二岁）移居西湖，"复思用世"。往来于南屏、虎跑诸寺，闻听有一禅僧坐关三年，不语不视。当阳明问其家有老母时，僧说思母深切，泪流满面。阳明就以"爱亲本性谕之"，第二天就听说僧人收拾行李回家见老母去了。② 弘治十六年（1503），阳明的思想发生了质的变化，他悟出了释、道二教的不足，转而笃信儒学，心中的矛盾亦随之不复存在。

弘治十七年（1504，阳明三十三岁），王阳明回到了京城，继续刑部主事的工作。阳明一直在成圣的路上不断体悟，结果是宋儒学不通，仙、释不可学，"虚文"不愿为，他要坚定地走出一条自己的路了。此年秋，巡抚山东监察御史陆偁聘请王阳明主持乡试，"试录皆出先生手笔。其策问议国朝礼乐之制：老、佛害道，由于圣学不明；纲纪不振，由于名器太滥；用人太急，求效太速；及分封、清戎、御夷、息讼，皆有成法"。时人皆认为王阳明在推行"经世之

---

① 《王阳明全集》卷十九《又四绝句》，第 735 页。
② 《王阳明全集》卷三十三《年谱一》，第 1351-1352 页。

学"。① 从这些与当时社会息息相关的题目以及时人的评价中,可以看出王阳明已与佛、道分道扬镳。

王阳明主持的山东乡试非常成功,回京后,又接到朝廷的诏令,他由刑部云南清吏司主事改任兵部武选清吏司主事。明代兵部四司中,地位最重要的是武选司,它掌管所有卫所军官的选授、升调、袭替、功赏之事,权力极大,朝廷委任阳明此职,说明阳明开始被当政者重视了。而在兵部的这段经历,对他以后巡抚南赣、总督两广以及平定宁王朱宸濠叛乱等打下了坚实的基础。

在兵部做好本职工作的同时,弘治十八年(1505,阳明三十四岁),王阳明开始专志授徒讲学,他认为当时"学者溺于词章记诵,不复知有身心之学",因此,倡导"先立必为圣人之志"。此论一出,"闻者渐觉兴起,有愿执贽及门者"。当然也有很多人以为王阳明是立异好名。王阳明不顾众人的非议,我行我素地讲授圣人之道。不久,他就遇到了陈献章的高足湛若水,二人"一见定交,共以倡明圣学为事"。②

4. 被贬龙场——悟心即理之道(1506—1509)

王阳明与湛若水二人相互讨论切磋孔孟佛老,有相见恨晚之憾。阳明认为:"守仁从宦三十年,未见此人。"湛若水则说:"若水泛观于四方,未见此人。"③正当二人相互欣赏、沉醉于心灵相契之时,一场暴风雨的降临,改变了王阳明的人生道路。

正德元年(1506,阳明三十五岁),刘瑾掌司礼监,窃取权柄,贪婪骄横,无所不为。放逐大臣刘健、谢迁、韩文等人,南京给事中戴铣、御史薄彦徽等合六科十三道上疏,对宦官专权进行了言辞激烈

---

① 《王阳明全集》卷三十三《年谱一》,第1352页。
② 《王阳明全集》卷三十三《年谱一》,第1352页。
③ 湛若水:《阳明先生墓志铭》,载《王阳明全集》卷三十八,第1539页。

的抨击，并要求皇帝收回让刘健等人致仕的成命以安社稷。刘瑾等宦官大怒，以皇帝的名义命锦衣卫校尉前往南京，将戴铣等人拿解北京。王阳明以"倡明圣学为事"，以往昔圣哲为榜样，以国事为己任，对此事很快做出反应，等逮捕戴铣等人的诏旨一下，阳明立即上疏营救。他上了《乞宥言官去权奸以章圣德疏》①，此疏从皇帝本人利害与国家安危出发，语言委婉曲折，但绵里藏针，咄咄逼人。疏上，即惹怒刘瑾，在戴铣等人还没有被逮捕入京时，阳明即被投入诏狱拷讯。"窒如穴处，无秋无冬"②的狱中生活，使王阳明已经安顿好的入世思想又动摇了，出世与入世的矛盾心理再次显露，《狱中诗十四首》形象地记录其复杂心情，《不寐》云："匡时在贤达，归哉盍耕垅!"《读易》云："箪瓢有余乐，此意良匪矫。幽哉阳明麓，可以忘吾老。"《岁暮》云："溪鹤洞猿尔无恙，春江归棹吾相将。"《天涯》云："思家有泪仍多病，报主无能合远投。留得升平双眼在，且应蓑笠卧沧洲。"③在冰霜凝结的岁暮，阳明在阴冷的囹圄中，思乡其极，病魔缠身，他不禁希望归田耕垅，回到幽静无争的阳明洞，一箪食，一瓢饮，像溪水边的野鹤、洞中的猿猱，安然无恙，自由自在。但成圣之信念又时时呼唤他，使他在逆境中不忘初心，甚至在狱中还向狱友讲述道理，如他在《别友狱中》写道："累累囹圄间，讲诵未能辍。"并以前哲激励自己："行藏未可期，明当与君别。愿言无诡随，努力从前哲!"④在艰难地度过一个月的狱中生活后，王阳明的处罚下来了：廷杖四十，贬为龙场驿驿丞。

正德二年（1507，阳明三十六岁）夏，王阳明即要奔赴被贬之地龙场。龙场即今天贵州的修文县，当时为蛮荒之地。阳明落得如

---

① 《王阳明全集》卷九，第 323 页。
② 《王阳明全集》卷十九《狱中诗十四首》之"有室七章"，第 746 页。
③ 《王阳明全集》卷十九《狱中诗十四首》，第 746、747、748 页。
④ 《王阳明全集》卷十九《狱中诗十四首》之《别友狱中》，第 748 页。

此下场,阉党刘瑾仍不解恨,派人跟踪阳明行迹以加害之。《年谱一》对阳明一路奔赴龙场的艰难险状作了详细的描绘:

> 先生至钱塘,瑾遣人随侦。先生度不免,乃托言投江以脱之。因附商船游舟山,偶遇飓风大作,一日夜至闽界。比登岸,奔山径数十里,夜扣一寺求宿,僧故不纳。趋野庙,倚香案卧,盖虎穴也。夜半,虎绕廊大吼,不敢入。黎明,僧意必毙于虎,将收其囊;见先生方熟睡,呼始醒,惊曰:"公非常人也!不然,得无恙乎?"邀至寺。寺有异人,尝识于铁柱宫,约二十年相见海上;至是出诗,有"二十年前曾见君,今来消息我先闻"之句。与论出处,且将远遁。其人曰:"汝有亲在,万一瑾怒逮尔父,诬以北走胡,南走粤,何以应之?"因为著,得《明夷》,遂决策返。先生题诗壁间曰:"险夷原不滞胸中,何异浮云过太空。夜静海涛三万里,月明飞锡下天风。"因取间道,由武夷而归。时龙山公官南京吏部尚书,从鄱阳往省。十二月返钱塘,赴龙场驿。①

王阳明到南京看望了时任南京吏部尚书的父亲,王华看到阳明身体欠佳,旧疾又犯,让他到杭州养好病再去龙场。阳明听从父命,又折回杭州。此时,阳明有了第一批王门弟子,他们是徐爱、蔡宗兖、朱节,三个年轻人刚刚在浙江乡试中同举乡贡。他们在阳明遭遇厄运时拜其为师,使阳明感慨万千,因此,在分别之际,阳明欣然作《别三子序》②以寄意,并阐明自己接收弟子的宗旨。然后辞别亲友,奔龙场而去。

阳明与随从顺江而下,经江西广信府,到达鄱阳湖,再至袁州府的分宜(今江西新余市),并在此作诗感慨当年韩愈被贬;又从分

---

① 《王阳明全集》卷三十三,第1353-1354页。
② 《王阳明全集》卷七,第252页。

宜到达江西萍乡,拜谒了宋学之祖周敦颐的祠堂;后出江西至湖南醴陵,到长沙,游赏了朱熹和张栻曾经讲学的岳麓书院;在经过沅江与湘江时写了《吊屈原赋》,表达对忧国忧民的屈原的无限缅怀,而后进入贵州。经过长途跋涉,历尽千辛万苦,阳明终于在正德三年(1508,阳明三十七岁)春到达"贵州西北万山丛棘中,蛇虺魍魉,蛊毒瘴疠"的龙场,此地生活之简陋是王阳明想象不到的,不仅没有居住的地方,且与当地人语言不通,交流困难。于是阳明就自己动手建房子,并教当地人"范土架木以居"。① 生活虽然艰辛困苦,但阳明暂时远离了政治是非及外界的干扰,可以静下心来思考常常困扰自己的问题:本来以国事为重,而今落得如此下场,自己彻底超脱荣辱得失了吗?如何看待生死?若圣人如此会如何面对?宋儒的格物致知是正确的吗?圣人之道到底是什么?这一系列的问题萦绕在王阳明的脑海中,使其撕心裂肺,殚精竭虑,终于在这个蛮荒瘴疠之地,阳明豁然有悟。《年谱一》对此作了这样的描述:

  时瑾憾未已,自计得失荣辱皆能超脱,惟生死一念尚觉未化,乃为石椁自誓曰:"吾惟俟命而已!"日夜端居澄默,以求静一;久之,胸中洒洒。而从者皆病,自析薪取水作糜饲之;又恐其怀抑郁,则与歌诗;又不悦,复调越曲,杂以诙笑,始能忘其为疾病夷狄患难也。因念:"圣人处此,更有何道?"忽中夜大悟格物致知之旨,寤寐中若有人语之者,不觉呼跃,从者皆惊。始知圣人之道,吾性自足,向之求理于事物者误也。乃以默记"五经"之言证之,莫不吻合,因著《五经臆说》。②

  王阳明在其《朱子晚年定论序》中亦谈到其在龙场悟道的情景:"其后谪官龙场,居夷处困,动心忍性之余,恍若有悟。体验探

---

① 《王阳明全集》卷三十三《年谱一》,第1354页。
② 《王阳明全集》卷三十三《年谱一》,第1354页。

求,再更寒暑,证诸'六经''四子',沛然若决江河而放之海也。"①王阳明在龙场经过苦苦思索最终彻悟就是人们常说的"龙场悟道"。

龙场顿悟是王阳明长期思索、实践、磨炼的结果,王阳明年轻时就按照朱熹之说格竹,没有格出结果;之后,又按照朱熹"循序致精"学说进行学习,仍觉心与理难以融合。正因此,他出入佛老,涉猎各家,心灵还是得不到安顿,于是,又否定佛老,回到儒学的道统体系中来。但是,心与理之所关心的问题却始终横在其成圣的道路上,因此,在人烟稀少的龙场,得以在寂静环境中深思的王阳明心中反复思考的仍是"圣人处此,更有何道"的问题。至此,经过千万里的跋涉,千万次的问询,无数次的思索,无数次的磨炼,王阳明终于悟出:"圣人之道,吾性自足,向之求理于事物者误也。"②心外无理,心即理,他终于找到了成圣的钥匙。正像黄宗羲所言:"先生之学,始泛滥于词章,继而遍读考亭之书,循序格物,顾物理吾心终判为二,无所得入。于是出入于佛、老者久之。及至居夷处困,动心忍性,因念圣人处此更有何道?忽悟格物致知之旨,圣人之道,吾性自足,不假外求。其学凡三变而始得其门。"③龙场悟道后,王阳明用"以默记'五经'之言证之,莫不吻合",并且撰著《五经臆说》以验证自己悟道的成果。

"龙场悟道"使王阳明达到了一种全新的精神境界,他以超脱荣辱得失和坦荡磊落的胸怀与当地人相处,并尽可能为当地人做好事,终于赢得了土著居民的信任。于是,当地善良的居民为王阳明建造房舍,这些房舍被王阳明赋予诗意的名字:"寅宾堂""何陋

---

① 《王阳明全集》卷七,第268页。
② 《王阳明全集》卷三十三《年谱一》,第1354页。
③ 黄宗羲:《明儒学案》,沈芝盈点校,中华书局,2008,第180页。

轩""君子亭""玩易窝"。王阳明在京师讲学,与湛若水"一见定交",以倡明圣学为事,后又在余姚老家接收徐爱等第一批弟子,他在寻找成圣之路上历经心灵之重重磨难,所以,龙场悟道后,为了让更多的学子更快找到成圣之道,更好地为国为民,更好地建设美好家园,他又开始讲学了。阳明把夷人所建新舍作为校舍,取名"龙冈书院"。书院规模虽小,但影响不小,很快就出现了"门生颇群集"①的景象。王阳明为了规范教学,特定院规:"一曰立志;二曰勤学;三曰改过;四曰责善。"②不仅如此,阳明还实行开放性教学,林间道,溪水边,皆成阳明指点门生的去处。正德四年(1509,阳明三十八岁),贵州提学副使席书闻道来到龙冈书院,"问朱陆同异之辨"。阳明不语朱陆之学,而把自己所悟之道告诉席书,席书怀疑而去,他如此"往复数四,豁然大悟"。回贵州后,就与按察副使毛应奎一起,建贵阳书院,招收本省学子,聘请王阳明"主贵阳书院"。③ 也就是这一年,阳明始论知行合一之道。布道是愉悦的,边疆的风景是秀丽的,但长期与亲人离别的思乡之痛时时萦绕在阳明心中,还有一直不能忘怀经世行道的理想,他坚信:"野夫终不久龙场。"④正如阳明所判断的那样,正德四年(1509)年底,吏部调令文书到达贵州,阳明升庐陵县知县。

龙场三年身心的磨炼成就了阳明精神上的升华,使其悟出"圣人之道",在于"吾性自足",使阳明对朱熹格物求理"心外功夫"的怀疑终于有了明确的答案。至此,阳明实现了其哲学观念上的转折,"心即理"亦成为其心学系统学说的基础。

---

① 《王阳明全集》卷十九《诸生来》,第 771-772 页。
② 《王阳明全集》卷二十六,第 1072-1073 页。
③ 《王阳明全集》卷三十三《年谱一》,第 1355 页。
④ 《王阳明全集》卷十九《龙冈漫兴五首》之五,第 778 页。

5. 辗转地方任——知行合一的运用（1510—1518）

正德四年（1509）年底，阳明离开了贬居三年的龙场，到江西庐陵任知县。途经湖南常德、辰州（今怀化）时，曾经慕名去龙场投师的常德府籍学生冀元亨、蒋信、刘观时等在此与老师相会，师徒在龙兴寺讲学论道。正德五年（1510，阳明三十九岁）春三月，阳明抵达庐陵。初上任，阳明"为政不事威刑，惟以开导人心为本"，察访民情，解决积存问题。阳明面对的局面是"狱牒盈庭，不即断射"，由此庐陵之前社会秩序可知一斑。于是阳明先整顿吏治，又建立保甲制度，"慎选里正三老"，使之对本地善闹事者"委曲劝谕"，"杜神会之借办，立保甲以弥盗，清驿递以延宾旅"。经过五六个月的治理，庐陵"囹圄日清"，风清气正，其所制定的政策，数十年之后还在实行。①

阳明在庐陵做知县期间，朝廷局势发生了天翻地覆的变化，同年八月，刘瑾被处以死刑。这意味着阳明仕途转机的到来。明朝实行朝觐制度，即地方官每三年进京一次朝见皇帝，并接受吏部与都察院的考察。正德五年（1510）九月，阳明在庐陵做了六个月知县后，按规定要进京朝觐。阳明入京后与湛若水在大兴隆寺相见，并"订与终日共学"；又与时任后军都督府都事的黄绾及应良论圣学实践之功。同年十二月，王阳明升任南京刑部四川清吏司主事。正德六年（1511，阳明四十岁）正月调至京师，任吏部验封清吏司主事。此时的王阳明在公事之余，往往与门生友人谈学论道，其弟子王舆庵和徐成之争论朱陆异同，王舆庵肯定陆九渊，认为其"专以尊德性为主"，而徐成之则认为朱熹"专以道问学为事"。王阳明对此发表了自己的观点，认为陆九渊虽然专尊德性，但仍然"教其徒读书"，也是重视读书的；而朱熹虽然讲道问学，亦"以尊德性为

---

① 《王阳明全集》卷三十三《年谱一》，第1356-1357页。

事"。徐成之认为阳明"阴助舆庵而为之地者"。因此,王阳明说道:"仆尝以为晦庵之与象山,虽其所以为学者若有不同,而要皆不失为圣人之徒。今晦庵之学,天下之人童而习之,既已入人之深,有不容于论辩者。而独惟象山之学,则以其尝与晦庵之有言,而遂藩篱之;使若由、赐之殊科焉则可矣,而遂摈放废斥,若碔砆之与美玉,则岂不过甚矣乎?故仆尝欲冒天下之讥,以为象山一暴其说,虽以此得罪无恨。晦庵之学既已章明于天下,而象山犹蒙无实之诬,于今且四百年,莫有为之一洗者。使晦庵有知,将亦不能一日安享于庙庑之间矣。此仆之至情,终亦必为兄一吐露者,亦何肯慢为两解之说以阴助于舆庵已乎?"①在此,王阳明明确表达出对陆学的肯定,同时亦表现出其心与理统一的学术思想。

在京师期间,王阳明与湛若水重逢,并收黄绾为弟子,三人定为学问至交,"饮食启处必共之",相互切磋。正德六年(1511)十月,湛若水使安南,王阳明为其送行,且"惧圣学难明而易惑,人生别易而会难",于是为文以赠,文中言与湛若水之"不言而会"的契合,历数世之学者的弊端,感慨"圣人之学遂废",最后表示愿与湛若水约定重建圣学的愿望:"圣人之学,难明而易惑,习俗之降愈下而抑不可回,任重道远,虽已无俟于言,顾复于吾心,若有不容已也,则甘泉亦岂以予言为缀乎?"王阳明此次回京还收了一位名徒方献夫,方献夫当时已经为吏部郎中,官位在王阳明之上,但从年龄与资历来讲,却是王阳明的后辈。他听闻王阳明的学说,兴奋感慨不已,"遂执贽事以师礼",要求王阳明收他为弟子。正德六年(1511)冬,方献夫病归,王阳明为叙以别,文章追叙二人交往的经过,感人至深。②

---

① 《王阳明全集》卷三十三《年谱一》,第 1358-1360 页。
② 《王阳明全集》卷三十三《年谱一》,第 1360-1361 页。

正德七年(1512,阳明四十一岁)三月,王阳明升考功清吏司郎中,此年十二月又升任南京太仆寺少卿。阳明已经多年没有归家,决定顺道归省。恰好其妹夫徐爱升南京工部员外郎,于是二人同舟归越。在归船上,阳明与徐爱谈论《大学》宗旨,徐爱"闻之踊跃痛快,如狂如醒者数日,胸中混沌复开",高兴得手舞足蹈。在归越后,阳明又与徐爱"入四明,观白水,寻龙溪之源",二人在游赏山光水色的同时,继续讨论学问。① 后来,徐爱把这一路的感受写了出来,作为《传习录》的序言,把王阳明的论学内容记录下来,编入《传习录》上卷中。可以说徐爱是王阳明的知音,可惜的是他英年早逝,去世时年仅三十一岁。阳明在省亲途中,与其弟子漫游山水,讨论学问,适时点化,并不断考察门人的悟性,这样直到正德八年(1513,阳明四十二岁)才至滁州任督马政。这个职务十分清闲,再加上滁州风景优美,因此,王阳明"日与门人遨游琅琊、瀼泉间。月夕则环龙潭而坐者数百人,歌声振山谷。诸生随地请正,踊跃歌舞。旧学之士皆日来臻。于是从游之众自滁始"。在滁州时,弟子孟源问阳明:"静坐中思虑纷杂,不能强禁绝。"阳明告诉他:"纷杂思虑,亦强禁绝不得;只就思虑萌动处省察克治,到天理精明后,有个物各付物的意思,自然精专无纷杂之念。"② 显然,阳明要求学生将静坐与省察克治之功相结合,从而达到存天理、去人欲的最终目的。

正德九年(1514,阳明四十三岁)四月,阳明升任南京鸿胪寺卿。五月抵南京,身边很快聚集了众多门生,如黄宗明、薛侃、陆澄、季本、林达、刘观时、彭一之等二十余人,同门相聚,"日夕渍砺不懈"。此时阳明发现弟子中有放言高论,渐背其教者,于是他教

---

① 《王阳明全集》卷三十三《年谱一》,第 1362-1363 页。
② 《王阳明全集》卷三十三《年谱一》,第 1363 页。

导门生:"吾年来欲惩末俗之卑污,引接学者多就高明一路,以救时弊。今见学者渐有流入空虚,为脱落新奇之论,吾已悔之矣。故南畿论学,只教学者'存天理,去人欲'为省察克治实功。"阳明还发现王嘉秀、萧惠二生好谈仙佛,于是及时警告二人:"吾幼时求圣学不得,亦尝笃志二氏。其后居夷三载,始见圣人端绪,悔错用功二十年。二氏之学,其妙与圣人只有毫厘之间,故不易辨,惟笃志圣学者始能究析其隐微,非测忆所及也。"① 阳明显然加强了对学生教育中的"省察克治之实功",以免学生在致良知的路上误入仙佛虚寂之途。

正德十年(1515,阳明四十四岁),又到了两京官员考察的时间,阳明进京接受考察,并再三上疏告归,辞甚恳切,但终事与愿违。正德十一年(1516,阳明四十五岁)九月,阳明由兵部尚书王琼推荐,升任都察院左佥督御史,巡抚南、赣、汀、漳等处。所谓"南、赣、汀、漳"是指江西南安府、赣州府和福建汀州府、漳州府,还包括湖广的郴州府和广东的韶州府等地。这些穷山恶水之地,时皆有巨寇,且流贼无数,他们肆无忌惮,作恶多端。王阳明接到任命后,先归省至越,于正德十二年(1517,阳明四十六岁)正月至赣州。到任后,阳明制定了一系列的措施,首先是实行"十家牌法"。阳明了解到赣州之民为洞贼耳目,官府举动未形,往往流贼先闻知其动向,于是阳明在城中编十家为一牌,日轮一家,沿门按牌审查,每遇可疑之人,要立即报告官府,如有隐匿,十家连坐。与此同时,阳明还告谕父老子弟要父慈子孝,兄爱弟敬,夫和妇随,长惠幼顺;要奉公守法,勤俭持家,和睦乡里;心态平和,遇事隐忍,戒恶行善,兴礼让之风,以成敦厚之俗。其次选民兵。阳明根据南、赣、汀、漳四州的具体情况,在各州选用骁勇绝群、胆力出众者为兵备,江西、福建

---

① 《王阳明全集》卷三十三《年谱一》,第1364页。

各选取五六百名,广东、湖广各选取四五百名,使其中出众者为将领。"所募精兵,专随各兵备官屯扎,别选官分队统押教习之。"如此一来,正规军与地方民兵协同作战,"盗贼渐知所畏,平良益有所恃而无恐矣"。① 三是立兵符。阳明认为"习战之方,莫要于行伍;治众之法,莫先于分数"②。因此他调集各兵,每二十五人编为一伍,五十人为一队,二百人为一哨,四百人为一营,一千二百人为一阵,二千四百人为一军,并各设正副将领若干,实行赏罚连坐制度。编制设定后,每五人给一牌,备列同伍二十五人姓名,使之连络习熟,谓之伍符。"凡遇征调发符,比号而行,以防奸伪。"③这样使作战将士各守其法,纪律严明,作战能力大大提高。在王阳明的亲自督帅下,官兵又先后平定了漳州、横水、桶冈、大帽山等处的民变。在平定盗贼与民变的战斗中,阳明充分发挥自己的军事才能,他善于分析对方的作战心理,然后用有针对性的计谋,或强攻,或奇袭,或安抚,或交战,因地制宜,变化多端,知行合一,出奇制胜。

正德十三年(1518,阳明四十七岁)四月,盗贼与民变基本平息,阳明立即着手兴教化之事。阳明认为民风不善,是由于教化未明,因此战事稍停,他就发出告示,要求各县父老子弟互相诫勉,兴立社学,延师教子,歌诗习礼。时间既久,"市民亦知冠服,朝夕歌声,达于委巷,雍雍然渐成礼让之俗矣"④。

王阳明以其超人的智慧,仅用一年半的时间就平定了为患几十年的南赣之乱,并且教化百姓,纯正民风,可谓功勋卓著。正德十三年(1518)六月,朝廷升其为都察院右副都御史,荫子锦衣卫,世袭百户,而阳明却上了辞免呈,但没有得到朝廷允许。

---

① 《王阳明全集》卷三十三《年谱一》,第1367页。
② 《王阳明全集》卷三十三《年谱一》,第1369页。
③ 《王阳明全集》卷三十三《年谱一》,第1370页。
④ 《王阳明全集》卷三十三《年谱一》,第1381页。

阳明在巡抚南、赣、汀、漳的一年多时间,其门人闻风而至,云集赣州,仅《年谱一》中列出名字的如薛侃、欧阳德、梁焯等就有二十六人之多,还有前来的冀元亨,以及在此时投入师门而名气很大的邹守益与罗洪先。阳明此时军务繁忙,但弟子"讲聚不散",而其回军休士之际,"专意于朋友,日与发明《大学》本旨,指示入道之方"①。

王阳明在龙场时,已经怀疑《大学章句》非圣门本旨,于是手录古本,研读精思。正德十三年(1518)七月,王阳明刻古本《大学》,认为圣人之学本来是简易明白的,《大学》一书无经、传之分,也无须再补一传。格物本于诚意,"而为致知格物之功,故不必增一敬字。以良知指示至善之本体,故不必假于见闻"②。至此,王阳明对格物致知的认知体系已经形成,从而使其心学体系也有了强有力的理论支撑。阳明的心学学说与朱熹理学学说相抵牾,面对儒家集大成者朱熹及其经典读本《大学章句》,王阳明采取了颇为变通的方式予以应对,表现是刻印古本《大学》的同时,刊刻其《朱子晚年定论》。阳明在《朱子晚年定论序》中指出自己在谪官龙场时,已"于朱子之说,有相抵牾",后又复取朱子之书而检求之,然后知道"其晚岁固已大悟旧说之非,痛悔极艾""世之所传《集注》《或问》之类,乃其中年未定之说,自咎以为旧本之误,思改正而未及。而其诸《语类》之属,又其门人挟胜心以附己见,固于朱子平日之说犹有大相缪戾者。而世之学者,局于见闻,不过持循讲习于此,其于悟后之论,概乎其未有闻"。所以,阳明又欣喜地说道:"予既自幸说之不缪于朱子,又喜朱子之先得我心之同然,且慨夫世之学者,徒守朱子中年未定之说,而不复知求其晚岁既悟之论,竟相呶呶,

---

① 《王阳明全集》卷三十三《年谱一》,第1383页。
② 《王阳明全集》卷三十三《年谱一》,第1384页。

以乱正学,不自知其已入于异端,辄采录而哀集之,私以示夫同志。庶几无疑于吾说,而圣学之明可冀矣。"① 这样,阳明就可以得出结论,其心学思想是继承前贤朱熹晚年之学说而发扬的,与当时风靡一时的朱子之学是一脉相承的。通过《大学》古本以及《朱子晚年定论》的刊刻,阳明为其心学学说找到了坚实的理论根据与理论渊源。

与阳明遥相呼应的是其爱徒薛侃得徐爱与陆澄所辑的《传习录》各一卷,也于正德十三年(1518)八月在赣州付梓。阳明一生的"第一要事"是成圣,而历史上的圣人孔子有《论语》记录其思想,朱熹有《朱子语类》汇集其学说,阳明心学也需要诉诸传播更广的载体,《传习录》(今《传习录》上卷)的刊刻可谓正当其时。阳明心学日益深入人心,由于前来问学者日众,"四方学者辐辏,始寓射圃,至不能容"②。阳明在平定盗贼与民变后,于公务之暇,在正德十三年(1518)九月于赣州建立书院,此书院以宋儒周敦颐号命名为濂溪书院,以居四方前来问学的学者。遗憾的是,阳明在弟子中再也看不到自己的爱徒徐爱。徐爱于此年五月病逝,阳明悲痛万分,他把徐爱当成自己的"颜回",而辑录老师语录并撰有两篇序文的徐爱没有看到《传习录》的面世而抱憾九泉。阳明让弟子冀元亨担任濂溪书院的主讲,当时江西宁王朱宸濠写信于阳明,称请教阳明一些问题,阳明先是让冀元亨解答,随后又把冀元亨派到宁王身边讲学。王阳明早已觉察宁王的谋反之心,而冀元亨为人刚毅,忠信勇敢,阳明此时派冀元亨去宁王府讲学,其用心是显而易见的。

6. 沉着平叛,揭致良知之教(1519—1521)

正德十四年(1519,阳明四十八岁)正月,阳明上疏谢升荫,并

---

① 《王阳明全集》卷三十三《年谱一》,第 1384 页。
② 《王阳明全集》卷三十三《年谱一》,第 1385 页。

以"疾病已缠,图报无日"①为由,乞致仕,但朝廷不允,这是预见到宁王之乱的兵部尚书王琼为留住王阳明而采取的积极举措。此年六月,阳明又奉命勘察福建兵变,当至丰城时,闻知宁王朱宸濠叛乱。宁王受封南昌,"世畜异志,至濠奸恶尤甚"②,正德初年,就结纳宦官刘瑾,不遵祖训,包藏祸心,虐害忠良,招纳亡命,私造兵器,图谋不轨。正德九年(1514),江西按察副使胡世宁(与阳明同科举人)因看不惯宁王的恶行,上疏朝廷,揭露其谋反行径,为此胡世宁被贬谪至沈阳。后宁王见其"异志"被朝廷知觉,遂举兵发动叛乱。在叛乱中,首先遇难的是巡抚右副督御史孙燧(与阳明同科举人)和按察司副使许逵。当时形势非常危急,宁王"集亡命,括丁壮,号兵十万,夺运船顺下",袭南康、九江,有直捣南京之势。阳明为争取时间,日夜兼程,先躲过宁王的追兵,转乘渔船抵达临江府,后安全返回吉安,即上疏告变,并"与知府伍文定等计,传檄四方,暴发逆濠罪状,檄列郡起兵以勤王"。③ 阳明认真分析宁王下一步的军事行动,指出宁王有三个选择:一是直捣京师,二是攻占南京,三是盘踞南昌。如果宁王走上策,则国家危在旦夕;如果攻占南京,则祸及大江南北;如果仅仅是盘踞江西,则危害较小,勤王之事也相对容易。阳明在做出判断之后,尽可能让宁王按照自己的思路行动,于是在知行合一思想的配合下,各种针对宁王的"阴谋诡计"纷纷上演:他先让参谋雷济撰写调兵报贴,然后又派人假装各府使者,到吉安府报告筹军情况;还让雷济等人撰写假的迎接京军的文书,说朝廷派兵二十四万,分兵四路夹击南昌。阳明最怕宁王朱宸濠直袭北京,或者径取南京,所以他在假文书中故意说道,宁王兵

---

① 《王阳明全集》卷三十四《年谱二》,第1388页。
② 《王阳明全集》卷三十四《年谱二》,第1389页。
③ 《王阳明全集》卷三十四《年谱二》,第1392页。

力充足,不宜强取南昌,等朱宸濠离开江西时,再前后夹击,使之首尾不相顾;阳明还在假文书中离间朱宸濠与其军师李士实与刘养正的关系,最终这些假文书还要实实在在地落入朱宸濠手中。然后又利用反间计,分别写了两封回报信笺,一封送于李士实,一封送于刘养正,同样这两封信亦要落入朱宸濠之手。所有这些事情一一坐实后,朱宸濠犹豫不决,猜忌下属,军心动摇,等醒悟过来,已错过了最佳的作战时机。

在不断撰写假文书以扰乱朱宸濠军事部署的同时,王阳明连续上疏朝廷,要求朝廷立即派遣重兵南下平叛;又对外说自己已奉朝廷密旨讨伐宁王,要求邻近各省派军火速赶到江西,平定叛乱,其实则是"先生起兵,未奉成命"①。为了国家民众的利益,王阳明不顾灭族之罪,称自己钦奉密旨,会兵征讨,他的无私无畏、敢于担当、不计得失祸福的精神,令人感佩,令人激动,令人回肠荡气!

朱宸濠与李士实、刘养正等商议,本来是立即沿江而下,攻下南京,不日就举行登基大典,但被王阳明一系列的假文书闹得不敢贸然离开南昌。而此时众人皆认为进攻南昌的时机已经成熟,但王阳明却按兵不动,众人不解。王阳明又实事求是地分析形势,指出朱宸濠此时对南昌一定加强了防备,所以攻城困难,而急于登基的宁王肯定会倾全力攻打南京,到那时可直捣其老巢,一举破之。果然如王阳明所料,朱宸濠在南昌等了半个多月,也不见京军的影子,知道自己上当了,于是沿江而下,浩浩荡荡开往安庆。此时阳明的部下,众说纷纭,有的说进攻南昌,有的说攻打安庆,而阳明最后做出正确的军事判断:攻取南昌。理由是朱宸濠取南京心切,必定倾巢而出,南昌守备空虚,正可乘虚而入,等宁王会兵救南昌时,可一举歼之。战事的发展一如阳明所料,阳明统兵攻打南昌,宁王

---

① 《王阳明全集》卷三十四《年谱二》,第 1394 页。

果然回师援救，王阳明先攻克南昌，然后迎战宁王于鄱阳湖，生擒朱宸濠。至此，一场震惊朝野的宁王叛乱被王阳明平息了。朱宸濠从正德十四年（1519）六月十四日起兵，到七月二十六日兵败被俘，历时四十二天，其前后十年精心准备的皇帝梦终因王阳明的机智而化为泡影。朱宸濠不甘心，但很无奈，当他就擒后见到王阳明时苦笑着说："此我家事，何劳费心如此！"①

王阳明虽然生擒朱宸濠，但事情并没有终结。正当王阳明统兵与朱宸濠奋力决战之时，京城兵部召开会议命将讨贼，武宗诏曰："不必命将，朕当亲率六师，奉天征讨。"②遂以威武大将军镇国公之号，统兵亲征南下，讨伐宁王，他把此次平乱当作了一次南巡的好机会。而在武宗南下的第二天，阳明生擒宁王的捷报已到京城，杨廷和派人把阳明的捷报送往皇帝已到达的涿州，还有自己规劝武宗回京的请求疏，而皇帝想借此南游，随从宦官如张永、张忠与边将如江彬、许泰想南下与阳明争功，还向往着宁王府的奇珍异宝，于是皆曰："元恶虽擒，逆党未尽，不捕必遗后患。"③这样把阳明的捷报与杨廷和的劝驾奏疏留中不发，以威武大将军为首的平叛大部队继续南下。王阳明闻讯，具疏谏止，疏文真是动之以情，晓之以理："宸濠遂已就擒。谋党李士实等，贼首凌十一等，俱已擒获。贼从俱已扫荡，闽、广赴调兵士俱已散还，地方惊扰之民俱已抚帖……发谋之始，逆料大驾必将亲征，先于沿途伏有奸党，期为博浪、荆轲之谋。今逆不旋踵，遂已成擒。法宜解赴阙门，式昭天讨。然欲付之部下各官押解，诚恐旧所潜布之徒，尚有存者，乘隙窃发，或致意外之虞，臣死且有遗憾。"④面对晓以利害的疏文，武

---

① 《王阳明全集》卷三十四《年谱二》，第1398页。
② 《王阳明全集》卷三十四《年谱二》，第1398页。
③ 《王阳明全集》卷三十四《年谱二》，第1398-1399页。
④ 《王阳明全集》卷十二《请止亲征疏》，第453-454页。

宗为了实现南巡梦而不加理会。此时，江彬开始谋划让随军兵分两路，一路由许泰、张忠率领数千禁军，日夜兼程直抵南昌，一路由张永帅两千人马沿运河至杭州。王阳明焦心如焚，遂决定北上献俘，而随武宗亲征的内官张忠等人，想把已经束手就擒的朱宸濠放回鄱阳湖，使武宗与之亲战，取悦皇帝，以图立功。王阳明又气又急，只好星夜赶到杭州，将朱宸濠移交给较明大义、自己信任的内官张永，此后暂避西湖净慈寺，称病不出。但时局紧张，皇帝游山玩水已经到了扬州，阳明认为净慈寺绝非久居之地，于是他以晚辈身份拜见此时就住镇江的老臣杨一清。杨一清对时局条分缕析，阳明听后淡定了许多。很快，武宗下诏命王阳明兼巡抚江西，阳明重返江西。

王阳明于十一月回到南昌，此时内官张忠与许泰已经到了南昌，南昌驻军有上万人之多，不管是张忠、许泰还是各级军官多心怀鬼胎，以为宁王府珍宝堆积，而眼前看到的却是一片废墟。张忠、许泰怒火中烧，愤怒至极；为争功而没有得到朱宸濠，想发财而竹篮打水一场空，于是就不断陷害王阳明，说王阳明与朱宸濠早有密谋，他派冀元亨进宁王府讲学即是证据。因此把冀元亨投入大牢，百般拷讯，酷刑用尽，而冀元亨自始至终维护自己的老师。王阳明回南昌后，张忠、许泰二人又不断挑起事端，矛头指向王阳明。王阳明忍住愤怒，不予理会，每日照常处理公务，劝慰市民，看望关照士兵，见张、许二人则照样寒暄。时间一长，官兵对阳明的所作所为颇为感动。张忠、许泰二人看到再待在南昌没有任何意义，决定离开。但离开之前，二人决定以己所长压倒阳明，邀请阳明在教场比射箭。阳明少时即精通此艺，就慨然应允，并且"三发三中，每一中，北军在傍哄然，举手啧啧"。张忠和许泰非常害怕，看到自己的士兵已经对阳明佩服得五体投地,"遂班师"。①

　　正德十五年(1520,阳明四十九岁)正月,张忠与许泰带着满腹的怨恨与羞辱来到南京面见武宗皇帝。二人在南都多次进谗言,称阳明必反,幸亏有张永的持正,才得以保全阳明。此时二人余恨未消,又在皇帝面前提起阳明与朱宸濠勾结一事,武宗不信。许泰便为皇帝出主意,说此时阳明肯定"召必不至",而武宗立即传旨阳明来南京见驾。阳明接到诏书后立即前往南京,但是张、许二人唯恐其说不验,遂将阳明阻止在芜湖半个月,使之无法见到武宗皇帝。王阳明不得已,只得利用滞留芜湖的时光,再上九华山,"每日宴坐草庵中"②。此时的王阳明该有何等的感慨!平定宁王之乱,可谓救国救民,但随之而来的不是论功行赏(虽然他不是为此而战),而是无尽的劫难。他在对时局的担心中,归隐之意又一次产生。他此期的《宿净寺四首》之一写道:"百战归来一病身,可看时事更愁人。道人莫问行藏计,已买桃花洞里春。"③在《杨邃庵待隐园次韵五首》之一也写道:"嘉园名待隐,专待主人归。此日真归隐,名园竟不违。岩花如共语,山石故相依。朝市都忘却,无劳更掩扉。"④此时武宗也遣人暗中观察阳明的举动,得知他在九华山静坐,于是就说:"王守仁学道人也,召之即至,安得反乎?"⑤下诏使阳明再返江西,兼江西巡抚一职,同时擢升伍文定为江西按察使。可见,武宗虽然任性,但还是聪明的,没有被张忠、许泰二人对阳明的弹劾之词所蒙蔽。

　　正德十五年(1520)夏,武宗皇帝仍滞留南京,没有归意,并且

---

　　① 《王阳明全集》卷三十四《年谱二》,第1401页。
　　② 《王阳明全集》卷三十四《年谱二》,第1401页。
　　③ 《王阳明全集》卷二十,第832页。
　　④ 《王阳明全集》卷二十,第835页。
　　⑤ 《王阳明全集》卷三十四《年谱二》,第1401页。

张永派人传口信说让阳明重新撰写平定朱宸濠之乱的告捷书,要求疏中把平定叛乱的功劳归于皇帝。阳明在正德十四年(1519)七月三十日平乱后已经连写了两疏——《江西捷音疏》与《擒获宸濠捷音疏》①,现在被要求重新撰写捷音疏,颇为为难,但为顾全大局,使皇帝早日回到北京,王阳明顾不上同僚的舆论与自己良心的谴责,在平乱一年后的正德十五年(1520)七月十七日重新撰写了一份《重上江西捷音疏》,在这份捷音疏中,阳明用心良苦:

> 照得先因宸濠图危宗社,兴兵作乱,已经具奏请兵征剿。间蒙钦差总督军务威武大将军总兵官后军都督府太师镇国公朱钧帖,钦奉制敕,内开:"一遇有警,务要互相传报,彼此通知,设伏剿捕,务俾地方宁靖,军民安堵。"
>
> ……………
>
> 又蒙钦差总督军门发遣太监张永前到江西查勘宸濠反叛事情,安边伯朱泰,太监张忠,左都督朱晖,各领兵亦到南京、江西征剿。
>
> 续蒙钦差总督军务威武大将军总兵官后军都督府太师镇国公朱统率六师,奉天征讨,及统提督等官司礼监太监魏彬、平虏伯朱彬(即江彬)等,并督理粮饷兵部左侍郎等官王宪等,亦各继至南京。②

王阳明在此疏中,既照顾到了威武大将军朱厚照,又考虑到了皇帝身边的宦官与边将,可谓面面俱到,皇帝及其统领的大军再也没有留在南京的必要了。果然,武宗看到此疏后,高兴异常,非常满意自己在这场平叛中运筹帷幄、决胜千里的大将军角色,于是在收到阳明此疏后的闰八月初八,在南京举行盛大的"受俘仪式",场

---

① 《王阳明全集》卷十二,第440-450页。
② 《王阳明全集》卷十三,第480-483页。

景之逼真,场面之宏大,令人叹服。清毛奇龄在《明武宗外纪》中是这样描述的:"八月,江西俘濠至,上令设广场,戎服,树大纛(旗帜),环以诸军,释囚去桎梏(梏),伐鼓鸣金而擒之,然后复置械,受俘。诏班师。"①至此,平叛一年零一个月后,武宗皇帝终于班师回京了。

武宗及其统领的人马回京后,王阳明在江西的生活终于恢复正常,公务之余,便与南昌以及来南昌的弟子切磋道学。就在武宗回京后的九月,王阳明又收了一个已经四处讲学、小有名气的弟子王银,由于阳明了解到王银刚直不阿,而又锋芒毕露,于是更其名为"王艮",送其号为"汝止"。后王艮传播阳明心学,开泰州学派,在明代思想史上占有重要地位。此时,聚集南昌的弟子很多,诸如陈九川、夏良胜、万潮、欧阳德、魏良弼、舒芬、裘衍等,日侍讲习,"而巡按御史唐龙、督学佥事邵锐,皆守旧学相疑,唐复以彻讲择交相劝",可见,当时恪守朱熹之学的正统学者,对阳明不合所谓正学的讲学,心存不安,唐龙更是劝阳明停止讲学,谨慎交友,对阳明已经酝酿成熟、正在提倡的一个心学命题"致良知"提出质疑,但王阳明坚持认为:"吾真见得良知人人所同,特学者未得启悟,故甘随俗习非。今苟以是心至,吾又为一身疑谤,拒不与言,于心忍乎?求真才者,譬之淘沙而得金,非不知沙之汰者十去八九,然未能舍沙以求金为也。"虽然当时有唐、邵之疑惑,但"相依而起者日众"。②

"自经宸濠、忠、泰之变,益信良知真足以忘患难,出生死,所谓考三王,建天地,质鬼神,俟后圣,无弗同者,"钱德洪《年谱二》如是说,并指出,"是年先生始揭致良知之教。"③"是年"即正德十六年(1521,阳明五十岁)。自贬谪龙场之后,阳明经历的最大危机无疑

---

① 毛奇龄:《明武宗外纪》,上海书店出版社,1982,第28页。
② 《王阳明全集》卷三十四《年谱二》,第1411页。
③ 《王阳明全集》卷三十四《年谱二》,第1411页。

是平定朱宸濠之乱及平乱后的种种险境：平藩时的敌强我弱，平藩后的逸言毁谤。此皆促使阳明对其心学作进一步的沉思，激发他对"第一等事"更深入的体悟，而这种"悟"的结果，便是"揭致良知之教"。阳明这一时期致弟子邹守益的信中这样写道："近时四方来游之士颇众，其间虽甚鲁钝，但以良知之说略加点掇，无不即有开悟，以是益信得此二字真吾圣门正法眼藏。"①又道："近来信得'致良知'三字，真圣门正法眼藏。往年尚疑未尽，今自多事以来，只此良知无不具足。譬之操舟得舵，平澜浅濑，无不如意，虽遇颠风逆浪，舵柄在手，可免没溺之患矣。"②显然，阳明已经明确以"致良知"为教，并将它视为其心学学说的核心理论。关于"致良知"的提出，《年谱二》有这样一段话：

一日，先生喟然发叹。九川问曰："先生何叹也？"曰："此理简易明白若此，乃一经沉埋数百年。"九川曰："亦为宋儒从知解上入，认识神为性体，故闻见日益，障道日深耳。今先生拈出'良知'二字，此古今人人真面目，更复奚疑？"先生曰："然譬之人有冒别姓坟墓为祖墓者，何以为辨？只得开圹将子孙滴血，真伪无可逃矣。我此良知二字，实千古圣圣相传一点滴骨血也。"又曰："某于此良知之说，从百死千难中得来，不得已与人一口说尽。只恐学者得之容易，把作一种光景玩弄，不实落用功，负此知耳。"先生自南都以来，凡示学者，皆令存天理去人欲以为本。有问所谓，则令自求之，未尝指天理为何如也。间语友人曰："近欲发挥此，只觉有一言发不出，津津然如含诸口，莫能相度。"久乃曰："近觉得此学更无有他，只是这些子，了此更无余矣。"旁有健羡不已者，则又曰："连这些子亦无

---

① 《王阳明全集》卷五《与邹谦之》，第200页。
② 《王阳明全集》卷三十四《年谱二》，第1411-1412页。

放处。"今经变后,始有良知之说。①

可见,良知与致良知之说并非形成于一时,它是阳明在不断琢磨旧学与经历"百死千难"的过程中体悟出来的,阳明所谓的"一点滴骨血""一口说尽""此学更无有他"则表明了"致良知"是其心学学说的总结,同时也标志着阳明心学体系即将达到圆满自洽的思想境界。

7. 晚年的为官与讲学,心学学说圆满自洽(1522—1529)

正德十六年(1521)三月十三日,被誉为明代第一不靠谱皇帝的武宗病逝,因其既无子嗣又无兄弟,内阁大臣商议,经皇太后同意,其堂弟、十五岁的朱厚熜继承王位,即世宗嘉靖皇帝。关于阳明的传奇事迹,嘉靖皇帝早有耳闻,因此他对阳明倍感兴趣,这就意味着阳明的政治生涯将出现转机。果然,世宗登基不久的六月十六日,即下特诏命阳明赴京任用。此时阳明虽已到知天命之年,但依然激动万分,觉得广阔的政治舞台在召唤自己,于是月二十日启程,"道由钱塘"。但阳明有所不知,此时时局已经发生了很大的变化,欣赏阳明的吏部尚书王琼在内阁斗争中失败,以"交结近侍"律论死罪,因其多年为官,勤政功高,所以免其死罪,发配边疆。当时朝廷正在围绕嘉靖皇帝的出身进行如火如荼的"大礼议"辩论,而王阳明所倡导的心学与以杨廷和为首的内阁大臣所恪守的朱学有很大分歧,阳明心学使得嘉靖皇帝称自己原来没有做过皇帝的父亲为"皇父"成为必然,这是内阁重臣杨廷和不愿看到的,也是"大礼议"争论的焦点所在。因此,皇帝的决定很快被辅臣所阻止,理由是"朝廷新政,武宗国丧,资费浩繁,不宜行宴赏之事"②。第二道以皇帝名义发来的敕旨,阳明也很快收到,让他不要忙于到京

---

① 《王阳明全集》卷三十四《年谱二》,第1412页。
② 《王阳明全集》卷三十四《年谱二》,第1414页。

师,等待"后命"。阳明大展宏图的希望很快变成了沮丧,他也已料到了时局的变化。于是在赴京被阻后,上《乞便道归省疏》,想"顺道"看看病危中的父亲王华,朝廷准令归省。正德十六年(1521)七月二十八日,朝廷发了新的任命,擢升王阳明为南京兵部尚书。不久,王阳明便踏上了归省之途,他进京再展宏图的愿望遂烟消云散。

阳明于当年九月回到故里,归省祖茔,访瑞云楼,"痛母生不及养,祖母死不及殓也"①。十二月十九日,朝廷终于对在平朱宸濠之乱中的立功之臣作了封赏,阳明被封为"新建伯"。封赏阳明的制敕文如下:

> 江西反贼剿平,地方安定,各该官员功绩显著。你部里既会官集议,分别等第明白。王守仁封伯爵,给与诰券,子孙世世承袭,照旧参赞机务,钦此。

> 王守仁封新建伯,奉天翊卫推诚宣力守正文臣,特进光禄大夫柱国,还兼南京兵部尚书,照旧参赞机务,岁支禄米一千石,三代并妻一体追封,钦此。②

阳明看到朝廷制敕文中只赏赐自己一人,很快就在嘉靖元年(1522,阳明五十一岁)正月十日上书辞封爵,理由为:"册中所载,可见之功耳。若夫帐下之士,或诈为兵檄,以挠其进止;或伪书反间,以离其腹心;或犯难走役,而填于沟壑;或以忠抱冤,而构死狱中,有将士所不与知,部领所未尝历,幽魂所未及泄者,非册中所能尽载。今于其可见之功,而又裁削之,何以励效忠赴义之士耶!"③见任人唯能而为平叛谋士的内阁大臣王琼已因政治斗争而发配边疆,蒙冤而死狱中的冀元亨似已被朝廷遗忘,还有那些面对"前有

---

① 《王阳明全集》卷三十四《年谱二》,第1416页。
② 《王阳明全集》卷十三《辞封爵普恩赏以彰国典疏》,第502页。
③ 《王阳明全集》卷三十五《年谱三》,第1417页。

必死之形,而后有夷灭之祸"①而为平叛做出重大贡献的众多官吏将士未获褒奖,阳明激愤不能自已,在上疏中辞情激动地说:"今诸臣未蒙显褒,而臣独冒膺重赏,是掩人之善矣。""殃莫大于叨天之功,罪莫甚于掩人之善,恶莫深于袭下之能,辱莫重于忘己之耻。四者备而祸全,故臣之不敢受爵,非敢以辞荣也,避祸焉尔已。伏愿陛下鉴臣之辞出于诚恳,收还成命……以明赏罚之典,以彰大小之功,以慰不均之望,以励将来效忠赴义之臣,臣死且不朽矣。"②当时阳明疏上,但"所辞不允"③。嘉靖元年(1522)二月,朝廷又封其父王华以及祖父王伦、曾祖父王世杰皆为新建伯。面对接连两道似乎让人欣喜的诏书,阳明唯有愤慨,而对其父王华来说,朝廷使者先后两次送至门前的诏书,使其颇为安慰。第二道诏书送达时,王华已经病危,听到晋封三代的旨意后"瞑目而逝"。同年七月,阳明又上《再辞封爵普恩赏以彰国典疏》,同样陈明大义,激昂恳切,一再请皇帝普恩赏以彰显国典。按照明代的规定,父亲去世,儿子须守制三年。此时,阳明才得以把军务、政事暂置一边,专意于讲道诵读。讲学规模极大,动辄多达数百人,钱德洪曾说:"先生初归越时,朋友踪迹尚寥落,既后,四方来游者日进。癸未年(1523)已后,环先生而居者比屋,如天妃、光相诸刹,每当一室,常合食者数十人;夜无卧处,更相就席,歌声彻昏旦。南镇、禹穴、阳明洞诸山,远近寺刹,徙足所到,无非同志游寓所在。先生每临讲座,前后左右环坐而听者,常不下数百人。"④门生迎来送往,日益增多,阳明难以记其姓名,虽然如此,每当分别,阳明总是勉励弟

---

① 《王阳明全集》卷十三《再辞封爵普恩赏以彰国典疏》,第508页。
② 《王阳明全集》卷十三《辞封爵普恩赏以彰国典疏》,第503、505页。
③ 《王阳明全集》卷十三《再辞封爵普恩赏以彰国典疏》,第506页。
④ 《王阳明全集》卷三《传习录下》,第134页。

子:"君等离别,不出在天地间,苟同此志,吾亦可以忘形似矣!"①看着远去的弟子,阳明心中升腾着重振圣学的信心。

由于心学与程朱理学有抵牾处,随着心学的日益远播,弹劾诽谤开始出现,"时御史程启充、给事毛玉倡议论劾,以遏正学,承宰辅意也"②。阳明弟子陆澄时为刑部主事,上疏为老师申辩,阳明知道后,加以劝阻。嘉靖二年(1523),"南宫策士以心学为问"③,心学在当时的影响太大了,此年的科举会试竟然要求考生对心学作出评价。明代科举考试的内容是以程朱理学为本,而此次会试则要求评价心学,明显是有所用心,因此,钱德洪在《年谱三》中说"阴以辟先生"。参加此次会试的考生中王门弟子不少,门人徐珊看了策论题后,气愤地说:"吾恶能昧吾知以幸时好耶!"于是"不答而出"。另外几位王门弟子如欧阳德、王臣、魏良弼等人在答卷中"直接发师旨不讳",却也被录取了。此次会试,钱德洪却没有考中,深为愤慨,阳明却对他说:"圣学从兹大明矣。"认为会试考官要求考生评价阳明心学,是在帮助自己传播圣学。④

时评心学,谤议日炽,门生诸如邹守益、薛侃、黄宗明、马明衡、王艮等听阳明讲学,阳明使其分析心学所以受谤的原因。大家各抒己见,或曰阳明势位隆盛而遭忌;或曰阳明心学影响日大,为宋儒争异同而为学术谤;或曰阳明门人日多而以身谤。总之,众说纷纭。而阳明对此有自己的见解:"吾自南京已前,尚有乡愿意思。在今只信良知真是真非处,更无掩藏回护,才做得狂者。使天下尽说我行不掩言,吾亦只依良知行。"⑤"乡愿"意味着迎合世俗,阳明

---

① 《王阳明全集》卷三《传习录下》,第134页。
② 《王阳明全集》卷三十五《年谱三》,第1419页。
③ 《王阳明全集》卷三十五《年谱三》,第1420页。
④ 《王阳明全集》卷三十五《年谱三》,第1420页。
⑤ 《王阳明全集》卷三十五《年谱三》,第1421页。

在平定叛乱后,将其几十年思索与实践的成圣之道概括为致良知,此说与当时时髦的正统理学很难相容,因此才非议四出,即便如此,阳明仍坚持讲学,且弟子没有丝毫减少。嘉靖三年(1524,阳明五十三岁),京城皇宫里,"大礼议"如火如荼,而阳明此年中秋节则与弟子坐在其府邸碧霞池旁共赏明月,并即兴赋诗:

　　一雨秋凉入夜新,池边孤月倍精神。

　　潜鱼水底传心诀,栖鸟枝头说道真。

　　莫谓天机非嗜欲,须知万物是吾身。

　　无端礼乐纷纷议,谁与青天扫宿尘?

　　　　　　　　　　——《碧霞池夜坐》①

　　独坐秋庭月色新,乾坤何处更闲人?

　　高歌度与清风去,幽意自随流水春。

　　千圣本无心外诀,六经须拂镜中尘。

　　却怜扰扰周公梦,未及惺惺陋巷贫。

　　　　　　　　　　　　　——《夜坐》②

此二首诗歌表现出阳明超脱世俗、潜心成圣的精神境界,"千圣本无心外诀,'六经'须拂镜中尘"则强调圣人之所以为圣人没有什么秘诀,只有不断地拂去自己心中的尘埃,修养心性,致其良知;而"无端礼乐纷纷议,谁与青天扫宿尘"则暗指当时朝廷的"大礼议"风波。作为藩王而即位的嘉靖皇帝,为了给父母挣得一个体面的身份,使朝中大臣争得不可开交,以致酿出"左顺门"事件,参与事件的官员下狱的下狱,流放的流放,杖击的杖击,场面惨不忍睹。在这些受处分的官员中,有不少是程朱理学的维护者,杨廷和之子杨慎是正德六年的状元,他在上疏中公开宣称:"臣等与(桂)萼辈

---

① 《王阳明全集》卷二十,第 865 页。
② 《王阳明全集》卷二十,第 867 页。

学术不同,议论亦异。臣等所执者,程颐、朱熹之说也。"①阳明的好友崔铣时任南京国子监祭酒,得知消息后,因上疏请求赦免请愿的官员而被免官。最终持续三年的"大礼议"以嘉靖皇帝及其支持者取得胜利而告终。但他们在道义上却受到维护程朱理学者正统士大夫的指责,而站在嘉靖皇帝一边的张璁、桂萼,还有阳明的弟子黄绾、陆澄皆被舆论目为"小人"。阳明在这一敏感问题上没有亮明自己的态度,关键时刻一言不发,就连自己的学生霍兀涯、席元山、黄宗贤、黄宗明先后皆以大礼问,竟不答"②,这使得年龄虽小,但却善于记仇的嘉靖皇帝非常失望。因此,在嘉靖三年(1524)四月,阳明守制期满,按照惯例该恢复原来的官职,但阳明在老家等了将近一年也没有接到任命诏书,他的弟子方献夫、黄绾多次上疏为业师请命,仍无济于事。无奈的王阳明只得继续赋闲绍兴。嘉靖四年(1525,阳明五十四岁)正月,其妻诸氏去世,阳明与诸氏无子嗣。后阳明娶继室张氏,于嘉靖五年(1526,阳明五十五岁)十一月,阳明终于得子。仕途上有些落寞的王阳明,老年得子,亦是喜出望外。

在守制与赋闲的几年间,阳明聚徒讲学,内容大抵不出良知与致良知之教,而在这一总命题下,又涉及多方面的问题,诸如心与性、心与理、知与行、本体与功夫、成圣等。总之,王阳明晚年的所思所教,与弟子门人所探讨的是以致良知为中心,统观心即理、知与行等以前所思考的命题,从而使心学终于成了一种有"头脑"的理论体系。并且阳明把致良知与成圣有机联系起来:"心之良知是谓圣。圣人之学,惟是致此良知而已。自然而致之者,圣人也;勉

---

① 张廷玉等:《明史》卷一百九十二《杨慎传》,中华书局,1974,第5082页。

② 《王阳明全集》卷三十五《年谱三》,第1426页。

然而致之者，贤人也；自蔽自昧而不肯致之者，愚不肖者也。愚不肖者，虽其蔽昧之极，良知又未尝不存也。苟能致之，即与圣人无异矣。此良知所以为圣愚之同具，而人皆可以为尧舜者，以此也。是故致良知之外无学矣。"①阳明认为，以良知为本体，在此基础上，致其良知，除其私欲，即可达到圣人之境。至此，阳明经过几十年的苦苦追寻思索，终于在成就"第一等事"上有了本质的突破，也为芸芸众生指出了成圣之途径，人人致良知，人人皆可为圣人，若此，世界将更加和谐美好，"天地万物，同吾一体"。此时，阳明的内心是何等清澈与旷阔啊！心学学说终于圆满自洽。

嘉靖六年(1527，阳明五十六岁)六月初六日，阳明赋闲六年后，家门口终于迎来了兵部派出的带着公文的使者，公文命阳明以南京兵部尚书的身份总制军务，前往广西征讨田州、思恩。此时的阳明正在享受老年得子的天伦之乐，况且诽谤其功业与学说者仍有增无减，于是他立即上《辞免重任乞恩养病疏》②，说自己重病缠身，不胜此任，请皇帝收回成命。皇帝不仅不允许，而且再次下旨，催促阳明立即启程，前往广西。与此同时，阳明弟子黄绾借机上《明军功以励忠勤疏》："今日，陛下操柄之失，莫此为甚。他日无事则可，万一有事，将谁效用哉？况守仁学原性命，德由忠恕，才优经济，使之事君处物，必能曲尽其诚，尤足以当薰陶，备顾问。以陛下不世出明贤之资，与之浃洽讲明，天下之治，生民之福，岂易言哉！前者言官屡荐，故尚书席书、吴廷举，今侍郎张璁、桂萼皆荐之，曾蒙简命，用为两广总制。臣谓总制寄止一方，何若用之庙堂，可以赞襄谋议，转移人心，所济天下矣。"③疏中，黄绾先分析宁王朱宸

---

① 《王阳明全集》卷八《书魏师孟卷》，第312页。此文作于嘉靖乙酉年(1525)。

② 《王阳明全集》卷十四，第511页。

③ 《王阳明全集》卷三十九，第1620-1621页。

濠叛乱之后果,再盛赞阳明的武功与学问之好,最后强烈推荐阳明进入朝廷的中心机构内阁,使其发挥应有的作用。但此时的内阁成员杨一清、张璁心照不宣,认为"总制两广"可以,入内阁要不得,再加上桂萼正用尽心机想钻入内阁,阳明入阁一事只能是镜中花、水中月。

朝廷的第二道圣旨已到,阳明要立即启程奔赴两广,但此时绍兴听讲之徒门庭若市,阳明还定期在余姚天泉寺聚徒讲学。嘉靖六年(1527)九月初七日深夜,阳明把来访的客人送走以后,与他的两个重要弟子钱德洪与王畿到其府邸内的天泉桥上,询问二人关于四句教的见解,阳明以前有四句教言:"无善无恶是心之体,有善有恶是意之动,知善知恶是良知,为善去恶是格物。"①但二人对老师的四句教各执一词,王畿抢先说:"心体既是无善无恶,意亦是无善无恶,知亦是无善无恶,物亦是无善无恶。若说意有善有恶,毕竟心亦未是无善无恶。"而钱德洪则说:"心体原来无善无恶,今习染既久,觉心体上见有善恶在,为善去恶,正是复那本体功夫。若见得本体如此,只说无功夫可用,恐只是见耳。"阳明听到弟子的解释,非常高兴,于是说道:"二君之见正好相取,不可相病。汝中须用德洪功夫,德洪须透汝中本体。二君相取为益,吾学更无遗念矣。"因为阳明行程在即,因此反复交代二位得意门生:"二君以后再不可更此四句宗旨。此四句中人上下无不接着。我年来立教,亦更几番,今始立此四句。人心自有知识以来,已为习俗所染,今不教他在良知上实用为善去恶功夫,只去悬空想个本体,一切事为,俱不着实。此病痛不是小小,不可不早说破。"②阳明从本体与功夫两个相辅相成的方面阐述了致良知的要旨。

---

① 《王阳明全集》卷三《传习录下》,第133页。
② 《王阳明全集》卷三十五《年谱三》,第1442-1443页。

天泉证道的第二天,王阳明便踏上了赴广西的征途,至嘉靖六年(1527)十一月二十日到达两广巡抚的府地广西梧州。至广西后,阳明针对少数民族的特点,实行"破山中贼"与"破心中贼"并用,而以安抚为主的策略,"诸夷感慕,旬日之间,自缚来归者,七万一千,悉放之还农,两省以安"①,思、田之乱遂平。之后,又率军平定了为乱一百多年的八寨、断藤峡瑶民之乱。当时学士霍韬等上疏说:"今守仁不杀一卒,不费斗米,直宣扬威德,遂使思、田顽叛,稽首来服。虽舜格有苗,何以过此?"②虽然王阳明不杀一卒,不费斗米,解决了困扰朝廷多少年来的问题,可是朝中大臣各有所想,好像对阳明的平乱视若无睹。阳明的弟子愤怒了,霍韬措辞激烈地上三千字《地方疏》,述说阳明的不朽功劳,但嘉靖皇帝看到此疏之后,只是派行人冯恩去两广奖励阳明,并招抚田州等,进京之事压根没提,更别说入阁了。嘉靖七年(1528,阳明五十七岁)九月八日,冯恩到达广州,此时的阳明已经卧病有日,作为嘉靖五年(1526)的新进士,冯恩崇尚王学且有舍生取义的精神,宣布完朝廷的旨意后,他请求做阳明的学生,就这样,冯恩成了阳明的关门弟子。嘉靖七年(1528)十月,阳明病情加重,决定启程返归。当乘舟从广西东归时,路过他十五岁时就在梦中拜谒的伏波将军马援的庙,阳明想起少时事,感慨万千,于是带病谨拜伏波庙,并作《谒伏波庙二首》,其一云:"四十年前梦里诗,此行天定岂人为!徂征敢倚风云阵,所过须同时雨师。尚喜远人知向望,却惭无术救疮痍。从来胜算归廊庙,耻说兵戈定四夷。"③四十二年后重现梦中景象,难道是宿命吗?至增城,阳明祭祀了死于苗难的五世祖王纲。在路过增城湛若水故居时,阳明更是感慨良多,写下了他一生最后两

---

① 《王阳明全集》卷二十五《田州立碑》,第1044页。
② 《王阳明全集》卷三十五《年谱三》,第1457页。
③ 《王阳明全集》卷二十,第878页。

首诗《题甘泉居》与《书泉翁壁》,其中《书泉翁壁》写道:

> 我祖死国事,肇禋在增城。荒祠幸新复,适来奉初蒸。亦有兄弟好,念言思一寻。苍苍蒹葭色,宛隔环瀛深。入门散图史,想见抱膝吟。贤郎敬父执,童仆意相亲。病躯不遑宿,留诗慰殷勤。落落千百载,人生几知音?道通著形迹,期无负初心!①

诗中王阳明既表达了继承先祖事业的快慰之感,又抒发了知音难遇及其对湛若水的思念之情。从增城回到广州,阳明的身体已经极度虚弱,平乱大捷后,阳明在向朝廷报捷的同时,顺便请了病假,但三个月过去了,还不见回音。阳明就借朝廷没有任命自己新职的这段时间,与弟子聚一聚,同时等待新的任命,因此在没有接到诏书时就私自东归。他在写给弟子何性之的信中说道:"区区病势日狼狈,自至广城,又增水泻,日夜数行不得止。至今遂两足不能坐立,须稍定,即逾岭而东矣。诸友皆不必相候。果有山阴之兴,即须早鼓钱塘之舵,得与德洪、汝中辈一会聚,彼此当必有益。区区养病本去已三月,旬日后必得旨。亦遂发舟而东,纵未能遂归田之愿,亦必得一还阳明洞,与诸友一面而别,且后会又有可期也。"②但是,命运之神并没有让阳明与弟子欢聚,更没有让他再次扭转乾坤于危难中,归舟至江西南安时,王阳明终于走完了其坎坷传奇的生命旅程,当南安推官、阳明弟子周积问其"何遗言"时,阳明微笑着说:"此心光明,亦复何言?"③然后瞑目而逝。时为嘉靖七年十一月二十九日(公元1529年1月9日)。

阳明辞世的消息传到京城,时任吏部尚书的桂萼最先得到消息,他看不惯生前的阳明,面对死去的阳明,他仍不放过,弹劾其

---

① 《王阳明全集》卷二十,第880页。
② 《王阳明全集》卷三十五《年谱三》,第1462页。
③ 《王阳明全集》卷三十五《年谱三》,第1463页。

"擅离职守",嘉靖皇帝亦认为其蔑视朝廷,命群臣议其罪,因此"爵荫赠谥诸典不行,且下诏禁伪学"①。由桂萼主持的廷议对阳明一生作了如下评价:"守仁事不师古,言不称师。欲立异以为高,则非朱熹格物致知之论;知众论之不予,则为《朱熹晚年定论》之书。号召门徒,互相倡和。才美者乐其任意,庸鄙者借其虚声。传习转讹,背谬弥甚。但讨捕輋贼,擒获叛藩,功有足录,宜免追夺伯爵以章大信,禁邪说以正人心。"②肯定阳明的平乱功业,而否定其学说,认为其学说是"伪学""邪说"。嘉靖皇帝虽然没有削去阳明"新建伯"的封号,但不得世袭,并且其后朝廷应该给予的一切优待也一并免去。

阳明辞世的消息传出,灵柩所过之处,百姓无不悲泣。即使与阳明学术观点不同而致仕的大学士费宏、礼部尚书汪俊,也赶到贵溪为阳明送行。弟子钱德洪、王畿刚刚离开绍兴,准备赴京参加殿试,得知业师逝世的消息,当即决定放弃殿试,在江西弋阳迎候阳明之灵柩。嘉靖八年(1529)二月四日,阳明灵柩抵达绍兴。从此后一直至十一月十一日阳明下葬,阳明的生前好友、为官时的同僚、门人弟子等络绎不绝前来凭吊。阳明弟子詹事黄绾上疏道:

> 忠臣事君,义不苟同;君子立身,道无阿比……臣所以深知守仁者,盖以其功与学耳。然功高而见忌,学古而人不识,此守仁之所以不容于世也。盖其功之大者有四:其一,宸濠不轨,谋非一日,内而内臣如魏彬等,嬖幸如钱宁、江彬等,文臣如陆完等,为之内应;外而镇守如毕真、刘朗等,为之外应;故当时中外诸臣,多怀观望。若非守仁忠义自许,身任讨贼之事,不顾赤族之祸,倡义以勤王,运筹以伐谋,则天下安危未可

---

① 《王阳明全集》卷三十五《年谱三》,第1464页。
② 张廷玉等:《明史》卷一百九十五《王守仁传》,第5168页。

知。今乃皆以为伍文定之功,是轻发纵而重走狗,岂有兵无胜算,而濠可徒搏而擒者乎?其二,大帽、茶寮、浰头、桶冈诸贼寨势连四省,兵连累岁。若非荡平,南方自此多事。守仁临镇,次第底定。其三,田州、思恩构衅有年,事不得息,民不得已,故起守仁以往,定以兵机,感以诚信,乃使卢、王之徒崩角来降,感泣受杖,遂平一方之难。其四,自来八寨为两广腹心之疾,其间守戍官军,与贼为党,莫可奈何。守仁假永顺狼兵,卢、王降卒,并而袭之,遂去两广无穷之巨害,实得兵法便宜之算。夫兵凶战危,守仁所立战功,皆除大患,卒之以死勤事。夫兵政国之大事,宜为后世法,可以终泯其功乎?其学之大要有三:一曰"致良知",实本先民之言,盖致知出于孔氏,而良知出于孟轲性善之论。二曰"亲民",亦本先民之言,盖《大学》旧本所谓亲民者,即百姓不亲之亲,凡亲贤乐利,与民同其好恶,而为絜矩之道者是已。此所据以从旧本之意,非创为之说也。三曰"知行合一",亦本先民之言,盖知至至之,知终终之,只一事也。守仁发此,欲人言行相顾,勿事空言以为学也。是守仁之学,弗诡于圣,弗畔于道,乃孔门之正传也,可以终废其学乎?然以萼之非守仁,遂致陛下失此良弼,使守仁不获致君尧、舜,谁之过与?臣不敢以此为萼是也。况赏罚者,御世之权。以守仁之功德,劳于王事,乃常典不及,削罚有加,废褒忠之典,倡党锢之禁,非所以辅明主也。守仁客死,妻子孱弱,家童载骨,藁埋空山,鬼神有知,当为恻然。臣实不忍见圣明之世有此事也。假使守仁生于异世,犹当追崇,况在今日哉?且永顺之众,卢、王之徒,素慕守仁威德;如此举措,恐失其望,关系夷情,亦非细故。臣昔与守仁为友,几二十年。一日愤寡过之不能,守仁从而觉之,若有深省,遂复师事之。是臣于守仁,实非苟然相信,如世俗师友者也。臣于君父之前,处师友之间,既有所怀,不敢不尽。昔萼为小人所谮,臣为之愤;既而得白,臣为之喜:固非臣之私也。今守仁之抱冤,亦犹萼之负屈。伏愿扩一视之仁,特敕所司,优以恤典赠谥,仍与世袭,并开学禁,以昭圣政。若此事不明,则萼之与臣,终不能以自忘。故臣敢言及于此,所以尽事陛下之忠,且以补萼之过,亦以尽臣之义也。①

黄绾慷慨激昂之疏上,"不报,于是给事中周延抗疏论列,谪判官"。此年十一月,阳明葬于绍兴离兰亭约五里的洪溪,"会葬者千余人,麻衣衰屦,扶柩而哭"。② 阳明死后,虽然朝廷待之甚为不公,但其学说很快发扬光大,北京、南京、杭州、福建等地皆有讲授阳明心学的书院,生徒众多,《王阳明年谱》《阳明文录》《朱子晚年定论》及《山东甲子乡试录》等文稿一再刊刻,尤其是阳明弟子所开创的泰州学派,影响深远。嘉靖皇帝辞世后,隆庆元年(1567),以方献夫、黄绾为首的阳明弟子联名上疏,根据朝议,徐阶代表皇帝起草了一篇文稿,对阳明的功业、学问等进行全面褒扬,《年谱》附录一详细记录了此事。隆庆元年(1567)五月,穆宗皇帝下诏追封王阳明为新建侯,谥文成;隆庆二年(1568)二月,又下诏命,允许阳明之子正亿继承新建伯爵位,并世袭之。万历十二年(1584),阳明的牌位被搬进孔庙,成为明代钦定的四位大儒之一(另外三位是薛瑄、胡居仁、陈献章),阳明的哲学思想与孔子、孟子、二程、朱熹等同辉,阳明心学亦为后人建设和谐社会做出了巨大贡献。

二、《传习录》的思想内涵

《传习录》是由阳明弟子辑录其讲学论道之语而成的专著,是

---

① 《王阳明全集》卷三十五《年谱三》,第 1464-1466 页。
② 《王阳明全集》卷三十五《年谱三》,第 1466 页。

阳明哲学思想的集中体现,是中国哲学史上一部重要经典。《传习录》之名是徐爱在整理与其师论道问答言论时所选定的,源自《论语·学而》:"曾子曰:'吾日三省吾身:为人谋而不忠乎?与朋友交而不信乎?传不习乎?'"①"传不习乎"意谓要经常温习老师所传授的知识,才能知道自己是否已经掌握。徐爱善学好问,认为阳明之道"即之若易,而仰之愈高;见之若粗,而探之愈精;就之若近,而造之愈益无穷。十余年来,竟未能窥其藩篱"②,可见,徐爱时时翻阅与老师论道的笔录,以便更好地领会老师的教诲,因此,他深有体会地把自己所做笔录命名为《传习录》。遗憾的是,徐爱英年早逝,王阳明门人薛侃得到徐爱所录一卷、陆澄所录一卷,加上他本人所录一卷,仍用徐爱所定原名于正德十三年(1518)刊刻之,即今本《传习录》之卷上。嘉靖三年(1524)十月,阳明弟子南大吉又在越地(今浙江绍兴)续刻《传习录》,其中包含阳明九篇与弟子友人的论学书信,即今本《传习录》之卷中。至嘉靖三十五年(1556),钱德洪编定《传习录》上、中、下三卷,刻于蕲春(今湖北黄冈)。钱德洪把卷中所收书信亦以问答的形式进行编辑,以便与卷上、卷下体例一致。卷下与卷上一样,主要辑录的是王阳明与其弟子论道的笔录。

  《传习录》涉及多方面的内容,其中包括阳明的心学体系、军事思想、教育思想、文学思想、编辑思想等,但最主要的还是其对心学思想的阐述,是研究阳明心学学说及其形成过程的重要文献。其卷上主要记录的是阳明早年的心学思想,涉及"心即理"之论说比较多,还有精神修养的功夫与手段、成圣之学的要点、知行合一等。从徐爱《传习录》卷上的跋文可知,阳明早年亦论及格物致知之说;

---

① 《论语》,杨伯峻、杨逢彬注译,岳麓书社,2000,第2页。
② 《王阳明全集》卷一《传习录上》,第1页。

卷中主要阐述了知行合一、致知格物、致良知之功夫等心学思想；卷下比较集中地阐述了其致良知学说，诸如圣人之学与致良知功夫、致良知的相关内容、致良知与"四句教"等。阳明的心学思想主要包括三个方面，即：心即理、知行合一、致良知。这三个方面是他在其人生的不同阶段不断实践、磨炼而逐渐形成的，其弟子在编辑《传习录》时分为三卷，显然是有意识地按照这三方面的内容加以编辑的。

（一）心即理

"心即理"是阳明经过心灵的痛苦探索及其在实践中千磨万炼而得出的哲学命题，通过少年时的格竹，而后"循序致精"的学习，为求心灵安顿的涉猎各家，终于在人烟稀少、远离俗世的龙场而悟得。"心即理"是阳明哲学思想的基础及标志，阳明的"知行合一""致良知"等重要的哲学命题皆是在此基础上得以系统阐释的，也正因为如此，时人及世人称其哲学思想为"心学"。从此，中国的哲学体系中有"阳明心学"这一专称。因此，学习阳明心学也必须从理解、领悟"心即理"之内涵开始。

1. 阳明所谓的"心"

心在中国古代的哲学命题中是一个比较宽泛的概念。从生理器官上来说，应该与现代意义上的大脑比较相似，我们常会听到长辈教育晚辈说"长点心""多个心眼"等，或者在评价一个人时会说此人"很有心计"，这些皆涉及用大脑思考。现在一些人直接就说"长点脑子"，人们在评价一个人办事不靠谱时，还衍生了一些时下流行语，诸如"脑残""脑子进水了"等。历史上，孟子、程颐、朱熹、陆九渊等思想家皆对"心"作过哲学命题上的探讨，而阳明哲学体系中的"心"为何意呢？他在《传习录》中对其作过多角度的阐述。

王阳明在《传习录》中明确解释道："心不是一块血肉，凡知觉处便是心,如耳目之知视听,手足之知痛痒,此知觉便是心也。"①
"所谓汝心,亦不专是那一团血肉。若是那一团血肉,如今已死的人,那一团血肉还在,缘何不能视、听、言、动?所谓汝心,却是那能视、听、言、动的,这个便是性,便是天理。"②显然,阳明所谓的"心"不是指人体单纯的作为生理器官的一团血肉,而是指心具有的视、听、言、动知觉,认为人们之所以能看、能听、能言、能动,全是心在起作用。因此,他说:"心者身之主宰,目虽视而所以视者心也,耳虽听而所以听者心也,口与四肢虽言动而所以言动者心也。"③"身之主宰便是心。"④又云:"心者身之主也。"⑤认为只要有知觉处便是心的作用,心是身之主宰。对此,程朱亦有相似的话语,程颐指出:"主于身为心。"⑥朱熹亦云:"心者,人之知觉主于身而应事物者也。"⑦可见,阳明与程、朱皆认为,心是身体的主宰,有很强的感知功能。为了论述心的主宰功能,阳明还用国君统摄六卿作比:"人君端拱清穆,六卿分职,天下乃治。心统五官,亦要如此。今眼要视时,心便逐在色上;耳要听时,心便逐在声上。如人君要选官时,便自去坐在吏部;要调军时,便自去坐在兵部。如此,岂惟失却君体,六卿亦皆不得其职。"⑧认为人的各种知觉活动皆要受制于心,就如六卿分职,皆受制于国君一样。因此,我们可以这样说,阳明认为心主宰着我们的日常行为,决定着我们对客观世界的看法。

---

① 《王阳明全集》卷三《传习录下》,第138页。
② 《王阳明全集》卷一《传习录上》,第41页。
③ 《王阳明全集》卷三《传习录下》,第135页。
④ 《王阳明全集》卷一《传习录上》,第6页。
⑤ 《王阳明全集》卷二《传习录中》,第53页。
⑥ 程颢、程颐:《河南程氏遗书》卷十八,《二程集》,王孝鱼点校,中华书局,2004,第204页。
⑦ 朱熹:《晦庵先生朱文公文集》卷六十五,朱杰人、严佐之、刘永翔主编《朱子全书》第23册,上海古籍出版社,2010,修订本,第3180页。
⑧ 《王阳明全集》卷一《传习录上》,第25页。

在此基础上，阳明还进一步指出何为"心之本体"。其一，阳明认为"至善是心之本体"①。何谓至善？他说："'明明德'到'至精至一'处便是。"②每个人彰显内心光明的德性到了极精无私欲的地步，即是至善，这种境界即是心之本体。其二，知是心之本体。"心自然会知：见父自然知孝，见兄自然知弟，见孺子入井自然知恻隐，此便是良知，不假外求。"③认为此"知"即"良知"，即心之本体，所以，他说："恶人之心，失其本体。"④《孟子·公孙丑章句上》有云："今人乍见孺子将入于井，皆有怵惕恻隐之心……无恻隐之心，非人也；无羞恶之心，非人也；无辞让之心，非人也；无是非之心，非人也。恻隐之心，仁之端也；羞恶之心，义之端也；辞让之心，礼之端也；是非之心，智之端也。"⑤《孟子·告子章句上》又云："乃若其情，则可以为善矣，乃所谓善也。若夫为不善，非才之罪也。恻隐之心，人皆有之；羞恶之心，人皆有之；恭敬之心，人皆有之；是非之心，人皆有之。恻隐之心，仁也；羞恶之心，义也；恭敬之心，礼也；是非之心，智也。仁义礼智，非由外铄我也，我固有之也，弗思耳矣。"⑥陆九渊继承孟子的"四端"说，亦指出："恻隐，仁之端也；羞恶，义之端也；辞让，礼之端也；是非，智之端也。此即是本心。"⑦显然，王阳明在解释"知是心之本体"的时候，继承了孟子的性善论与陆九渊的"本心说"。阳明又说："心者身之主也，而心之虚灵明觉，即所谓本然之良知也。"⑧由上述可知，"虚灵明觉"即阳明所谓

---

① 《王阳明全集》卷一《传习录上》，第 2 页。
② 《王阳明全集》卷一《传习录上》，第 2 页。
③ 《王阳明全集》卷一《传习录上》，第 7 页。
④ 《王阳明全集》卷一《传习录上》，第 17 页。
⑤ 《孟子》，杨伯峻、杨逢彬注译，岳麓书社，2000，第 56 页。
⑥ 《孟子》，杨伯峻、杨逢彬注译，第 193 页。
⑦ 陆九渊：《陆九渊集》卷三十六《年谱》，中华书局，1980，第 487 页。
⑧ 《王阳明全集》卷二《传习录中》，第 53 页。

的心之本体,阳明在其《大学问》中更直接地指出:"吾心之本体,自然灵昭明觉者也。凡意念之发,吾心之良知无有不自知者。"①其三,乐是心之本体。阳明在《答陆原静书》中指出"乐是心之本体",并做了进一步的解释,此乐"虽不同于七情之乐,而亦不外于七情之乐。虽则圣贤别有真乐,而亦常人之所同有。但常人有之而不自知,反自求许多忧苦,自加迷弃。虽在忧苦迷弃之中,而此乐又未尝不存。但一念开明,反身而诚,则即此而在矣"。②阳明的"乐是心之本体"与其"知是心之本体"是一致的,因为在阳明看来,圣人之乐与常人之乐是相同的,良知是心之本体,常人减掉心中的一分私欲,良知的纯度就会提高一分,就会增加一分真正的快乐,因此"良知"越多,"乐"就越多,因此,"乐"与"良知",一也。所以,当陆原静不理解昔日周敦颐经常让程颐寻找孔子和颜回的乐处而请教阳明时,阳明很幽默地对其门生说道:我俩整天讨论的不就是怎样找"乐子"吗?现在你问如何寻乐,不是"骑驴觅驴"③吗?其四,定是心之本体。阳明指出:"定者心之本体,天理也。动静所遇之时也。"④认为心之本体是良知,良知本自澄明,恒定存在,无所谓动静,此所谓的"定"是指人之意念的安宁与无烦扰,阳明认为动静是心之本体在不同境遇时的不同表现,如果是避开俗世,默坐修行而求定,非所谓"定"。所谓"定"则是无论何时何地皆能保持心境的安宁,这种境界即是心之本体,即是天理。应该说,阳明的"定者心之本体"与孟子的"不动心"有一定的继承关系,孟子说"夫志,气之帅也","持其志,无暴其气",因为"志壹则动气,气壹则动志也"。

---

① 《王阳明全集》卷二十六《大学问》,第1070页。
② 《王阳明全集》卷二《传习录中》,第79页。
③ 《王阳明全集》卷二《传习录中》,第79页。
④ 《王阳明全集》卷一《传习录上》,第19页。

今夫蹶者趋者,是气也,而反动其心"。① 意即心志专一则能统率、鼓动充盈在人之身体内的体气,而体气专一则身体自然会平衡和谐,服从心志的调度与统率,使个体生命获得道德的价值与意义,才不会如"蹶者趋者"然,滥使体气而动其心志。在孟子看来,本心中正无私,毫无偏弊,并决定人的本性,因此,孟子认为:"勿正心,勿忘,勿助长也。"②所以,阳明认为孟子的"不动心"是"集义到自然不动"③。其五,天理即心之本体。在"定者心之本体"的基础上,阳明又明确指出心之本体即是天理:"心之本体原自不动。心之本体即是性,性即是理,性元不动,理元不动。集义是复其心之本体。"④"心之本体即是天理,体认天理只要自心地无私意。"⑤在《启问道通书》中,阳明亦指出:"心之本体即是天理,天理只是一个,更有何可思虑得?天理原自寂然不动,原自感而遂通。"⑥其六,心之本体是天渊。门人黄直与阳明有以下对话:

> 黄以方问:"先生格致之说,随时格物以致其知,则知是一节之知,非全体之知也。何以到得'溥博如天,渊泉如渊'地位?"先生曰:"人心是天、渊。心之本体无所不该,原是一个天,只为私欲障碍,则天之本体失了。心之理无穷尽,原是一个渊。只为私欲窒塞,则渊之本体失了。如今念念致良知,将此障碍窒塞一齐去尽,则本体已复,便是天、渊了。"乃指天以示之曰:"比如面前见天,是昭昭之天;四外见天,也只是昭昭之天。只为许多房子墙壁遮蔽,便不见天之全体,若撤去房子

---

① 《孟子·公孙丑章句上》,杨伯峻、杨逢彬注译,第46页。
② 朱熹:《四书章句集注·孟子集注》卷三《公孙丑章句上》,《四书章句集注》,中华书局,1983,第232页。
③ 《王阳明全集》卷一《传习录上》,第28页。
④ 《王阳明全集》卷一《传习录上》,第28页。
⑤ 《王阳明全集》卷一《传习录上》,第30页。
⑥ 《王阳明全集》卷二《传习录中·启问道通书》,第65-66页。

墙壁,总是一个天矣。不可道眼前天是昭昭之天,外面又不是昭昭之天也。于此便见一节之知即全体之知,全体之知,即一节之知;总是一个本体。"①

在与门生的对话中,阳明引用《中庸》之语,形象地比喻心之本体广阔得如同无边无际的太空,深沉得如同深不见底的潭水。通过形象可感的比喻,我们可以想象阳明所谓的心之本体:它是无边无际的,像大海一样辽阔;它是不动的、中正无私的;它虚灵明觉,充盈良知;只要不被私欲遮蔽,它即是"昭昭之天";人们用"集义"恢复心之本体时,人心是快乐的、愉悦的。

2. 心与性

在我国哲学史上,对心性问题的探讨源远流长。先秦时期,孟子就对心性问题论述较多,孟子认为人皆有四心——恻隐之心、羞恶之心、恭敬之心、是非之心,并认为人表现出来的四心,并非矫情,而是人的自然流露,如果人无此"四心",皆"非人也"。"四心"为仁义礼智之端,此心即本然之心,是人与禽兽的本质区别。他还解释道:"君子所性,仁义礼智根于心。"②这样孟子就把人之本然之心与人性联系起来了,在孟子看来,善是人的本性,而人先天具有的本性即"四心",所以他说:"大人者,不失其赤子之心者也。"③在此,人之本然之心与道德意识是一致的。孟子虽然没有提出心即性这一命题,但是在其论述中已经包含这个意思。

到了宋代,理学家们对心性理论的阐释有了很大的发展,在心性说内涵中添加了新的内容。张载(1020—1077)就指出:"形而后有气质之性,善反之则天地之性存焉。故气质之性,君子有弗性者

---

① 《王阳明全集》卷三《传习录下》,第108-109页。
② 《孟子·尽心章句上》,杨伯峻、杨逢彬注译,第232页。
③ 《孟子·离娄章句下》,杨伯峻、杨逢彬注译,第139页。

焉。"①在此，张载在孟子心性说的基础上提出了"天地之性"（"形而后"即指天地之性）与"气质之性"，并认为"性之本原，莫非至善"，而"习而为恶，亦性也。饮食男女，皆性也"。② 张载认为天性是至善的，气质之性不是人之本性，而人只要不断提高自己的道德修养，其气质之性即人性也会与天地之性一样处于至善境地。在此基础上，张载进一步提出了"心统性情说"："心统性情者也。有形则有体，有性则有情。发于性则见于情，发于情则见于色，以类而应也。"③由其天地之性与气质之性论可知，张载此处所谓的性为仁义礼智的天性，即天地之性，所谓的情则是饮食男女之喜怒哀乐忧爱恶欲之情，即气质之性，并且指出了性、情之间的关系，即性为情的本体，情由性表现出来，性与情为体用关系，性为至善，而情则有清浊，如果希望性情统一不相悖，情尽可能亦达到至善，使气质之性返回天地之性，那么就要有一个监督者、管理者，即心，此所谓"心统性情者也"。

程颐(1033—1107)在孟子心性说的基础上，明确提出心即性："孟子曰：'尽其心，知其性。'心即性也。在天为命，在人为性，论其所主为心。"④"在天为命，在义为理，在人为性，主于身为心，其实一也。"⑤程颐认为本善之心是天生的，可谓天命；是合乎道义的，可谓理；是人之所以为人的标志，可谓性；而其主宰人之活动时，即可谓心。他还发展了张载的心统性情说："心本善，发于思虑，则有善有不善。若既发，则可谓之情，不可谓之心。譬如水，只谓之水，

---

① 李峰：《正蒙注说》，河南大学出版社，2016，第133页。
② 林乐昌：《张载佚书〈孟子说〉辑考》，《中国哲学史》2003年第4期。
③ 张载：《性理拾遗》，《张载集》，中华书局，1978，第374页。
④ 程颢、程颐：《河南程氏遗书》卷十八，《二程集》，第204页。
⑤ 程颢、程颐：《河南程氏遗书》卷十八，《二程集》，第204页。在此段末有注曰："在义为理，疑是在物为理。"

至于流而为派，或行于东，或行于西，却谓之流也。"①程颐认为本善之心如果发于思虑，就会分出善与不善，心之动处即可谓情，不可谓心，当然也非性。因为心如澄静之水，无不善，性依然。因此，程颐很自然地就得出如下结论："孟子言人性善是也。……性无不善。"②"性即理也，所谓理，性是也。天下之理，原其所自，未有不善。喜怒哀乐未发，何尝不善？发而中节，则无往而不善。"③程颐通俗详赡地解释了张载的心性之说，并提出了理学的一个重要命题"性即理"，从而形成了心即性、性即理哲学理论体系的圆满阐释。

朱熹（1130—1200）认同张载的天地之性与气质之性之说，并对此作了进一步阐释，认为天地之性是人之本性，"天地之性则专指理言"④，"性者，人生所禀之天理也"，"未有不善者"，⑤这种"本然之理"，为人之"纯粹至善之性⑥"；认为气质之性是人后天之"理与气杂而言之"⑦，且人之气质之禀"各有清浊"⑧。同时，朱熹非常赞赏张载、程颐的心性说，并在此基础上充分发挥了张载、程颐关于心性之说的阐述：

伊川"性即理也"，横渠"心统性情"二句，颠扑不破！"性

---

① 程颢、程颐：《河南程氏遗书》卷十八，《二程集》，第204页。
② 程颢、程颐：《河南程氏遗书》卷十八，《二程集》，第204页。
③ 程颢、程颐：《河南程氏遗书》卷二十二，《二程集》，第292页。
④ 朱熹：《答郑子上》，《晦庵先生朱文公文集》卷五十六，《四部丛刊》本。
⑤ 朱熹：《孟子集注》卷十一《告子章句上》，《四书章句集注》，第325页。
⑥ 朱熹：《四书或问》，上海古籍出版社，2001，第371页。
⑦ 朱熹：《晦庵先生朱文公文集》卷五十六，朱杰人、严佐之、刘永翔主编《朱子全书》第23册，第2688页。
⑧ 黎靖德编《朱子语类》卷四《性理一·人物之性气质之性》，王星贤点校，中华书局，1985，第68页。

是未动,情是已动,心包得已动未动。盖心之未动则为性,已动则为情,所谓'心统性情'也。欲是情发出来底。心如水,性犹水之静,情则水之流,欲则水之波澜……"①

性即理也。在心唤做性,在事唤做理。生之理谓性。性只是此理。性是合当底。性则纯是善底。性是天生成许多道理。性是许多理散在处为性。②

朱熹认为心之未动之时,性与情浑然一体,性"在心唤做性,在事唤做理",是天生的,是纯善的,"物物皆有性,便皆有其理"③,"花瓶便有花瓶底道理,书灯便有书灯底道理。水之润下,火之炎上,金之从革,木之曲直,土之稼穑,一一都有性,都有理。人若用之,又着顺它理,始得。若把金来削做木用,把木来镕做金用,便无此理"④,"许多理散在处为性"。朱熹把心分为性与情,认为天生的、纯善的物物皆有之性为理,心即性,性即理。在朱熹看来心与理、性与理二者之间的关系是不一样的,地位是不平等的,心与理是包含关系,性与理则是统一关系,并进一步提出道心与人心的概念:"性则是道心。"⑤且阐释了人心与道心的关系:"心者,人之知觉主于身而应事物者也。指其生于形气之私者而言,则谓之人心;指其发于义理之公者而言,则谓之道心。"⑥他认为人心即私自的感知,而道心则是私自感知之外的义理,并认为道心是纯正的:"人心者,气质之心也,可为善,可为不善。道心者,兼得理在里面。"⑦

---

① 《朱子语类》卷五《性理二·性情心意等名义》,第93页。
② 《朱子语类》卷五《性理二·性情心意等名义》,第82-83页。
③ 《朱子语类》卷九十七《程子之书三》,第2484页。
④ 《朱子语类》卷九十七《程子之书三》,第2484页。
⑤ 《朱子语类》卷六十一《孟子十一·尽心下》,第1462页。
⑥ 朱熹:《晦庵先生朱文公文集》卷六十五,朱杰人、严佐之、刘永翔主编《朱子全书》第23册,第3180页。
⑦ 《朱子语类》卷七十八《尚书一·大禹谟》,第2013页。

因此,他认为:"人心者,人欲也","道心者,天理也"。① 并认为人心应该听命于道心:"人自有人心、道心,一个生于血气,一个生于义理。饥寒痛痒,此人心也;恻隐、羞恶、是非、辞让,此道心也","'必使道心常为一身之主,而人心每听命焉',乃善也"。② 这样一来,时间长了,道心则可感化人心,使之归于道心:"以道心为主,则人心亦化而为道心矣"③,"只是要得道心纯一"④。从而可知,程朱理学比较重视性,认为"性则是道心",而忽视人心,并且析心、理为二;情是私自的、感性的,或者说感性的是人心。换句话说,朱熹析心为人心、天性为二,因为,在他看来性即理,因此说其析心、理为二。

程朱理学由心性关系引出了性情关系的讨论,程颐指出:"天地储精,得五行之秀者为人……其中动而七情出焉,曰喜怒哀乐爱恶欲。情既炽而益荡,其性凿矣。是故觉者约其情使合于中,正其心,养其性,故曰性其情。愚者则不知制之,纵其情而至于邪僻,梏其性而亡之,故曰情其性。"⑤赞同性其情,而批判情其性。朱熹亦肯定这一看法:

> 问:"颜子之所学者,盖人之有生,五常之性,浑然一心之中。未感物之时,寂然不动而已,而不能不感于物,于是喜怒哀乐七情出焉。既发而易纵,其性始凿。故颜子之学见得此理分明,必欲约其情以合于中,刚决以克其私。私欲既去,天理自明,故此心虚静,随感而应。或有所怒,因彼之可怒而怒

---

① 《朱子语类》卷七十八《尚书一·大禹谟》,第 2017 页。
② 《朱子语类》卷六十二《中庸一·章句序》,第 1487 页。
③ 朱熹:《晦庵先生朱文公文集》卷五十一,朱杰人、严佐之、刘永翔主编《朱子全书》第 22 册,第 2381 页。
④ 《朱子语类》卷七十八《尚书一·大禹谟》,第 2012 页,
⑤ 程颢、程颐:《河南程氏文集》卷八,《二程集》,第 577 页。

之,而己无与焉。怒才过,而此心又复寂然,何迁移之有!所谓过者,只是微有差失。张子谓之'慊于己',只是略有些子不足于心,便自知之,即随手消除,更不复萌作。为学工夫如此,可谓真好学矣。"曰:"所谓学者,只是学此而已。伊川所谓'性其情',《大学》所谓'明明德',《中庸》所谓'天命之谓性',皆是此理"。①

在程颐、朱熹看来,"性其情"即是用道心感化人心,使其扫除心中的不善之情、欲,从而化浊为清,净化心灵。

而阳明心学与程朱理学相较,则更重视心。阳明指出:"圣人之学,心学也。"由上文论述可知,阳明所谓的心,内涵较为广泛,往往指思维、知觉、情感等,他也明确指出:"喜、怒、哀、惧、爱、恶、欲,谓之七情。七者俱是人心合有的。"②在《传习录》中,阳明多次用到"心体"一词,如"须于心体上用功"③,"人之心体本无不明"④,"心体无蔽,临事无失"⑤。认为"为学须有本原,须从本原上用力"⑥,这里的本源即指心体,并且认为心即理:"所谓汝心,却是那能视、听、言、动的,这个便是性,便是天理。"⑦并强调心得之于天:"心生而有者也"⑧,"心也者,吾所得于天之理也,无间于天人,无分于古今"⑨。可见,程朱理学在心性关系上表现为以性说心,化心为性,性其情;而阳明心学则不同,他强调心得之于天,心具有先

---

① 《朱子语类》卷三十《论语十二·雍也篇一》,第776页。
② 《王阳明全集》卷三《传习录下》,第126页。
③ 《王阳明全集》卷一《传习录上》,第17页。
④ 《王阳明全集》卷二《传习录中》,第51页。
⑤ 《王阳明全集》卷二《传习录中》,第56页。
⑥ 《王阳明全集》卷一《传习录上》,第16页。
⑦ 《王阳明全集》卷一《传习录上》,第41页。
⑧ 《王阳明全集》卷二十六《五经臆说》,第1076页。
⑨ 《王阳明全集》卷二十一《答徐成之二》,第891页。

天的必然之理。阳明对身心关系的解释是："耳、目、口、鼻、四肢，身也，非心安能视、听、言、动？心欲视、听、言、动，无耳、目、口、鼻、四肢亦不能，故无心则无身，无身则无心。"①阳明认为"喜、怒、哀、惧、爱、恶、欲"七者"俱是人心合有的"。② 把"七情"视为心之应有之成分，"大抵七情所感，多只是过，少不及者。才过便非心之本体，必须调停适中始得。就如父母之丧，人子岂不欲一哭便死，方快于心？然却曰'毁不灭性'，非圣人强制之也，天理本体自有分限，不可过也。人但要识得心体，自然增减分毫不得"③。认为七情只要调停得适中，就如父母死亡，人子自然哀伤，但不能哀伤到损伤自己的身体，无过犹不及者，即是心之本体，并且还认为："乐是心之本体，虽不同于七情之乐，而亦不外于七情之乐。"④因此，阳明认为"心即性"，并指出："性一而已，仁、义、礼、智，性之性也；聪、明、睿、知，性之质也；喜、怒、哀、乐，性之情也；私欲、客气，性之蔽也。"⑤可见，阳明心学与程朱理学对心与性的界定显示出很大的不同，程朱理学强调以性说心，要求以道心净化纯正人心，而过度抑制对情感、知觉、意志等私自感性的关注。相对于程朱理学的学说，阳明在经历与实践中得知，人心中自有情感、意志、感知、快乐，这是人之本性；人在身处逆境之时，需要"心"中情感、意志强有力的支持，从而坚定走出逆境、克服困难的信心。阳明这种"大其心"的开放性思维，为人的个性的多样化发展提供了理论依据。

3. 心即理

"心即理"是阳明心学体系的基础，但这一命题第一次提出并

---

① 《王阳明全集》卷三《传习录下》，第103页。
② 《王阳明全集》卷三《传习录下》，第126页。
③ 《王阳明全集》卷一《传习录上》，第19-20页。
④ 《王阳明全集》卷二《传习录中》，第79页。
⑤ 《王阳明全集》卷二《传习录中》，第77页。

非王阳明。较早提出者是唐代的大照禅师,他说:"心即理,则是心外无理,理外无心。"①北宋契嵩(1007—1072)的《镡津集》也有相关的论述。② 程颐不仅明确提出了"心即性",而且还提出了"性即理",但是他最终没有得出"心即理"的哲学命题,因为在程颐看来,性为"喜怒哀乐""发而中节者",则为人之本性,而天下之理皆善,因此性即理。而"喜怒哀乐"发而未中节者,则非人之本性,当然亦非理。朱熹继承程颐的"性即理"并得以发展,他指出:"天命之性,万理完具;总其大目,则仁义礼智,其中遂分别成许多万善。"③这里的"天命之性"应与张载的"天地之性"同,是尽善的,它不包含"气质之性"。他又进一步论说道:"'生之谓性',是生下来唤做性底,便有气禀夹杂,便不是理底性了。前辈说甚'性恶','善恶混',都是不曾识性,到伊川说'性即理也',无人道得到这处。理便是天理,又那得有恶!"④朱熹不仅高度评价程颐所提出的"性即理"的命题,而且认为"天命之性"为"天理",同时又在张载、程颐学说的基础上进一步阐明性理之说,他在《孟子集注》中指出:"心者,人之神明,所以具众理而应万事者也。"⑤又说道:"心包万理,万理具于一心。"⑥"能存得自家个虚灵不昧之心,足以具众理,可以应万事,便是明得自家明德了。"⑦认为"心居万理",如果能使己心达到"虚灵不昧""明德"之至善之心,即"足以具众理,可以应万物"。在心

---

① 大照普寂:《大乘开心显性顿悟真宗论》,载惟明法师选编《圆明文集·禅宗篇》,圆明出版社,1996,第25页。
② 契嵩:《镡津集》卷二二,《四部丛刊三编》,景明弘治本。
③ 《朱子语类》卷一百一十七《朱子十四·训门人五》,第2816页。
④ 《朱子语类》卷九十五《程子之书一》,第2425页。
⑤ 朱熹:《孟子集注》卷十三《尽心章句上》,《四书章句集注》,第349页。
⑥ 《朱子语类》卷九《学三·论知行》,第155页。
⑦ 《朱子语类》卷十四《大学一·经上》,第265页。

居万理的基础上,朱熹还提出了"心即理"的命题:"仁者心与理一,心纯是这道理。""仁者理即是心,心即是理。"①那么朱熹的"心即理"与陆九渊尤其是王阳明之"心即理"一样吗?弄清楚他所谓的"仁者"的含义就可以找到答案。朱熹认为:"仁者,心之德。"②"仁者,人之本心也。"③"仁者通体是理,无一点私心。"④"仁者,只是吾心之正理。"⑤"仁者,人心之天理。"⑥"今人学问百种,只是要'克己复礼',若能克去私意,日间纯是天理,自无所忧,如何不是仁。"⑦结合朱熹关于性理方面的论述,我们可知,他所谓的"心即理"之理,显然是指与"人欲"相对的"天理",与"人心"相对的"道心",是人之本心,即"天地之性"之理,而非"气质之性"之理,因而与陆王心学之心即理不同,因此,陆九渊与朱熹在鹅湖寺展开了激烈的争论,王阳明亦在《答顾东桥书》中尖锐地指出:"晦庵谓:'人之所以为学者,心与理而已。心虽主乎一身,而实管乎天下之理,理虽散在万事,而实不外乎一人之心。'是其一分一合之间,而未免已启学者心理为二之弊。此后世所以有'专求本心,遂遗物理'之患,正由不知心即理耳。"⑧批评朱熹之割心与理为二的观点以及对后人所产生的影响。

陆九渊(1139—1193)在与朱熹的论辩中,终于提出并在一定程度上论证了"心即理"这一在其哲学体系中占有核心地位的命

---

① 《朱子语类》卷三十七《论语十九·子罕篇下》,第985页。
② 朱熹:《孟子集注》卷一《梁惠王章句上》,《四书章句集注》,第201页。
③ 《朱子语类》卷三十四《论语十六·述而篇》,第866页。
④ 《朱子语类》卷三十七《论语十九·子罕篇下》,第983页。
⑤ 《朱子语类》卷四十五《论语二十七·卫灵公篇》,第1153页。
⑥ 《朱子语类》卷二十五《论语七·八佾篇》,第604页。
⑦ 《朱子语类》卷三十七《论语十九·子罕篇下》,第983页。
⑧ 《王阳明全集》卷二《传习录中》,第48页。

题,他明确提出:"万物森然于方寸之间,满心而发,充塞宇宙,无非此理。"①"盖心,一心也,理,一理也,至当归一,精义无二,此心此理,实不容有二。"②认为此心此理不能有二,并且作了较为详细的阐述:

> (孟子)曰:"存乎人者,岂无仁义之心哉?"又曰:"至于心,独无所同然乎?"又曰:"君子之所以异于人者,以其存心也。"又曰:"非独贤者有是心也,人皆有之,贤者能勿丧耳。"又曰:"人之所以异于禽兽者几希,庶民去之,君子存之。"去之者,去此心也,故曰"此之谓失其本心"。存之者,存此心也,故曰"大人者,不失其赤子之心"。四端者,即此心也;天之所以与我者,即此心也。人皆有是心,心皆具是理,心即理也,故曰"理义之悦我心,犹刍豢之悦我口"。所贵乎学者,为其欲穷此理,尽此心也。③

由陆九渊引用孟子诸多观点进行论述可知,他所谓的"心即理"显然是从孟子的性本善理论而生发,他所谓的理即人之良知、人之本心,认为如果此心"有所蒙蔽,有所移夺,有所陷溺,则此心为之不灵,此理为之不明,是谓不得其正,其见乃邪见,其说乃邪说"④。而"正理在人心,乃谓所固有",若失去正心,"必由正学以克其私,而后可言也",⑤陆九渊这种"克其私"发明本心的,或者谓"正心"的理论,正是陆王心学的核心理论,可以说,陆九渊为中国古代哲学的发展做出了重大贡献,也为阳明心学的建立奠定了理

---

① 陆九渊:《陆九渊集》卷四十三《语录》,钟哲点校,中华书局,1980,第423页。
② 陆九渊:《陆九渊集》卷一《与曾宅之》,第4-5页。
③ 陆九渊:《陆九渊集》卷十一《与李宰二》,第149页。
④ 陆九渊:《陆九渊集》卷十一《与李宰二》,第149页。
⑤ 陆九渊:《陆九渊集》卷十一《与李宰二》,第150页。

论基础。由于陆九渊的心学是在与朱熹理学的论辩中逐渐形成自身特点的,因而他没有将自己提出的哲学命题予以详赡圆满的论证。所以,阳明在肯定陆九渊的"心即理"学说的同时,认为其虽有贡献,但其理论"只是粗些"①。

在《传习录》中,阳明则比较详细地讨论了"心即理"这个哲学命题。阳明认为"心即理","心外无理,心外无事"。《传习录上》记载了徐爱与阳明的一段对话:

> 爱问:"至善只求诸心,恐于天下事理有不能尽。"先生曰:"心即理也。天下又有心外之事,心外之理乎?"爱曰:"如事父之孝,事君之忠,交友之信,治民之仁,其间有许多理在,恐亦不可不察。"先生叹曰:"此说之蔽久矣,岂一语所能悟?今姑就所问者言之:且如事父,不成去父上求个孝的理?事君,不成去君上求个忠的理?交友治民,不成去友上、民上求个信与仁的理?都只在此心。心即理也。此心无私欲之蔽,即是天理,不须外面添一分。以此纯乎天理之心,发之事父便是孝,发之事君便是忠,发之交友治民便是信与仁。只在此心去人欲、存天理上用功便是。"②

我们通过分析师徒的对话可知,徐爱显然就朱熹的事事物物皆有定理、格物穷理的理论所发问,而阳明则用浅显的比喻阐明道理:人之孝亲、忠君、信友甚至以仁治天下,不能在主体对象上求孝、求忠、求信、求仁,而是主体自我须有孝、忠、信、仁等道德之心,然后在行为对象上完成自己的善行。由此可知,阳明所谓的"理",更多是指道德规范,他认为作为伦理规范的"理"不存在于道德行为的对象身上,而是通过主体在道德实践的对象上呈现出来。

---

① 《王阳明全集》卷三《传习录下》,第104页。
② 《王阳明全集》卷一《传习录上》,第2-3页。

但徐爱不仅仅是对作为道德规范的"理"而追问,他追问的是"只求诸心,恐于天下事理有不能尽",这里徐爱提出了阳明"心即理"命题中一个非常关键的问题,即心与天地万物的关系问题。阳明认为:"物理不外于吾心,外吾心而求物理,无物理矣;遗物理而求吾心,吾心又何物邪?"①"在物为理,在字上当添一心字,此心在物则为理。如此心在事父则为孝,在事君则为忠之类。"②形象地论述了"吾心"与"物理"相融相洽的关系,他认为如果人们不是在"吾心"的观照指导下去探求"物理","物理"则无法呈现在"吾心"中,此则所谓"心外无理,心外无事"也。所以,阳明非常激动地感慨:

> 我的灵明,便是天地鬼神的主宰。天没有我的灵明,谁去仰他高?地没有我的灵明,谁去俯他深?鬼神没有我的灵明,谁去辨他吉凶灾祥?天地鬼神万物离却我的灵明,便没有天地鬼神万物了。我的灵明离却天地鬼神万物,亦没有我的灵明。③

在阳明看来,人与天地万物本是一体的,正是有了灵明的人心,才能对天地万物加以体认;反之,如果没有了天地万物,人的灵明之心亦无着落处,因为"此心在物则为理"。阳明论述心与物之关系最形象的是他与门生"南镇观花"时的一段对话:

> 先生游南镇,一友指岩中花树问曰:"天下无心外之物,如此花树,在深山中自开自落,于我心亦何相关?"先生曰:"你未看此花时,此花与汝心同归于寂。你来看此花时,则此花颜色一时明白起来。便知此花不在你的心外。"④

阳明回答门生的问题是多么浅显形象啊!物理离开了人心的

---

① 《王阳明全集》卷二《传习录中》,第48页。
② 《王阳明全集》卷三《传习录下》,第137页。
③ 《王阳明全集》卷三《传习录下》,第141页。
④ 《王阳明全集》卷三《传习录下》,第122页。

参与是没有意义的,就如观花一样,花树鲜艳明丽的颜色映入人们的眼帘,花树才有了它存在的意义,此心有此物才有此物之理,心即理,这是阳明"此心在物则为理"对程朱理学"在物为理"理论的成功超越。

阳明提出了"心即理"这一哲学命题,就必须解决好理与欲的关系问题。关于理与欲的关系,阳明与宋儒的观点既有相同处,又有不同处。阳明继承了大部分宋儒的观点,他与朱熹一样,皆承认人欲的存在,但阳明认为欲虽然有碍于理在实践中的发挥,而欲在人的具体实践活动中可以转化为理,认为理与欲共同存在于本体中,人在社会活动中只要不断克服人欲,内心就会纯净无比,这就是理。而朱熹不同,他把心与理一分为二,认为人心往往和欲比较接近,进而把天理与人欲对立起来,非此即彼,"存天理,灭人欲"。但阳明所谓的心即理是有条件的:

> 此心无私欲之蔽,即是天理,不须外面添一分。以此纯乎天理之心,发之事父便是孝,发之事君便是忠,发之交友治民便是信与仁。只在此心去人欲、存天理上用功便是。①

阳明所谓的"心即理"之理是心中没有人欲的遮蔽,此心便是理,认为人们要不断在本体之心上用功,努力剔除心中的私欲,保持一颗纯乎天理之心。但徐爱又问阳明一个问题:如先生所言心即理,那么当今为何会有知行不一的状况?

> 爱因未会先生"知行合一"之训,与宗贤、惟贤往复辩论未能决,以问于先生。先生曰:"试举看。"爱曰:"如今人尽有知得父当孝、兄当弟者,却不能孝、不能弟,便是知与行分明是两件。"先生曰:"此已被私欲隔断,不是知行的本体了。未有知而不行者。知而不行,只是未知。圣贤教人知行,正是要复那

---

① 《王阳明全集》卷一《传习录上》,第3页。

本体，不是着你只恁的便罢。"①

徐爱问阳明，如果如先生所言心即理，那么今人就应该知道孝悌之道而行孝悌之实，但现实往往不是这样，一些人明明心中知道应该孝悌，但行动上却是不孝不悌。而阳明回答说，人心的本体是好的，是纯的，而现实中出现了很多不好的现象，是心被私欲所蒙蔽了，只有恢复心之本体即可。如何恢复心之本体呢？阳明明确回答："只在此心去人欲、存天理上用功便是。"并且举出形象之例说明如何彻底快捷地扫除私欲：

> 如去盗贼，须有个扫除廓清之意。无事时，将好色、好货、好名等私欲逐一追究搜寻出来，定要拔去病根，永不复起，方始为快。常如猫之捕鼠，一眼看着，一耳听着，才有一念萌动，即与克去，斩钉截铁，不可姑容与他方便，不可窝藏，不可放他出路，方是真实用功，方能扫除廓清。到得无私可克，自有端拱时在。②

阳明指出，对于私欲就如同捉贼与捕鼠一样，"才有一念萌动，即与克去"，不纵容，不窝藏，以至做到"无私可克"，得一个"纯全的天理"，此"心即理"也。

阳明所谓的"心即理"之"理"更多的是指向道德规范，因此，"心即理"命题的提出则意味着人心与道心的融合，通过形象的论证，阳明想要使人们做到的是把"无私心"的理转化为个体积极的主观内在要求，这样一来，一方面使个体的主观能动性得到充分发挥，主动自觉地追求维护社会的道德秩序，而不是说一套做一套，空谈理性，成为虚伪的道学先生；另一方面，在个体人心不断接受道心的过程中，不断净化自己的心灵，使心灵逐渐回归到至善纯

---

① 《王阳明全集》卷一《传习录上》，第4页。
② 《王阳明全集》卷一《传习录上》，第18页。

净、快乐安宁的本来状态,规范自己的主体意识,从而实现道心与人心的融合统一。阳明认为道心与人心的融合统一,即心与理的融合统一必须与主体的社会实践活动相结合,正是在具体的诸如孝亲事君、处理事务、报国为民的社会实践活动中,道心即理才能转化为个体的信念、情感、意志、认知等,也只有如此,才能影响个体的行为,从而实现道德意识或道德规范个体主观感知的融合,人们才能在活动中充分发挥自己的主观能动性,而没有被强制而为的感觉。程朱理学把心与理一分为二,用道心统人心,阳明心学显然要比程朱理学更符合个体道德实践的实际情况。阳明提出的"心即理"心学学说对当今建立和谐社会意义重大,如阳明所言,心主宰着我们的日常行为,决定着我们对世界的看法,如果人人不断地按照社会规范、道德意志约束自己的行为,纯净自己的心灵,使心灵回归到原本的至善境界,而后按照心灵原本的呈现去做事,去行动,人们的思想境界自然会高尚纯洁,"人皆可以为尧舜",社会将在和谐的环境中顺利向前发展。

阳明通过对程朱心与理学说的继承与修正,吸取宋儒的理论营养,提出"心即理"这一哲学命题,并且在理论上作了圆满自洽的论说,认为人人只要努力,皆可求得纯净的天理。"心即理"是阳明心学系统的核心命题,也是阳明心学的基础,这一命题的提出标志着一个哲学新时代的到来,也是龙场悟道的巨大意义所在。

(二) 知行合一

知行合一是阳明心学体系中又一重要的哲学命题,早在龙场悟道后,阳明即主张知行合一,此后,这一学说一直贯穿其思想中。阳明通过自己的亲身实践与理论阐释,最终使这一心学体系中的知行说超越前贤,显示出持久的生命力。

1. 阳明知行合一学说的理论基础

"知行"这一哲学范畴来源于古文《尚书》,在《尚书·说命中》,商朝武丁时期官员傅说指出:"非知之艰,行之惟艰。"①意谓知道一个道理不难,而用之于实践则比较难。到了战国后期,荀子发展了知行理论,他在《荀子·儒效》中说道:"知之而不行,虽敦必困。"②意谓知道一个道理而不去实践它,虽然对此理烂熟于心,同样会遇到困难。他在《劝学》中也论述了知行关系:"知明而行无过矣。"意即实践必须有理论的指导。汉代大儒董仲舒亦指出:"凡人欲舍行为,皆以其知先规而后为之。"③同样强调了知对行的指导作用。由以上论述可知,从先秦到两汉,人们对知行的理解大多是"先知后行","知"指导"行",这种知行关系的确立是人们在认识客观世界的实践中总结出来的。

到了理学成熟的宋代,人们对知行关系的理解才上升到哲学的层面。宋代对知行关系论述较多的是程颐、朱熹。程颐明确提出知先行后说:"须是识在所行之先,譬如行路,须得光照。"④程氏认为知行好比光照与行路,在黑夜中行走,须先有光照,才方便行走,肯定了知对行的指导作用。而朱熹的"知行观"比程颐要全面一些,他指出"论先后,知为先;论轻重,行为重""论先后,当以致知为先;论轻重,当以力行为重"⑤,"知之之要,未若行之之实"⑥,明确地阐释了知行之间的关系为先知后行,知轻行重;并认为知的目的是行:"着意去力行,则所学而知得者不为徒知也。"⑦知而不行,

---

① 李民、王建:《尚书译注》,上海古籍出版社,2004,第175页。
② 《荀子》,廖名春、邹新明校点,辽宁教育出版社,1997,第30页。
③ 曾震宇、傅永聚注《春秋繁露新注》,商务印书馆,2010,第185页。
④ 程颢、程颐:《河南程氏遗书》卷三,《二程集》,第67页。
⑤ 《朱子语类》卷九《学三·论知行》,第148页。
⑥ 《朱子语类》卷九《学七·力行》,第222页。
⑦ 《朱子语类》卷六十四《中庸三·第二十章》,第1560页。

是为"徒知",指出人们认知的全部价值只有在实践活动中才得以实现。朱熹把知、行区别开来,但其目的不是割裂二者的关系,而是要把知、行有机结合起来:"知、行常相须,如目无足不行,足无目不见。"①朱熹用眼睛与脚腿比喻知行,认为二者是相互依赖的关系,缺一不可,并且还互相生发,"知之愈明,则行之愈笃;行之愈笃,则知之益明"②。"知行相须"是朱熹知行观的总原则。

可见,在阳明之前,关于哲学学理中的知行之说,程颐、朱熹已经进行了比较成熟的理论阐释,并皆把知、行一分为二,尤其是朱熹强调知、行相须,并且重视行的作用。结合程朱理学格物穷理以及心性之学说,我们不难理解其为何分知、行为二,程、朱明显是从其格物穷理的层面提出知行说,因此,虽然对知行关系论述较充分,但不可能抽象出"知行合一"这一哲学命题。而王阳明则不同,他是在其心学体系即在"心即理"与"致良知"的理论框架指导下,并通过自己的亲身实践与彻悟,终于抽象出"知行合一"这一哲学范畴,从而进行切合其心学思想的论述,因此,王阳明的知行说与程朱之知行说有不同的内涵。

2. 王阳明知行合一的内涵

当今,我们讲知行合一,往往把它理解为理论与实践相结合,理论指导实践,但这样的认知更多是受程朱理学的影响,并不符合王阳明知行合一的本义。在王阳明的心学体系中,知行问题所谈论的多是道德认知与道德实践的关系问题,不仅仅是普通意义上的理论与实践相结合的问题,阳明知行合一这一哲学范畴的提出有其道德内涵的规定性,阳明强调"心即理""致良知",认为心之本体即是良知的纯然呈现,因此,我们不能孤立地去理解阳明的知行

---

① 《朱子语类》卷九《学三·论知行》,第148页。
② 《朱子语类》卷十四《大学·经上》,第281页。

合一说，而应当把它置于阳明的心学体系中加以观照，只有这样，才能更准确地理解其知行合一的内涵。

其一，知行本体论。阳明在《传习录》中经常提到"知行本体""知行的本体"，如徐爱请教知行合一，阳明回答："如知痛，必已自痛了方知痛；知寒，必已自寒了；知饥，必已自饥了：知行如何分得开？此便是知行的本体，不曾有私意隔断的。圣人教人，必要是如此，方可谓之知。"①"若是知行本体，即是良知良能，虽在困勉之人，亦皆可谓之'生知安行'矣。"②因此，阳明所阐述的知、行是在本体层面上界定的，即他所谓的"知"是"良知"在知，他所谓的"行"，是在良知的支撑下而进行的实践活动，或者说是"发明本体"的"行"，说得更直接一点即是所谓的"知"是"心"在知，他所谓的"行"，是在"心"的支撑下而进行的实践活动。这就与前人探讨知行关系时的理论背景发生了很大变化，因此我们可以说，阳明构建了一个新的知行本体论，因为他所谓的"知"是"良知"在"知"，所以这个本体是永远存在的，不假外求。为了论述自己的知行观，阳明与其门生展开了一系列的讨论：

> 爱因未会先生"知行合一"之训，与宗贤、惟贤往复辩论未能决，以问于先生。先生曰："试举看。"爱曰："如今人尽有知得父当孝、兄当弟者，却不能孝、不能弟，便是知与行分明是两件。"先生曰："此已被私欲隔断，不是知行的本体了。未有知而不行者。知而不行，只是未知。圣贤教人知行，正是要复那本体，不是着你只恁的便罢。故《大学》指个真知行与人看，说'如好好色，如恶恶臭'。见好色属知，好好色属行。只见那好色时已自好了，不是见了后又立个心去好。闻恶臭属知，恶恶

---

① 《王阳明全集》卷一《传习录上》，第4页。
② 《王阳明全集》卷二《传习录中》，第78页。

臭属行。只闻那恶臭时已自恶了,不是闻了后别立个心去恶。"①

当徐爱问阳明人们知孝却不孝、知悌却不悌的时候,他很有感慨地说,人们的"本体"大多被私欲蒙蔽,所以必须要"复那本体"。在人们的普遍认识中,"好好色""恶恶臭"是属于内在的心理活动,而阳明由于从本体论出发规定知与行的内涵,因此他认为这已经属于行了,即本体层面的知,阳明认为已经是心灵的具体行动了。因此他说"圣贤教人知行,正是要复那本体",纯正本体指导下的行将是符合道德规范的,从而知行就合一了。由此看来,阳明所谓的知行合一,不是简单的认识论与实践论的关系,而是其心学体系观照下的知行本体论,即知行本体,就要回复心之纯净灵昭的状态。

也有其他门人不能完全理解阳明的知行合一之说,并举了许多古人先知后行的例子请教阳明,譬如:

门人问曰:"知行如何得合一?且如《中庸》,言'博学之',又说个'笃行之',分明知行是两件。"先生曰:"博学只是事事学存此天理,笃行只是学之不已之意。"又问:"《易》'学以聚之',又言'仁以行之',此是如何?"先生曰:"也是如此。事事去学存此天理,则此心更无放失时,故曰'学以聚之',然常常学存此天理,更无私欲间断,此即是此心不息处,故曰'仁以行之'。"又问:"孔子言'知及之,仁不能守之',知行却是两个了。"先生曰:"说'及之'已是行了,但不能常常行,已为私欲间断,便是'仁不能守'。"②

门人举《中庸》《易》中语以及孔子的相关论述,试图证明先知后行说是正确的,知、行是有先后顺序的,行常常有待于知。而阳

---

① 《王阳明全集》卷一《传习录上》,第4页。
② 《王阳明全集》卷三《传习录下》,第137页。

明则从存天理的心学层面对门人所举之例进行重新阐释,认为无论是博学笃行或是学聚仁行,皆是存此天理,认为孔子所谓的"知及之,仁不能守之"是指在存此天理的过程中如果被私欲间断,则不能"复那本体",即"仁不能守"。因此,阳明在门生怀疑知行不一,以"知之匪艰"二句为问时,明确指出:

> 良知自知,原是容易的。只是不能致那良知,便是"知之匪艰,行之惟艰"。①

阳明对《尚书·说命中》"非知之艰,行之惟艰"的心学理解,很好地诠释了他知行合一的本体内涵。

其二,知行关系论。因为阳明是在本体论的基础上界定知、行的,所以,他用了很多通俗易懂的生活实例对知行关系进行详细的阐释。《传习录上》徐爱记载了一大段与老师研讨知行合一关系的话语:

> 爱曰:"古人说知行做两个,亦是要人见个分晓,一行做知的功夫,一行做行的功夫,即功夫始有下落。"先生曰:"此却失了古人宗旨也。某尝说知是行的主意,行是知的功夫;知是行之始,行是知之成。若会得时,只说一个知,已自有行在;只说一个行,已自有知在。古人所以既说一个知又说一个行者,只为世间有一种人,懵懵懂懂的任意去做,全不解思惟省察,也只是个冥行妄作,所以必说个知,方才行得是。又有一种人,茫茫荡荡悬空去思索,全不肯着实躬行,也只是个揣摸影响,所以必说一个行,方才知得真。此是古人不得已补偏救弊的说话,若见得这个意时,即一言而足。今人却就将知行分作两件去做,以为必先知了然后能行。我如今且去讲习讨论做知的工夫,待知得真了方去做行的工夫,故遂终身不行,亦遂终

---

① 《王阳明全集》卷三《传习录下》,第137页。

身不知。"①

在此，阳明把知行关系谈得很透彻，他认为"知是行的主意，行是知的功夫"，从本体论与功夫论相统一角度解读知行关系，认为知以行为自己的目的，本体既是功夫的前提，又是最终目的，本体导引着功夫，使功夫显出其意义与价值。这样一来，就没有独立的知、行，要达到知就必须通过行，可以说，阳明此观点与朱熹的"知、行常相须，如目无足不行，足无目不见"的知行观是一致的。但阳明还指出："知是行之始，行是知之成。"他认为认知是行为过程的第一个阶段，从这个意义而言，它是行为过程的一部分，所以也可以说是行；但行为过程又是认知的最终完成，这样，行也可以看作是认知过程的终结，行也可以说是知，知中有行，行中有知，知行合一，不可分割。这样的心学阐释显然超越了朱熹的"知行相须"说。在此基础上，阳明批评了分裂知、行的两种现象，即不"思惟省察"而懵懂任意做事与"不肯着实躬行"而"悬空去思"，并以自己讲学为例指出："我如今且去讲习讨论做知的工夫，待知得真了方去做行的工夫，故遂终身不行，亦遂终身不知。"在《传习录下》中，阳明又形象生动地阐明了何为知行合一：

> 今人学问，只因知行分作两件，故有一念发动，虽是不善，然却未曾行，便不去禁止。我今说个"知行合一"，正要人晓得一念发动处，便即是行了。发动处有不善，就将这不善的念克倒了。须要彻根彻底，不使那一念不善潜伏在胸中。此是我立言宗旨。②

阳明从知行本体论出发，认为人在一念发动处，如果发现有不善之念，就要立即克制、克服，不要使不善之念潜在心中，这便是行

---

① 《王阳明全集》卷一《传习录上》，第 5 页。
② 《王阳明全集》卷三《传习录下》，第 109-110 页。

了。显然,阳明把人的意念活动纳入了行的范畴,这是他对前人知行说的超越,如此,人们就可以时时清除自己心中的"不善",从而达到心灵纯净的境界。因此,阳明以此作为知行合一的宗旨。

在此宗旨的基础上,阳明进一步指出:"真知即所以为行,不行不足谓之知。"①这里的知是指本体的道德自觉而言,当我们对一个人进行道德认知的时候,肯定以为这个知是与行紧密联系的,阳明就说:"某人知孝、某人知弟,必是其人已曾行孝行弟,方可称他知孝知弟,不成只是晓得说些孝弟的话,便可称为知孝弟?"②认为一个人被认为知孝知悌,一定是与这个人的行孝行悌行动分不开。又指出:"若谓粗知温清定省之仪节,而遂谓之能致其知,则凡知君之当仁者皆可谓之能致其仁之知,知臣之当忠者皆可谓之能致其忠之知,则天下孰非致知者邪?以是而言,可以知'致知'之必在于行,而不行之不可以为'致知'也明矣。知行合一之体,不益较然矣乎?"③,阳明认为如果仅仅把粗知孝敬父母之礼、为君当仁、为臣当忠之义当作致其知的话,那么天下皆为致知者,因此致其知必在于行,否则,致知则不明也,致知则仅仅停留空言而已。阳明还用更为通俗的例子论道:

> 如知痛,必已自痛了方知痛;知寒,必已自寒了;知饥,必已自饥了;知行如何分得开?④

> 夫人必有欲食之心然后知食。欲食之心即是意,即是行之始矣。食味之美恶必待入口而后知,岂有不待入口而已先知食味之美恶者邪?必有欲行之心,然后知路。欲行之心即是意,即是行之始矣。路岐之险夷必待身亲履历而后知,岂有

---

① 《王阳明全集》卷二《传习录中》,第48页。
② 《王阳明全集》卷一《传习录上》,第4页。
③ 《王阳明全集》卷二《传习录中》,第56页。
④ 《王阳明全集》卷一《传习录上》,第4页。

不待身亲履历而已先知路岐之险夷者邪？'知汤乃饮'，'知衣乃服'，以此例之，皆无可疑。"①

阳明认为只有经历了痛苦，才知道何为痛苦；只有经历了寒冷，才知道何为寒冷；只有经历了崎岖之路，才知道何为险夷；只有亲口尝试了，才知道食味之美恶，因此，阳明说："知之真切笃实处，即是行；行之明觉精察处，即是知：知行工夫本不可离。""此圣门知行合一之教。"②阳明指出了知与行的特点是"明觉精察"与"真切笃实"。从其论述中我们可知，他其实认为知、行是不同方面描述的同一过程，人们在从事认知过程中必须抱有真切笃实的态度，否则人们对知识、道德的了解就不会明确到位。同样，如果在从事实践活动时不能进行实事求是的分析研究，那么，人们所从事的这项活动则是盲目的、悬空的、不实际的，或者说无意义的。因此，阳明指出，如果得知行宗旨时"即说两个亦不妨，亦只是一个"③，"圣学只一个功夫，知行不可分作两事"④，皆是从这个意义上而言。他在《答顾东桥书》中论述得更加明了详细：

  夫"学问思辨行"皆所以为学，未有学而不行者也。如言学孝，则必服劳奉养，躬行孝道，然后谓之学，岂徒悬空口耳讲说，而遂可以谓之学孝乎？学射则必张弓挟矢，引满中的；学书则必伸纸执笔，操觚染翰；尽天下之学无有不行而可以言学者，则学之始固已即是行矣。笃者，敦实笃厚之意，已行矣，而敦笃其行，不息其功之谓尔。盖学之不能以无疑，则有问，问即学也，即行也；又不能无疑，则有思，思即学也，即行也；又不能无疑，则有辨，辨即学也，即行也；辨既明矣，思既慎矣，问既

---

① 《王阳明全集》卷二《传习录中》，第47页。
② 《王阳明全集》卷二《传习录中》，第47、48页。
③ 《王阳明全集》卷一《传习录上》，第5页。
④ 《王阳明全集》卷一《传习录上》，第15页。

审矣,学既能矣,又从而不息其功焉,斯之谓笃行,非谓学、问、思、辨之后而始措之于行也。是故以求能其事而言谓之学,以求解其惑而言谓之问,以求通其说而言谓之思,以求精其察而言谓之辨,以求履其实而言谓之行。盖析其功而言则有五,合其事而言则一而已。此区区心理合一之体,知行并进之功,所以异于后世之说者,正在于是。今吾子特举学、问、思、辨以穷天下之理,而不及笃行,是专以学、问、思、辨为知,而谓穷理为无行也已。天下岂有不行而学者邪?岂有不行而遂可谓之穷理者邪?①

此书针对顾东桥提出的问题,明晰知行合一之理,并且指出其提出的"心理合一之体,知行并进之功"异于常说。从阳明的论述中可再一次感受到其知行合一与心即理、致良知之间的密切关系。

3. 知行合一命题的意义

阳明知行合一命题是针对明代中期社会道德危机而提出的,正像他在《传习录》中所言,知行合一不是"凿空杜撰",而是"对病的药"。② 王阳明所生活的明代中期,社会上存在着严重的言行不一、知行脱节的现象,所以他义正词严地指出:

> 天下所以不治,只因文盛实衰,人出己见,新奇相高,以眩俗取誉,徒以乱天下之聪明,涂天下之耳目,使天下靡然争务修饰文词,以求知于世,而不复知有敦本尚实、反朴还淳之行,是皆著述者有以启之。③

阳明清楚地看到当时的社会现实:人人只知道修饰文词以求知于世,而不做尚实还淳之事,知行分离,知而不行,因此,阳明认为此时提出知行合一之命题,是"吃紧救弊而发,然知行之体本来

---

① 《王阳明全集》卷二《传习录中》,第 51-52 页。
② 《王阳明全集》卷一《传习录上》,第 5 页。
③ 《王阳明全集》卷一《传习录上》,第 9 页。

如是，非以己意抑扬其间，姑为是说以苟一时之效者也"①，所以，阳明的知行说针对性非常强，其时代意义是不言而喻的。

王阳明的知行合一说是中国哲学史上第一次在本体论意义层面论述知行关系，与之前非本体论意义层面上论述的知行关系显然不同，也就是说它超越了前人探讨知行关系的局限，强调了知与行的统一，充分张扬了道德主体的自觉性和能动性，也正因为如此，阳明的知行合一说在当时以及以后受到不少非议，其中王夫之的批评比较有代表性：

> 陆子静、杨慈湖、王伯安之为言也，吾如之矣。彼非谓知之可后也，其所谓知者非知，而行者非行也。知者非知，然而犹有其知也，亦惝然若有所见也。行者非行，则确乎其非行，而以其所知为行也。以知为行，则以不行为行，而人之伦、物之理，若或见之，不以身心尝试焉。②

王夫之认为王阳明的知行合一是"知者非知""行者非行""以知为行，则以不行为行"。显然，王夫之不是在本体论意义层面上认知阳明的知行合一说，所以他认为王阳明的知行合一说是"销行以归知"③，过于强调知的作用，从而降低了行在认识中的作用。阳明的知行合一说是针对当时社会上知行脱节、"不复知有敦本尚实"的弊端而提出的，因此，其知行合一说绝对不是"销行以归知"，而是像阳明对其弟子顾东桥所言那样"行即是知"，从阳明学说的本义来讲，他是非常强调"真知力行"的。

因为阳明是在本体论意义上提出知行合一说，因此他所谓的知不仅仅是主体对客体的客观反映，而且还是对本心良知的自我

---

① 《王阳明全集》卷二《传习录中》，第48页。
② 王夫之：《船山全书》第16册，岳麓书社，2011，第1216页。
③ 王夫之：《船山全集》第16册，第1120页。

发现；他所谓的行，也不是一般意义上的理论指导实践的活动，而是"致良知"的活动。王夫之与王阳明皆为知行说，但王夫之显然没有真正理解阳明的知行说。

简言之，阳明所谓的知，即良知，所谓的行，即发明良知，即提升心灵本身的修养、涵养，在此基础上，提倡知行合一，知行并进。此说在当时有非常重要的现实意义，可以使当时社会上知孝不孝、知忠不忠、表里不一之人不断清除内心的私欲，避免知行分裂，做到知行合一，这对维护、整顿封建伦理纲常，安定社会秩序，安顿人的心灵起到很大作用。

阳明的知行合一说对当今建立和谐社会仍具有一定的现实意义。当今社会经济发展迅速，伴随经济的发展，社会上出现了一些不良的拜金、腐败现象，有些人物质生活充实了，而精神空虚了，还有一些人失去了道德底线。此时学习阳明的知行合一说，做到心中有一念不善之发，就去禁止，"将这不善的念克倒了，须要彻根彻底，不使那一念不善潜伏在胸中"，时时刻刻按照符合社会公德的行为准则对照自己，按照先进文化的发展要求激励自己，努力使自己成为一个无私利的人，"一个高尚的人，一个纯粹的人，一个有道德的人，一个脱离了低级趣味的人，一个有益于人民的人"①。用自己学到的理论知识为国为民做事情，为和谐社会的建设贡献力量。若人皆如此，我们的社会一定是一个和谐的社会。

（三）致良知

致良知是阳明心学体系三个命题中最后也是最重要的一个，亦是其晚年讲学的宗旨。阳明认为"'致良知'是学问大头脑，是圣

---

① 毛泽东：《纪念白求恩》，《毛泽东选集》第 2 卷，人民出版社，1991，第 660 页。

人教人第一义"①、"是圣人的真血脉"②。"致良知"学说的提出与被详赡阐释,标志着阳明心学体系已经达到圆满自洽的思想境界,心学学说最终完成。

1. 良知之内涵

"良知"一词源于孟子,《孟子·尽心章句上》指出:"人之所不学而能者,其良能也;所不虑而知者,其良知也。孩提之童,无不爱其亲者,及其长也,无不知敬其兄也。亲亲,仁也;敬长,义也;无他,达之天下也。"③可见,孟子所谓的良知是"不学而能""不虑而知"的道德意识与情感,如果扩充此良知,即可"达之天下"。到了宋代,张载与程颐继承孟子的良知说,并对其作了进一步论述,张载指出:"见闻之知,乃物交而知,非德性所知;德性所知,不萌于见闻。"④程颐亦认为:"闻见之知,非德性之知。物交物则知之,非内也,今之所谓博物多能者是也。德性之知,不假闻见。"⑤而王阳明继承并发展了孟子的良知说,并在张载、程颐论述的基础上赋予良知更深厚的内涵,他说:"知是心之本体。心自然会知:见父自然知孝,见兄自然知弟,见孺子入井自然知恻隐,此便是良知,不假外求。"⑥"吾心之良知,即所谓天理也。"⑦"良知者,心之本体。"⑧"良知即是未发之中,即是廓然大公,寂然不动之本体,人人之所同

---

① 《王阳明全集》卷二《传习录中》,第80页。
② 《王阳明全集》卷三《传习录下》,第132页。
③ 《孟子》,杨伯峻、杨逢彬注译,第230页。
④ 张载:《张载集》,第24页。
⑤ 程颢、程颐:《河南程氏遗书》卷二十五,《二程集》,第317页。
⑥ 《王阳明全集》卷一《传习录上》,第7页。
⑦ 《王阳明全集》卷二《传习录中》,第51页。
⑧ 《王阳明全集》卷二《传习录中》,第69页。

具者也。"①"'未发之中'即良知也,无前后内外而浑然一体者也。"②"能戒慎恐惧者,是良知也。"③"良知即是道,良知之在人心,不但圣贤,虽常人亦无不如此。"④"良知是天理之昭明灵觉处,故良知即是天理。"⑤"良知只是一个天理自然明觉发见处,只是一个真诚恻怛,便是他本体。故致此良知之真诚恻怛以事亲便是孝,致此良知之真诚恻怛以从兄便是弟,致此良知之真诚恻怛以事君便是忠。只是一个良知,一个真诚恻怛。"⑥"义即是良知,晓得良知是个头脑,方无执着。"⑦"良知是造化的精灵。这些精灵,生天生地,成鬼成帝,皆从此出,真是与物无对。人若复得他完完全全,无少亏欠,自不觉手舞足蹈,不知天地间更有何乐可代。"⑧"道即是良知。"⑨"人的良知,就是草、木、瓦、石的良知。若草、木、瓦、石无人的良知,不可以为草、木、瓦、石矣。岂惟草、木、瓦、石为然,天地无人的良知,亦不可为天地矣。盖天地万物与人原是一体,其发窍之最精处,是人心一点灵明。风、雨、露、雷、日、月、星、辰,禽、兽、草、木、山、川、土、石,与人原只一体。故五谷禽兽之类,皆可以养人;药石之类,皆可以疗疾:只为同此一气,故能相通耳。"⑩"良知即天也。"⑪"良知只是个是非之心,是非只是个好恶,只好恶就

---

① 《王阳明全集》卷二《传习录中》,第71页。
② 《王阳明全集》卷二《传习录中》,第72页。
③ 《王阳明全集》卷二《传习录中》,第74页。
④ 《王阳明全集》卷二《传习录中》,第78页。
⑤ 《王阳明全集》卷二《传习录中》,第81页。
⑥ 《王阳明全集》卷二《传习录中》,第95-96页。
⑦ 《王阳明全集》卷三《传习录下》,第116页。
⑧ 《王阳明全集》卷三《传习录下》,第119页。
⑨ 《王阳明全集》卷三《传习录下》,第120页。
⑩ 《王阳明全集》卷三《传习录下》,第122页。
⑪ 《王阳明全集》卷三《传习录下》,第125页。

尽了是非,只是非就尽了万事万变。"①"是非之心,不虑而知,不学而能,所谓良知也。"②"知善知恶是良知。"③通过阳明的论述,我们可知其心中良知的含义:其一,心之本体便是良知;其二,良知即是天理;其三,良知即是道;其四,义即是良知;其五,良知是造化的精灵;其六,良知即天也;其七,良知只是个是非之心。

所以,我们可以得出这样的结论,阳明认为心之本体=天理=良知,显然,阳明的良知说与其"心即理"的哲学命题是相辅相成的。阳明认为良知即是天理,是根植于人之内心、不待学而有、不待虑而得的,它是判断善恶是非的道德标准,是人之所以为人的本质所在。

阳明认为良知即是心之本体,即是天理,良知是人天生就有的,永恒存在于人心之中,不仅如此,阳明还进一步论述了良知具有的基本特性:良知自知自明。阳明指出:"良知在人,随你如何,不能泯灭,虽盗贼亦自知不当为盗,唤他作贼,他还忸怩。"④认为良知根植人心,无论如何是不能泯灭的,即是盗贼亦知道不该做偷盗之事,只是其被"物欲遮蔽",才做了盗贼。阳明认为即便是人们在晚上熟睡中,良知依然自知:

> 问:"人睡熟时,良知亦不知了。"曰:"不知何以一叫便应?"曰:"良知常知,如何有睡熟时?"曰:"向晦宴息,此亦造化常理。夜来天地混沌,形色俱泯,人亦耳目无所睹闻,众窍俱翕,此即良知收敛凝一时。天地既开,庶物露生,人亦耳目有所睹闻,众窍俱辟,此即良知妙用发生时。可见人心与天地一

---

① 《王阳明全集》卷三《传习录下》,第126页。
② 《王阳明全集》卷二《传习录中》,第90页。
③ 《王阳明全集》卷三《传习录下》,第133页。
④ 《王阳明全集》卷三《传习录下》,第105页。

体，故'上下与天地同流'。"①

此处，阳明以极其通俗的例子论述了良知自知的特性。门人问：其人熟睡时，是不是良知就不知了？阳明风趣地回答说：如果良知不知了，为何熟睡之人能"一叫便应"？这就形象地说明，即便是熟睡之时，良知依然在"知"。门人仍不罢休，继续发问说：既然老师说良知常知，为何人有熟睡时？阳明耐心地从人心与天地一体的角度，娓娓道来，生动地论述了良知的这一特性。

不仅如此，阳明还认为良知具有道德判断性，自知自明善恶是非，他指出：

> 良知发用之思，自然明白简易，良知亦自能知得。若是私意安排之思，自是纷纭劳扰，良知亦自会分别得。盖思之是非邪正，良知无有不自知者。②

> 尔那一点良知，是尔自家底准则。尔意念着处，他是便知是，非便知非，更瞒他一些不得。③

> 喜、怒、哀、惧、爱、恶、欲，谓之七情。七者俱是人心合有的，但要认得良知明白。比如日光，亦不可指着方所；一隙通明，皆是日光所在；虽云雾四塞，太虚中色象可辨，亦是日光不灭处，不可以云能蔽日，教天不要生云。七情顺其自然之流行，皆是良知之用，不可分别善恶，但不可有所着。七情有着，俱谓之欲，俱为良知之蔽；然才有着时，良知亦自会觉，觉即蔽去，复其体矣！④

阳明认为"良知无有不自知者"，能够辨别出是非邪正，人心中的私欲安排之念，逃不过、瞒不住良知的"眼睛"；良知就如普照大

---

① 《王阳明全集》卷三《传习录下》，第120页。
② 《王阳明全集》卷二《传习录中》，第81页。
③ 《王阳明全集》卷三《传习录下》，第105页。
④ 《王阳明全集》卷三《传习录下》，第126页。

地的太阳一样,可以透视人之七情是否为自然流露,是否为偏离良知的"有所着"之私欲。在王阳明看来,凡是不循着良知即本心而为者,皆能被良知发现,如果人们听从良知的召唤,听从良知的安排,就会复其至善本体,保持赤子初心!

由此可知,阳明的良知说对当今每个人的生活、工作具有非常现实的指导意义。如果我们各行各业之人皆听从良知的召唤与安排,遵守社会公德与正确的行业准则,社会将变得更加和谐美好,个体生活将会更加诗意愉悦。

2. 致良知命题的提出

阳明针对明代中期社会道德危机而提出知行合一的哲学命题,同样出于对当代社会的忧虑以及生命价值的思考而提出致良知学说。他在《传习录中·答顾东桥书》中充满敬仰之情地描述了三代社会的各种美好,是"万物一体"的理想社会,但他认为"孔、孟既没,圣学晦而邪说横","倾诈之谋,攻伐之计,一切欺天罔人,苟一时之得,以猎取声利之术",①理想社会遭到严重破坏,这种情况一直延续到明代中期,阳明慷慨激昂地指出当时的社会弊端:

> 至于今,功利之毒沦浃于人之心髓而习以成性也几千年矣,相矜以知,相轧以势,相争以利,相高以技能,相取以声誉。其出而仕也,理钱谷者则欲兼夫兵刑,典礼乐者又欲与于铨轴,处郡县则思藩臬之高,居台谏则望宰执之要。故不能其事,则不得以兼其官;不通其说,则不可以要其誉;记诵之广,适以长其敖也;知识之多,适以行其恶也;闻见之博,适以肆其辨也;辞章之富,适以饰其伪也。是以皋、夔、稷、契所不能兼之事,而今之初学小生皆欲通其说,究其术。其称名僭号,未尝不曰"吾欲以共成天下之务",而其诚心实意之所在,以为不

---

① 《王阳明全集》卷二《传习录中》,第62页。

如是则无以济其私而满其欲也。呜呼！以若是之积染，以若是之心志，而又讲之以若是之学术，宜其闻吾圣人之教，而视之以为赘疣枘凿，则其以良知为未足，而谓圣人之学为无所用，亦其势有所必至矣！①

在此，阳明表现出强烈的忧患意识，面对功利之心深入骨髓而圣学不兴、人心失落的社会现实，他坚信"天理之在人心，终有所不可泯，而良知之明，万古一日"②，大声呼吁良知说，试图使人们已经放逸掉的良知之心恢复到原来的样子。

于是，阳明进行了不懈的理论探索。《传习录上》开篇即是徐爱问阳明关于《大学》古本的解读，从而引出阳明对格物、诚意功夫的重新解释，他说道：

知是心之本体。心自然会知：见父自然知孝，见兄自然知弟，见孺子入井自然知恻隐，此便是良知，不假外求。若良知之发，更无私意障碍，即所谓"充其恻隐之心，而仁不可胜用矣"。然在常人不能无私意障碍，所以须用致知格物之功。胜私复理，即心之良知更无障碍，得以充塞流行，便是致其知。知致则意诚。③

在这里，阳明提出了致良知的基本含义，他继承孟子"扩充四端"的思想，指出致良知就是"充其恻隐之心"，使"心之良知更无障碍，得以充塞流行"。可见阳明在早年已经隐约提出致良知的观点以及如何致良知。但此时阳明没有用"致良知"一词，而是用"致其知"一词，"良知"一词显然是由《孟子》而来，而"致知"显然是从《大学》而来。任何一个哲学范畴的提出都不是一朝一夕的事情，就像阳明提出"心即理"命题一样，"致良知"的提出也要经历长期的内

---

① 《王阳明全集》卷二《传习录中》，第63-64页。
② 《王阳明全集》卷二《传习录中》，第64页。
③ 《王阳明全集》卷一《传习录上》，第7页

心追求与坎坷的经历才能凝练而成。此时,阳明虽然解释了"良知"的本义以及"致"的内容,但是那个凝结为范畴的概念还没有形成。

致良知学说的提出与阳明在成圣道路上不断解读先儒学说关系密切。《大学》提出格物致知、正心诚意,而阳明在格物致知命题上与朱熹学说发生矛盾,所以阳明提出"致其知"的命题就必须解释清楚格物、正心诚意等命题的意义。因此,阳明对格物进行了诠释,他说:"'格物'如《孟子》'大人格君心'之'格',是去其心之不正,以全其本体之正。"①"格者,正也。正其不正,以归于正也。"②正即是正心,正其本体。这样,阳明的解释就与朱熹的向外探求的"格物"之说判若两途。在他看来,格物不是向外物探求,而是向内心去求证。这与他提出的心即理、心外无物等重要命题保持了一致。阳明的心学体系是以古本《大学》为支撑的,而《大学》明确提出"致知在格物",所以阳明对《大学》的格致诚正等命题的解释也应当与其理念相一致。他认为人心是身之主宰,控制着人之一举一动,他在回答弟子陈九川时又说:"耳、目、口、鼻、四肢,身也,非心安能视、听、言、动?心欲视、听、言、动,无耳、目、口、鼻、四肢亦不能。故无心则无身,无身则无心。但指其充塞处言之谓之身,指其主宰处言之谓之心,指心之发动处谓之意,指意之灵明处谓之知,指意之涉着处谓之物:只是一件。意未有悬空的,必着事物,故欲诚意则随意所在某事而格之,去其人欲而归于天理,则良知之在此事者无蔽而得致矣。此便是诚意的功夫。"③这样,心—意—物就成为一个逻辑链条,而"意"是这个链条上的中间环节,成为由心到物的必经之路。也正基于此,阳明特别重视"意"的真诚,强调

---

① 《王阳明全集》卷一《传习录上》,第7页。
② 《王阳明全集》卷一《传习录上》,第28页。
③ 《王阳明全集》卷二《传习录中》,第103页。

《大学》的"诚意"工夫。他反对朱子修正了的《大学》,而主张学习领会古本《大学》,将诚意置于格物致知之前,所以,他说:"《大学》工夫即是明明德,明明德只是个诚意,诚意的工夫只是格物致知。若以诚意为主,去用格物致知的工夫,即工夫始有下落。"①这样,阳明在重新解释《大学》格致诚正等命题后,使身、心、意、知、物等概念融会贯通,为其提出致良知命题打下了理论基础。

当然,致良知命题的提出还与其龙场悟道之后尤其是平定朱宸濠之乱等千难万险的人生经历有关。在龙场悟道后,阳明面对一系列现实问题,已开始不断思考"致知"之事,《传习录下》陈九川记载有师徒二人这样的对话:

> 庚辰往虔州,再见先生,问:"近来功夫虽若稍知头脑,然难寻个稳当快乐处。"先生曰:"尔却去心上寻个天理,此正所谓理障。此间有个诀窍。"曰:"请问如何?"曰:"只是致知。"曰:"如何致?"曰:"尔那一点良知,是尔自家底准则。尔意念着处,他是便知是,非便知非,更瞒他一些不得。尔只不要欺他,实实落落依着他做去,善便存,恶便去。他这里何等稳当快乐。此便是格物的真诀,致知的实功。若不靠着这些真机,如何去格物?我亦近年体贴出来如此分明,初犹疑只依他恐有不足,精细看无些小欠阙。"②

还有一不知名的弟子请教阳明学问,阳明回答说:

> 良知明白,随你去静处体悟也好,随你去事上磨炼也好,良知本体原是无动无静的,此便是学问头脑。我这个话头,自滁州到今,亦较过几番,只是致良知三字无病。医经折肱,方能察人病理。③

---

① 《王阳明全集》卷一《传习录上》,第44页。
② 《王阳明全集》卷三《传习录下》,第105页。
③ 《王阳明全集》卷三《传习录下》,第119页。

可见,阳明在龙场悟道后继续在心学体系上下功夫,寻找心灵"稳当快乐处",经过十几年的知行合一的实践活动,结合当时的社会现实,终于"众里寻他千百度","致良知"之说呼之欲出了。在此,阳明亦阐明了他没有早日提出这一范畴的原因,"我亦近年体贴出来如此分明,初犹疑只依他恐有不足,精细看无些小欠阙","致良知三字无病",他不断思索,在现实生活中不断运用,当初怀疑此范畴是不是有缺陷,但在经过了无数次的理论琢磨与亲身实践后,觉得一点小缺陷都没有,完全圆满自洽。对儒家学说的研读,再加上人生经历的磨难,使阳明不断思考成圣之人生第一事,终于在他年近五十时,即平定朱宸濠之乱的第二年明确提出了"致良知"这一哲学命题,凝练成影响深远的哲学范畴,并终于以精练的语言表述出来。这个过程是不容易的,正因如此,阳明提出"致良知"命题后,欣喜若狂,这在其弟子钱德洪的《刻文录叙说》中有详细的记载:

> 先生尝曰:"吾'良知'二字,自龙场已后,便已不出此意,只是点此二字不出,于学者言,费却多少辞说。今幸见出此意,一语之下,洞见全体,真是痛快,不觉手舞足蹈。学者闻之,亦省却多少寻讨功夫。学问头脑,至此已是说得十分下落,但恐学者不肯直下承当耳。"又曰:"某于'良知'之说,从百死千难中得来,非是容易见得到此。此本是学者究竟话头,可惜此体沦埋已久。学者苦于闻见障蔽,无入头处,不得已与人一口说尽。但恐学者得之容易,只把作一种光景玩弄,孤负此知耳!"①

从此以后,"致良知"频繁地出现在阳明与弟子的对话和书信来往中,成为其与弟子探讨学问的中心问题。从这些文字中,可以

---

① 《王阳明全集》卷四十一,第1747页。

看出阳明对致良知的真心赞叹,阳明在《答欧阳崇一》的信中说:"'致良知'是学问大头脑,是圣人教人第一义……大抵学问功夫只要主意头脑是当。"①在与黄修易对话时说:"吾教人致良知,在格物上用功,却是有根本的学问。日长进一日,愈久愈觉精明。世儒教人事事物物上去寻讨,却是无根本的学问。"②"须要时时用致良知的功夫,方才活泼泼地,方才与他川水一般。若须臾间断,便与天地不相似。此是学问极至处,圣人也只如此。"③嘉靖改元以后,阳明居越地讲学,专讲"致良知"三字宗旨,直到嘉靖五年(1526),他在《寄邹谦之》一书中还说:"比遭家多难,工夫极费力,因见得良知两字比旧愈加亲切。真所谓大本达道,舍此更无学问可讲矣。"④又在《寄薛尚谦》中感慨:"致知二字,是千古圣学之秘……是孔门正法眼藏。"⑤晚年在征思、田途中,他写信《寄正宪男手墨》告诫儿子:"吾平生讲学,只是'致良知'三字。"⑥可见,阳明在提出致良知范畴后,自己不断躬身实践,并在实践中确认致良知为圣门真传。可以说,致良知是阳明心学的总结,也是阳明心学的最后归宿;致良知范畴与阳明心学的重要命题"心即理"与"知行合一"皆存在逻辑上的密切关系。至此,阳明心学达到圆满自洽的境界,成为一个无懈可击、不可分割的哲学理论体系。从理论上来讲,王阳明也达到了一个圣人的境界。

3. 如何致良知

阳明认为"'致良知'是学问大头脑,是圣人教人第一义"。但

---

① 《王阳明全集》卷二《传习录中》,第80页。
② 《王阳明全集》卷三《传习录下》,第113页。
③ 《王阳明全集》卷三《传习录下》,第117页。
④ 《王阳明全集》卷六,第224页。
⑤ 《王阳明全集》卷五,第222-223页。
⑥ 《王阳明全集》卷二十六,第1091页。

是,如何才能致得良知呢?这也是阳明后期与子弟谈论最多的问题。阳明的人生第一要事是成圣,要达到"心外无物,心外无理""万物一体"的圣人境界。但是圣人境界是一种理想境界,在错综复杂的现实生活中,罕有人能够真正达到如此境界,阳明经过对儒家经典的不断琢磨以及人生的千万磨砺,正是要努力达到这一"良知"胜境。

由阳明论述的良知含义我们可知:良知是心之本体;良知即是天理;良知即是道;良知即是义;良知是造化的精灵;良知即天也;良知只是个是非之心。阳明又指出"良知在人,随你如何,不能泯灭"①,并且认为良知有自知自明的特性,因此,他认为要致良知,首先要依良知而行,不欺良知。阳明门人陈九川有一次请教老师如何致良知,阳明回答:"尔那一点良知,是尔自家底准则。尔意念着处,他是便知是,非便知非,更瞒他一些不得。尔只不要欺他,实实落落依着他做去。"阳明告诫人们良知很清醒,一个人行为的对与错,良知皆明了,如果听从良知的呼唤,存善去恶,你就会淡定快乐;否则,知错而仍一意孤行,不但欺人,而且自欺,最终则后悔莫及。这也是人性的弱点,而阳明致良知就是在人性的弱点上用功。在阳明看来,人人皆知良知,且良知尽知是非善恶,按照良知去行事就可以了。但是,社会现实是复杂的,人人尽知良知,但不是人人皆听从良知的呼唤,不欺良知,所以他在《答顾东桥书》中指出:

> 吾子谓"语孝于温清定省,孰不知之",然而能致其知者鲜矣。若谓粗知温清定省之仪节,而遂谓之能致其知,则凡知君之当仁者皆可谓之能致其仁之知,知臣之当忠者皆可谓之能致其忠之知,则天下孰非致知者邪?以是而言,可以知"致知"之必在于行,而不行之不可以为"致知"也明矣。知行合一之

---

① 《王阳明全集》卷三《传习录下》,第105页。

体，不益较然矣乎？①

在此，阳明感慨：孝亲忠君谁人不知？人人尽知！但这不叫致良知，致良知必须是在孝亲忠君之良知的引导下，去做行孝之事，做忠君之事，此谓致良知，必须是"致吾心之良知于事事物物也。吾心之良知，即所谓天理也。致吾心良知之天理于事事物物，则事事物物皆得其理矣。致吾心之良知者，致知也。事事物物皆得其理者，格物也。是合心与理而为一者也"②。阳明认为，仅仅知道良知还不够，重要的是要在良知的指引下，"致吾心之良知于事事物物"，如此即能分清善恶，理与心一，知行合一。由此亦可知，阳明的致良知说与其心即理、知行合一是一个密不可分的逻辑整体。

其次，事上磨炼，为善去恶。在现实生活中，由于个体的实践环境与认知水平的差异，良知往往容易被遮蔽，尽管良知知道善恶，但人们在行事上由于利益所驱，往往不听从良知的呼唤，因此，阳明认为要致其良知还要做为善去恶的工作，在具体事上磨炼：

> 知得善，却不依这个良知便做去，知得不善，却不依这个良知便不去做，则这个良知便遮蔽了，是不能致知也。吾心良知既不得扩充到底，则善虽知好，不能着实好了；恶虽知恶，不能着实恶了，如何得意诚？故致知者，意诚之本也。然亦不是悬空的致知，致知在实事上格。如意在于为善，便就这件事上去为；意在于去恶，便就这件事上去不为……如此，则吾心良知无私欲蔽了，得以致其极，而意之所发，好善去恶，无有不诚矣！诚意工夫，实下手处在格物也。若如此格物，人人便做得，"人皆可以为尧、舜"，正在此也。③

---

① 《王阳明全集》卷二《传习录中》，第56页。
② 《王阳明全集》卷二《传习录中》，第51页。
③ 《王阳明全集》卷三《传习录下》，第135-136页。

阳明认为，知得善而不依照良知去做善事，知得恶而不依照良知不去做恶事，良知就是被遮蔽了。此时就要按照良知的指引在实事上用功，如果良知要求为善，就在此事上为善，若良知要求去恶，则就在此事上去不为恶，这样，在良知的指引下，不断在事上磨炼，"吾心良知"则无私欲蔽了，如此磨炼，如此格物，则"人皆可以为尧、舜"。关于这一点，阳明曾经多次用形象的比喻进行论述："圣人致知之功至诚无息，其良知之体皦如明镜，略无纤翳。妍媸之来，随物见形。"①徐爱进一步解释道："心犹镜也。圣人心如明镜，常人心如昏镜。近世格物之说，如以镜照物，照上用功，不知镜尚昏在，何能照？先生之格物，如磨镜而使之明，磨上用功，明了后亦未尝废照。"②阳明又说："良知本来自明。气质不美者，渣滓多，障蔽厚，不易开明。质美者渣滓原少，无多障蔽，略加致知之功，此良知便自莹彻，些少渣滓如汤中浮雪，如何能作障蔽？"③阳明形象地指出了圣人与常人、质美者与质不美者的区别，认为圣人之良知如明镜一般，毫无遮蔽，经其照之物，美丑自现，是非分明；而普通人则不一样，往往心如昏镜，必须在"磨"上多下功夫，尤其是那些"质不美者"，其"渣滓多，障蔽厚，不易开明"，更需要常磨常照，时时做为善去恶、破除私欲的功夫。阳明通俗简易的论述，为人们指出了保持本心的方法，按照其说，"既去恶念，便是善念，便复心之本体矣"④，无论质美者与质不美者皆可成就自己光明的初心，使自己的生命焕发出璀璨的价值光辉。不仅如此，阳明还指出事上磨炼不是一蹴而就，而是要不间断地在实践中用功。他在《答顾东桥书》中指出："区区格、致、诚、正之说，是就学者本心日用事为间，

---

① 《王阳明全集》卷二《传习录中》，第79页。
② 《王阳明全集》卷一《传习录上》，第23页。
③ 《王阳明全集》卷二《传习录中》，第77页。
④ 《王阳明全集》卷三《传习录下》，第112-113页。

体究践履,实地用功,是多少次第、多少积累在,正与空虚顿悟之说相反。"①又在与欧阳德的对话中说:

> 崇一曰:"先生致知之旨,发尽精蕴,看来这里再去不得。"先生曰:"何言之易也!再用功半年看如何?又用功一年看如何?功夫愈久,愈觉不同,此难口说。"②

在此,阳明皆道出了致良知不是"空虚顿悟之说",而是"就学者本心日用事为间,体究践履,实地用功",经历"多少次第、多少积累"才能有所进步,有所获得。他指示人们在实践中用功,在实践中知道不足,然后再求知,再把新的认知准确地运用到实践中去,如此反复才能提高良知的含金量,正因为此,他对弟子欧阳德说,再用功半年看看,再用功一年看看,用功越深,就越知道其中的妙处。因此,阳明总是要求弟子"在事上磨炼做功夫"③。

再次,从我做起,致其良知,皆可为圣人。阳明认为:"自己良知原与圣人一般,若体认得自己良知明白,则圣人气象不在圣人而在我矣。"④即只要人人致其良知,则人人可为圣人。阳明指出圣人与常人的区别在于明觉良知的程度不同:"良知良能,愚夫愚妇与圣人同。但惟圣人能致其良知,而愚夫愚妇不能致,此圣愚之所由分也。"⑤"圣人之知如青天之日,贤人如浮云天日,愚人如阴霾天日,虽有昏明不同,其能辨黑白则一。虽昏黑夜里,亦影影见得黑白,就是日之余光未尽处;困学工夫,亦只从这点明处精察去耳!"⑥阳明告诉人们,不管何人,只要有良知在,不管是如"浮云天

---

① 《王阳明全集》卷二《传习录中》,第 46 页。
② 《王阳明全集》卷三《传习录下》,第 106 页。
③ 《王阳明全集》卷三《传习录下》,第 104 页。
④ 《王阳明全集》卷二《传习录中》,第 66 页。
⑤ 《王阳明全集》卷二《传习录中》,第 56 页。
⑥ 《王阳明全集》卷三《传习录下》,第 126 页。

日"还是如"阴霾天日",只要肯致其良知,"从这点明处精察去",除去浮云、阴霾,使其心光明,就可以与圣人一般。阳明为了论述人人从我做起,致其良知,皆可达到圣人的明觉,即致良知不是一件可望而不可即的事情,圣人之境亦不是只能仰视,而是人人可以达到的境界,他用了一个非常形象的比喻:

圣人之所以为圣,只是其心纯乎天理,而无人欲之杂。犹精金之所以为精,但以其成色足而无铜铅之杂也。人到纯乎天理方是圣,金到足色方是精。然圣人之才力亦有大小不同,犹金之分两有轻重。尧、舜犹万镒,文王、孔子犹九千镒,禹、汤、武王犹七八千镒,伯夷、伊尹犹四五千镒。才力不同而纯乎天理则同,皆可谓之圣人。犹分两虽不同,而足色则同,皆可谓之精金。以五千镒者而入于万镒之中,其足色同也;以夷、尹而厕之尧、孔之间,其纯乎天理同也。盖所以为精金者,在足色而不在分两;所以为圣者,在纯乎天理而不在才力也。故虽凡人而肯为学,使此心纯乎天理,则亦可为圣人;犹一两之金比之万镒,分两虽悬绝,而其到足色处可以无愧。故曰"人皆可以为尧、舜"者以此。学者学圣人,不过是去人欲而存天理耳,犹炼金而求其足色。金之成色所争不多,则煅炼之工省而功易成,成色愈下则煅炼愈难。人之气质清浊粹驳,有中人以上、中人以下,其于道有生知安行,学知利行,其下者必须人一己百,人十己千,及其成功则一。后世不知作圣之本是纯乎天理,却专去知识才能上求圣人。以为圣人无所不知,无所不能,我须是将圣人许多知识才能逐一理会始得。故不务去天理上着工夫,徒弊精竭力,从册子上钻研,名物上考索,形迹上比拟,知识愈广而人欲愈滋,才力愈多而天理愈蔽。正如见人有万镒精金,不务煅炼成色,求无愧于彼之精纯,而乃妄希分两,务同彼之万镒,锡、铅、铜、铁杂然而投,分两愈增而成色愈下,既其梢末,无复有金矣。①

即圣人之所以为圣人,是圣人之心纯乎天理,少了人欲杂念,犹如精金而无锡、铅、铜、铁掺杂一样。但是,圣人的才力也不是一样的,有大有小,好比精金之重量,有轻重之别,如果尧、舜是万镒,那么,孔子就相当于九千镒,"禹、汤、武王犹七八千镒,伯夷、伊尹犹四五千镒。才力不同而纯乎天理则同,皆可谓之圣人",阳明得出结论,圣人与否在于纯乎天理,而非在乎才力,一两金与万镒之金相较,只要皆为不含杂质之精金,虽分量有别,从足色而言是一样的。因此,阳明认为具有不同明觉之人,皆可从自身做起,不断增加良知的纯度,扫除心中的"浮云天日""阴霾天日",存天理,去人欲,好像煅炼金子而求足色,不过是金之成色杂质少,煅炼的功夫容易些;反之,难一些而已,万万不可舍本逐末,只去求那万镒之金,而不顾其杂有多少"锡、铅、铜、铁",若此,金子成色越下,就如良知越来越被遮蔽一样,直到最后,仅剩下"锡、铅、铜、铁",而不复有金了。所以阳明指出:"人若知这良心诀窍,随他多少邪思枉念,这里一觉,都自消融。真个是灵丹一粒,点铁成金。"②阳明的人人致其良知、人人皆可为圣人的观点,为身处社会中的普通人提供了道德修养方面的良方,按照阳明的致良知观,人人可以在日常生活中不断剔除自己心中的私欲邪念,尽可能保持有一颗纯洁的心。

阳明的致良知说在当下仍有其积极意义。在经济快速发展的今天,我们看到社会生活上存在着过度功利化与物质化的问题,人的心性修养与精神上的需要在一定程度上被忽视。于是,社会上就出现了一些不和谐因素,诸如利己主义膨胀、过度追逐物欲、不再关注自我内在人性的塑造等,以致造成人们在物质生活不断改

---

① 《王阳明全集》卷一《传习录上》,第31-32页。
② 《王阳明全集》卷三《传习录下》,第106页。

善的同时,美好的心灵在一定程度上被遮蔽。而阳明的致良知说无异于一剂良药,其药力直达人们的心灵深处。人们在日常生活中可以按照良知的指引去处理事务,不掺杂自己的私心杂念,把自己想要做的事情放到良知这面明镜前照一照,是美好的说明可以做,否则就不去做。经常不间断地进行这样的"照相"活动,我们就会不断剔除心中的杂念,能够正确地去面对生活中出现的各色问题,并且能够恰当地解决这些问题,使自己的心灵处于不被私欲遮蔽的光明状态,在这种状态下,身心愉悦地实现自己的人生目标,真正意义上实现人的本质价值。

三、《传习录》的版本与阳明心学的传播

《传习录》是由阳明的门生弟子辑录其讲学论道的专著,是阳明哲学思想的集中体现,是中国哲学史上的一部重要经典。现在我们常见的《传习录》分为上、中、下三卷,但三卷本的《传习录》与最初刊刻的《传习录》内容方面已经发生了很大变化,它的结集前后历时五十五年才得以完成。我们所谓的三卷本《传习录》是指隆庆六年(1572)谢廷杰刊本《王文成公全书》所收内容。

(一)初刻《传习录》

初刻《传习录》即我们现在看到的《传习录》卷上,刊刻于正德十三年(1518)之江西虔州(今赣州)。阳明平日讲学论道,门人弟子在其生前已经注意"私录",并加以整理,据《王阳明年谱》记载,最早进行此项工作者是徐爱。但徐爱仅录一卷,遗憾的是此一卷未及刊行,徐爱已辞世。正德十三年(1518)八月,王阳明门人薛侃得到徐爱所录一卷(今存 14 条)与其序两篇(今存一篇),陆澄所录一卷,还有其本人所录一卷,合之共 129 条,其中徐爱辑录 14 条,

陆澄辑录 80 条,薛侃辑录 35 条,合而刻之,即今本《传习录》之卷上。徐爱在《传习录上·引言》中写道:"世之君子,或与先生仅交一面,或犹未闻其謦欬,或先怀忽易愤激之心,而遽欲于立谈之间,传闻之说,臆断悬度。如之何其可得也? 从游之士,闻先生之教,往往得一而遗二。见其牝牡骊黄,而弃其所谓千里者。"①备录当时学者对阳明学说的态度,指出有的学者仅仅与阳明只有一面之交抑或根本就没有听过阳明讲学,就根据传闻妄加揣度,而阳明的学生在听讲时也常常忽略甚多,甚至舍本求末,于是徐爱则"备录平日之所闻,私以示夫同志,相与考而正之,庶无负先生之教"②。由此可知,阳明学说在当时亦传播很快,并已产生较大的影响,徐爱记录老师论说,除了自己时时领悟外,更重要的是还阳明学说以本来面目,供阳明之门生全面领会其师的学说,以无愧于老师的谆谆教诲。显而易见,徐爱辑录阳明语录,对传播阳明学说起到了很大的作用。

(二) 续刻《传习录》

嘉靖三年(1524)十月,王阳明门人南大吉以薛侃所刻《传习录》为上册,增入阳明论学书信九篇为下册,命弟逢吉校对后合刻于越(今浙江绍兴),世称"续刻《传习录》"或"南本"。阳明论学书信九封分别为《答徐成之二书》《答人论学书》(即《答顾东桥书》)《启问道通书》《答陆原静二书》《答欧阳崇一》《答罗整庵书》《答聂文蔚书》。卷首有南大吉撰于十月八日的序文。南大吉序文有云:"是录也,门弟子录阳明先生问答之辞、讨论之书,而刻以示诸天下者也。"③由此可知,不仅是薛侃在刻印阳明的语录,阳明的其他弟

---

① 《王阳明全书》卷一,第 1 页。
② 《王阳明全集》卷一《传习录上》,第 1 页。
③ 《王阳明全书》卷四十一,第 1754 页。

子也已刻印了老师的论学之书,这使阳明学说传播愈广。《王阳明年谱》嘉靖三年(1524)载,南大吉取阳明论学书增至五卷,分上、下二册,上册卷一为徐爱所录,卷二为陆澄所录,卷三为薛侃所录;下册卷一至卷四为论学书,卷五为《示弟立志说》与《训蒙大意示教读刘伯颂等》,由此说明,"南本"版本非一,且编排体例不同。可见,当时《传习录》刻本的需求量甚大。

"南本"所收论学书与我们现在通常使用的《王阳明全集》所录内容不尽相同,原因在于《王阳明全集》所呈现的已非"南本"原貌,其收录的是阳明弟子钱德洪于嘉靖三十五年(1556)在编纂《传习录》时删定了的本子。由《传习录》卷中《钱德洪序》可知,钱德洪在嘉靖三年(1524)"南本"的基础上,删去了《答徐成之二书》,增加了《答聂文蔚第二书》,又增入《训蒙大意示教读刘伯颂等》。又由《传习录》卷下《钱德洪跋》中可知,他"易中卷为问答语",与卷一、卷三体例上保持一致,即是我们现在所看到的130~143条的《答顾东桥书》,144~150条的《启问道通书》,151~154条的《答陆原静书》,155~167条的《答陆原静又一书》,168~171条的《答欧阳崇一》,172~177条的《答罗整庵少宰书》,178~184条的《答聂文蔚》,185~194条的《与答聂文蔚第二书》,195~200条的《训蒙大意示教读刘伯颂等》。此为今《传习录》之卷中。

(三)《传习续录》

《传习续录》即现存《传习录》之卷下。卷下结集比较复杂,前后经历了三次编纂活动,这些活动在钱德洪的跋语中有详细的记载:第一次是在嘉靖七年(1528)冬,钱德洪利用为阳明奔丧时众多弟子相聚一起的机会,与同门约定用三年的时间,各自收录老师的遗言。此后,阳明弟子纷纷收集老师的遗言,最后送于钱德洪。钱德洪根据同门所收,选择一些能充分体现老师学说的内容整理成初稿,打算和他整理的《文录》一起刊刻,但因故没有付梓。第二次是在嘉靖三十四年(1555),阳明弟子曾才汉根据钱德洪整理而没有付梓的抄本,再加上自己新搜集的一些条目,以《阳明先生遗言录》为名刻于荆州(今湖北江陵)。而钱德洪不满意曾才汉所刻的《阳明先生遗言录》,认为编排不当,采集太杂,于是,他重新加以编排,"删其重复,削去芜蔓,存其三之一,名曰《传习续录》,复刻于宁国之水西精舍"①,命名为《传习续录》,在安徽宁国刻印。第三次是在嘉靖三十五年(1556),钱德洪受阳明再传弟子沈思畏的嘱托,"复取逸稿,采其语之不背者,得一卷;其余影响不真,与《文录》既载者,皆削之"②,即成今《传习录》卷下内容,其中收有陈九川、黄直、黄修易、黄省曾、黄以方所录142条语录。从《钱德洪跋》中可以看出,他在编纂《传习续录》时,作了大量的删削工作,理由是"采录未精""影响不真",即他认为反映王阳明思想不真切、不精当的地方应全部删去,"采其语之不背者",即采录那些不违背其师学术宗旨的内容进行编辑,钱德洪这样做的用意应该是好的,意在维护阳明学说的精纯性,但是他这种编辑思想导致的直接后果是使后人为了更精确地了解王阳明的思想,一直不断地进行阳明语录的辑佚考证工作,这种妄加选择去取的做法,是不应该的,尤其是对于一个伟大思想家的论说。

(四)《传习录》三卷

嘉靖丙辰三十五年(1556),钱德洪刊刻完成《传习录》卷下即《传习续录》,他又编《传习录》为上、中、下三卷。为了与卷一、卷三形式相吻合,他把卷二收录的书信亦以问答的形式进行编辑,编辑

---

① 《王阳明全集》卷三《钱德洪跋》,第143页。
② 《王阳明全集》卷三《钱德洪跋》,第143页。

完成后，把上、中、下三卷付黄梅（湖北）尹张君增刻之，此年四月在湖北黄冈的崇正书院作跋语，叙述其辑录刊刻始末。至隆庆六年(1572)，谢廷杰刊刻《王文成公全书》，把阳明《朱子晚年定论》附刻于《传习录》后，即形成了今天我们看到的全本《传习录》。从薛侃刻本至谢廷杰刻本，《传习录》的纂辑历时五十五年，其间虽有删削，但总体上内容在不断增加，比较完整地保存了阳明心学思想的基本文献。我们今天看到的比较流行的本子是吴光、钱明、董平、姚延福编校的《王阳明全集》前三卷，即所谓的《传习录》。此本依据隆庆六年(1572)谢廷杰刊本《王文成公全书》编校，由上海古籍出版社于1992年出版，2011年再次修订出版。

（五）《传习录》与阳明心学的传播

阳明龙场悟道后，虽然其心学体系尚不完备，但已经具备了最基本的理论基础，为了使心学学说广泛传播，阳明不断地收徒讲学，通过师友关系扩大其影响。即便如此，从《明儒学案》的记载可知，当时也仅仅局限在他所生活的浙江余姚一带及贵州地区，其学术影响不是很大，而《传习录》的结集刊刻在阳明心学的传播过程中起到了很大作用。阳明的众多弟子在不断地搜集、整理、丰富、刊刻其师之语录与论学书信，并对《传习录》的体例不断修订，最终形成了比较完备的三卷《传习录》。阳明的诸多弟子通过学习《传习录》，从而更深刻地领悟阳明心学，并且不断传播阳明心学，如江右王门罗洪先即是典型的代表。胡直在其《念庵罗先生行状》中写道："方十五，闻阳明王公讲学虔台，心即向往之，遂卑视举子业，常敛目端坐。同舍生谯让之，曰：'是罗道学先生耶？'比《传习录》出，先生奔假手抄，玩读忘寝，往往脱颖见篇章间，同舍生益惊避之。"①《明儒学案》亦载道:"幼闻阳明讲学虔台,心即向慕,比《传习录》出,读之至忘寝食……先生于阳明之学,始而慕之,已见其门下承领本体太易,亦遂疑之。及至功夫纯熟,而阳明进学次第,洞然无间。天下学者,亦遂因先生之言,而后得阳明之真。"②之后,不仅与王门中人湛若水、欧阳德、王艮、钱德洪、王畿、徐阶等论学,而且四处访学、讲学,为传播心学不遗余力。诸多史料还表明阳明的一些弟子是研读了《传习录》后才开始追随阳明的。《明儒学案》载阳明门生刘文敏事迹道:"年二十三,与师泉共学,思所以自立于天地间者,每至夜分不能就寝。谓师泉曰:'学苟小成,犹不学也。'已读《传习录》而好之,反躬实践,唯觉动静未融,曰:'此非师承不可。'乃入越而禀学焉。自此一以致良知为鹄,操存克治,瞬息不少懈。"③阳明门生刘阳亦如此,其"少受业于彭石屋、刘梅源。见阳明《语录》而好之,遂如虔问学。泊舟野水,风雪清苦,不以为恶",并"于师门之旨,身体精研",④研读阳明心学尽心尽力,不遗余力。

泰州学派的代表人物诸如颜钧、罗汝芳亦是在接触《传习录》之后对阳明心学产生了浓厚兴趣的。颜钧(1504—1596)二十五岁时得以读《传习录》,兴奋异常,"神智顿觉,中心孔昭,豁达洞开,天机先见,灵聪焕发"⑤,"遂自醉心启","静坐七日夜,凝禽隐功,专致竭思,一旦豁然,心性仁智皎如也",⑥随后又到山谷独住了九个月,从此,思想发生了极大的变化。后结识王艮,为门人,辗转四方讲学,传播王艮思想,并在此基础上形成自己的学术体系。泰州学

---

① 徐儒宗编校整理《罗洪先集》,凤凰出版社,2007,第1377页。
② 黄宗羲:《明儒学案》卷十八《江右王门学案三》,第386-387页。
③ 黄宗羲:《明儒学案》卷十九《江右王门学案四》,第430页。
④ 黄宗羲:《明儒学案》卷十九《江右王门学案四》,第442页。
⑤ 《颜钧集·自传》,黄宣民点校,中国社会科学出版社,1996,第24页。
⑥ 《颜钧集·明羑八卦引》,黄宣民点校,第12页。

派另一代表人物罗汝芳(1515—1588)在十八岁时,"有感于澄湛之体未复,乃闭关临田寺,几上置盂水及镜,对坐澄心,久成重病。父忧之,令读《传习录》,病顿愈"①。后听颜钧讲学,遂拜其为师。

可以说,《传习录》的刊刻对阳明心学的传播起到了巨大的作用,就是今天人们研究阳明心学,《传习录》亦为主要参考文献之一,因为《传习录》涉及阳明心学体系中的"心即理""知行合一""致良知"三大命题,基本上涵盖了阳明心学的主要范畴。正如当代学人吴光所言:"明代理学的根本精神在阳明,阳明心学的根本精神在'良知',而集中体现王阳明良知精神的著作是《传习录》。"②因此,《传习录》的结集对阳明心学的发扬光大功莫大焉。

四、《传习录》的历史影响及当代价值

十六世纪初,王阳明在龙场悟道,之后心学逐渐大行于天下,在当时的思想文化领域形成了一股强大的冲击波。王阳明为了传播心学学说,广收门徒,四处讲学;阳明逝世后,王学正宗各派由于对心学不同的理解,形成了不同的分支流派,其中影响最大的是在阳明心学基础上形成的泰州学派。泰州学派王艮及其后学颜山农、何心隐与李贽等轻视儒家经典,大胆批判封建正统思想,努力突破程朱理学的束缚,"异端邪说"盛行于明中晚期,对明代哲学思潮、世俗生活以及文学创作等方面皆产生了重大影响。正如《明史·儒林传》所言:"宗守仁者曰姚江之学,别立宗旨,显与朱子背驰,门徒遍天下,流传逾百年……嘉、隆而后,笃信程、朱,不迁异说

---

① 方祖猷、梁一群、李庆龙等编校整理《罗汝芳集》,凤凰出版社,2007,第889-890页。

② 吴光:《王阳明〈传习录〉的当代启示》,《中国纪检监察报》,2016年1月4日,第6版。

者,无复几人矣。"①阳明心学在嘉靖、隆庆之时已经成为声势浩大的社会主流思潮。

(一) 阳明心学对明代学术思想的影响

王阳明认为"心者,天地万物之主宰""心外无理""心外无物",又认为"良知即是天理""心之体,性也,性即理也",即人性即是天理。在此基础上,泰州学派创始人王艮(1483—1541)进一步提出身为"天地万物之本"②的观点,认为"至尊至贵,孰与吾人"③;又在阳明"与愚夫愚妇同的是同德,与愚夫愚妇异的是异端"的基础上,提出百姓日用即道:"圣人之道,无异于'百姓日用'。凡有异者,皆谓之'异端'。""愚夫愚妇与知能行,便是道。与鸢飞鱼跃同一活泼泼地,则知性矣。""百姓日用条理处,即是圣人之条理处。"④又指出:"良知天性,往古来今人人具足,人伦日用之间举措之耳。"⑤王艮用平民哲学家的通俗语言形象地阐释了圣人之理、圣人之道,即道是现成的、自然的,人人不需要严谨求索即可获得,就如"鸢飞鱼跃"一样自然活泼。王艮在阳明心学启发下,对"道""良知"等儒学范畴通俗、简易地阐释,吸引了当时诸多普通民众,并在民间产生了很大影响。王艮之仲子王襞(1511—1587)继承其父之学说,提出"自然之谓道"⑥的观点,认为人性应如"鸟啼花落,山峙川流,饥食渴饮,夏葛冬裘"⑦那样任其流行;王艮弟子颜钧

---

① 张廷玉等:《明史》卷二百八十二,第7222页。
② 王艮:《王心斋全集》,陈祝生等校点,江苏教育出版社,2001,第33页。
③ 王艮:《王心斋全集》,第69页。
④ 王艮:《王心斋全集》,第6-10页。
⑤ 王艮:《王心斋全集》,第47页。
⑥ 王艮:《王心斋全集》,第220页。
⑦ 黄宗羲:《明儒学案》卷三十二《泰州学案一》,第719页。

(1504—1596)则"平时只是率性所行,纯任自然,便谓之道"①;颜钧弟子罗汝芳(1515—1588)主张人性像赤子良心那样自然而然,如"解缆放船,顺风张棹""不须把持"②;颜钧弟子何心隐(1517—1579)提出"声色、臭味、安逸之欲"是人的自然本性的观点,反对禁欲主义,并认为"声色、臭味、安逸之乘于耳目、鼻口、四肢……尽乎其性于命之至焉者也",③承认人之欲望的合理性。而泰州学派后学李贽(1527—1602)则"通过对童心的规定……对传统的名教及价值观念作了多方面的冲击,从而将王学引向了异端之学"④,他指出:"夫童心者,真心也。若以童心为不可,是以真心为不可也。夫童心者,绝假纯真,最初一念之本心也。"⑤认为本心即童心,并且把童心与儒家经典对立起来:"吾因是而有感于童心者之自文也,更说甚么'六经',更说甚么《语》《孟》乎?"⑥在其童心说的基础上,李贽认为:"夫天生一人,自有一人之用,不待取给于孔子而后足也。若必待取足于孔子,则千古以前无孔子,终不得为人乎?"⑦"人人皆可以为圣"⑧,提出人人平等的思想;他还撰写《答以女人学道为见短书》⑨,提出男女平等的观点,并主张男女婚姻平等,否定"父母之命,媒妁之言",批判程颐的"饿死事极小,失节事极大"的思想。可见,李贽追求的是人之个性的充分张扬,从而强烈反对

---

① 黄宗羲:《明儒学案》卷三十二《泰州学案一》,第703页。
② 黄宗羲:《明儒学案》卷三十四《泰州学案三》,第762页。
③ 何心隐:《何心隐集》第一卷《原学原讲》,容肇祖整理,中华书局,1960,第19页。
④ 杨国荣:《王学通论——从王阳明到熊十力》,华东师范大学出版社,2018,第184页。
⑤ 李贽:《焚书》卷三《童心说》,中华书局,2009,第98页。
⑥ 李贽:《焚书》卷三《童心说》,第99页。
⑦ 李贽:《焚书》卷一《答耿中丞》,第16页。
⑧ 李贽:《焚书》卷一《答耿司寇》,第31页。
⑨ 李贽:《焚书》卷二,第59-60页。

程朱理学对人们思想的束缚。李贽继承并发展了王艮"百姓日用是道"的思想,认为"穿衣吃饭,即是人伦物理"①,同时又继承了泰州学派反对禁欲主义、承认人之欲望之合理性的观点,肯定人之私欲,认为"夫私者,人之心也。人必有私而后其心乃见,若无私则无心矣"②,从而界定童心之主要内涵为私心,并进一步加以论述:"如好货,如好色,如勤学,如进取,如多积金宝,如多买田宅为子孙谋,博求风水为儿孙福荫,凡世间一切治生产业等事,皆其所共好而共习,共知而共言者,是真迩言也。……我之所好察者,百姓日用之迩言也。"③还大胆提出"人必有私":

> 服田者,私有秋之获而后治田必力;居家者,私积仓之获而后治家必力;为学者,私进取之获而后举业之治也必力。故官人而不私以禄,则虽召之,必不来矣;苟无高爵,则虽劝之,必不至矣。虽有孔子之圣,苟无司寇之任、相事之摄,必不能一日安其身于鲁也,决矣。此自然之理,必至之符,非可以架空而臆说也。④

他认为人人皆有私心,若无私心,耕者则"治田"不力,居家者则"治家"不力,学者则"举业"不力,官人则"召之不来",最后说到圣人孔子,尖锐指出孔子"苟无司寇之任、相事之摄,必不能一日安其身于鲁也",认为圣人与平民在有私心方面是一样的,这是"自然之理",不可以妄谈空言。显然,李贽认为人之私心是社会发展的动力,其"私心"论在一定程度上体现了资本主义生产关系的价值观,李贽的"私心"论与其个性解放的思想是一脉相承的。

由于阳明心学高度重视个体之"心",强调"人心"之重要,泰州

---

① 李贽:《焚书》卷一《答邓石阳》,第4页。
② 李贽:《藏书》卷三十二《德业儒臣后论》,中华书局,1959,第544页。
③ 李贽:《焚书》卷一《答邓明府》,第40页。
④ 李贽:《藏书》卷三十五《德业儒臣后论》,第544页。

学派又是在此基础上发扬光大,有学者认为其"童心说"即是从阳明心学中引申出来的。① 不仅如此,李贽把其哲学思想中的张扬个性解放、反对理学束缚等思想指导其文学思想,他指出"天下之至文,未有不出于童心焉者也"②,认为文学创作必须"发于情性,由乎自然"③,抒发作者真情感。正因为如此,他高度赞扬《西厢记》是抒发真情实感的"天下之至文",是浑然天成的"化工"之作,而《琵琶记》则是"似真非真,所以入人之心者不深""穷巧极工"的"画工"之作。④ 李贽的童心说对明代后期文学的发展产生了巨大影响,明代后期无论是诗词文家,抑或小说戏曲家皆强调抒发个体之"情"的重要性,诗歌流派中的公安三袁、竟陵诸子,词曲家徐渭、汤显祖等,小说家冯梦龙等莫不如是。

在泰州学派哲学思潮的影响下,晚明文坛发生了质的变化,"出现了一股人文主义的文艺思潮,对后世的启蒙思想家有着重大的影响"⑤。

(二) 阳明心学对清代学术思想的影响

阳明心学对清代学术的影响不像在明代中后期那样风起云涌、波澜壮阔,而是呈现出阶段上的不均衡性。清代前期承接晚明余绪⑥,阳明心学还有很大影响,正如《清儒学案》所言:"明季讲学

---

① 张少康、刘三富:《中国文学理论批评发展史(上卷)》,北京大学出版社,1995,第 195-201 页。
② 李贽:《焚书》卷三《童心说》,第 99 页。
③ 李贽:《焚书》卷三《读律肤说》,第 132 页。
④ 李贽:《焚书》卷三《杂说》,第 96-97 页。
⑤ 林子秋、马伯良、胡维定:《王艮与泰州学派》,四川辞书出版社,2000,第 346 页。
⑥ 本文所指清代前期为顺康雍时期(1644—1735),清代中期是指乾嘉时期(1736—1820),清代后期指道光年间至清末(1821—1911)。

家多宗阳明,清初尚承其绪。夏峰(孙奇逢)、梨洲(黄宗羲)坛坫门墙,极一时之盛。"①当时孙奇逢(1584—1675)、张沐(1630—1712)先后在河南讲学,从者甚众;李颙(1627—1705)在陕西关中地区讲学,其门下"最众执贽,著籍号以千计"②,其学术影响很大;刘宗周的弟子黄宗羲(1610—1695)在浙江讲学,并且著有以阳明心学发端发展为框架的《明儒学案》,信守师说,张扬心学理论,为阳明心学的传播做出了很大贡献。但明清易代之际,天崩地裂的社会大变革,对于清初每一位学人皆产生了巨大的影响,此时学人在对阳明心学继承的同时,多摆脱心学后学理论中的空谈心性之风,而重视经世致用,并且在不同程度上汲取程朱理学理论。与此同时,著名思想家朱之瑜(1600—1682)、王夫之(1619—1692)、顾炎武(1613—1682)等亦皆对明末空谈心性的现实给予不同程度的批评,心学出现衰微之势。尤其是康熙皇帝即位后,在理学名臣熊赐履(1635—1709)、李光地(1642—1718)等影响下,更为了维护封建统治,"好讲理学,崇拜程朱"③,他鉴于当时"言行不符者甚多",提出真假理学的命题,认为空谈性理而不践行程朱理学者为假理学,言行一致、务实求真者才是真理学,④并于1694年以"理学真伪论"为题,让朝廷官员发表对程朱理学的见解,程朱理学官方化色彩浓厚。1712年,康熙帝下诏升朱熹为大成殿十一哲,使朱熹成为唯一非孔子学生而享祀孔庙之人,稍后,又命朝臣于1713年编成《朱子全书》、1717年编成《性理精义》,⑤程朱理学被官方高度

---

① 徐世昌等编纂《清儒学案》卷十《三鱼学案》,中华书局,2008,第465页。
② 徐世昌等编纂《清儒学案》卷二十九《二曲学案》,第1122页。
③ 梁启超:《中国近三百年学术史》,天津古籍出版社,2003,第18页。
④ 余金辑《熙朝新语》卷二,清嘉庆二十三年刻本,第11页。
⑤ 杨峰、张伟:《清代经学学术编年》,凤凰出版社,2015,第212-226页。

重视,虽然有如李绂(1673—1750)等人盛赞陆王心学,极力维护阳明学说,随着官方的冷落,阳明心学则日趋衰落。

随着清代初期思想家对明代空疏学风的批评以及程朱理学被官方的高度重视,经世致用、重实学的学术风气亦随之而起。顾炎武之学术,被评价为"实事求是,不分汉、宋门户,经世致用,规模闳峻"①。顾氏博览群书,精于考证,并以考证治经学,"推'六经'之旨,以合于世用"②,使清代学术风气向实学转变,以期为当时的社会现实服务。继之者如胡渭(1633—1714)、阎若璩(1638—1704)等皆通过文字训诂、考证穷源研治经书,进一步推动清代学术风气的形成。稍后的李塨(1659—1733)提倡经世致用的思想,在研治经学方面受胡渭、阎若璩影响很大,亦重视训诂考据。但是,随着清廷统治的日益巩固,政治上的高压,文化上的专制,人们用考据方法研究儒家经典从而达到经世致用并改变空疏学风为目的的双向愿望改变了方向,而逐渐变成了抛开经世致用、钻进故纸堆进行以考证经史为主导的纯学术研究,乾嘉汉学成为学术主流的时期已经到来。因此,清代中期精于考据的汉学成为主流学术思潮,而阳明心学一蹶不振,几乎完全失去影响力。

嘉庆、道光之际,尤其是鸦片战争爆发以后,阶级矛盾与民族矛盾日益加剧,日益衰败的时局促使一部分仁人志士关注国家的前途与民族的存亡,纷纷走上经世之路,正如《清儒学案》所言:"清季士夫,恫于内忧外患,知非仅治考据词章者所能挽救,乃思以经世厉天下。"③他们力图改变当时的社会现实,龚自珍(1792—1841)即是其中之杰出代表。他吸取阳明心学中重视个体价值、强

---

① 徐世昌:《清儒学案》卷六《亭林学案》,第267页。
② 汪中:《与巡抚毕侍郎书》,载李金松校笺《述学校笺》,中华书局,2014,第743页。
③ 徐世昌:《清儒学案》卷一百九十一《古愚学案》,第7365页。

调我心作用的相关理论,张扬自我与心力的强大作用,提倡个性解放。他认为自我的力量是强大的,"我光造日月,我力造山川"①,而如此强大的自我力量则源于个人的"心力",并且大胆放言:"心无力者,谓之庸人。报大仇,医大病,解大难,谋大事,学大道,皆以心之力。"②呼吁人们在时局日下的现实中不做"心无力"之庸人,以此激励当时豪杰志士变革当时衰败不堪的社会现实。阳明指出:"人到纯乎天理方是圣,金到足色方是精。然圣人之才力亦有大小不同,犹金之分两有轻重。尧、舜犹万镒,文王、孔子犹九千镒,禹、汤、武王犹七八千镒,伯夷、伊尹犹四五千镒。才力不同而纯乎天理则同,皆可谓之圣人。犹分两虽不同,而足色则同,皆可谓之精金。"认为人人从自身做起,锻炼内心,皆可为圣人,为身处社会中的普通人提供了道德修养方面的良方。而龚自珍在此基础上指出:"古未曾有范金者,亦无抟埴者,亦无削楮、揉革、造木几者,其始有之,其天下豪杰也。"③认为无论是冶金者、制陶器者,还是造纸者、制皮革者、造木器者,只要以"吾之志力",皆可"金而淬之""埴而方员之""楮而缋之""革而鞣之""雕镂削治之",尽其所能,皆为豪杰志士,强烈呼吁社会各阶层的有识之士"自尊其心",④进而"以心之力",革新时弊,而成为晚清追求个性解放的重要启蒙思想家。曾国藩(1811—1872)以阳明心学为指导,并把阳明心学运用到治军过程中。他指出:"人性皆善,本体也。存心养性,以复其初,工夫也。"⑤认为"象山、姚江亦江河不废之流"⑥。

---

① 王佩诤校《龚自珍全集》,上海古籍出版社,1999,第12-13页。
② 王佩诤校《龚自珍全集》,第15-16页。
③ 王佩诤校《龚自珍全集》,第172页。
④ 王佩诤校《龚自珍全集》,第81页。
⑤ 曾国藩:《曾国藩全集》,岳麓书社,2012,第587页。
⑥ 曾国藩:《曾国藩全集》,第334页。

《清儒学案》评价道："其勋业所就，视明之王文成超越倍蓰。"①与阳明一样，曾国藩建立一世功业，力挽狂澜，在挽救清王朝于危亡中发挥了极大的作用。

清末戊戌变法时期，维新派人物谭嗣同、康有为、梁启超等皆受心学影响，并以阳明心学为思想武器，张扬"心力"的作用，鼓励人们发挥一己之主体精神，鼓舞仁人志士及国民的自信心。谭嗣同(1865—1898)是阳明心学的崇尚者，认为"人所以灵者，以心也……惟一心是实。心之力虽天地不能比拟，虽天地之大可以由心成之、毁之、改造之，无不如意"②。因此，他决定以"心"拯救内忧外患的国家，不仅如此，还要"以心度一切苦恼众生，以心挽劫者"③，并融合西方自然科学概念，提出"心力"说④，十分强调心力的作用，以鼓舞国人的斗志，在当时产生了很大的影响。康有为(1858—1927)在谈到阳明心学时指出："当晚明之季，天下无不言心学哉！故气节昌，聪明出，阳明氏之力也。……吾土自乾嘉时学者掊击心学，乃并自剜其心，则何以著书？何以任事？"⑤不仅肯定阳明心学的作用，而且把阳明心学与气节联系在一起，以此抨击清朝乾嘉学者不重视心学、"自挖其心"而带来的严重后果。康有为著有《论励节》一文，不止一次地把阳明心学与气节相提并论，并严厉地指出："本朝气节扫地，皆不讲心学也。"⑥很显然，康有为是欲用阳明心学的重气节、能任事等精神激励国人起来救国家民族于危亡之中，毕竟，修养气节是每一个国人皆能做到之事。梁启超为

---

① 徐世昌：《清儒学案》卷一百七十七《湘乡学案上》，第6789页。
② 谭嗣同：《谭嗣同全集》，中华书局，1998，增订本，第460页。
③ 谭嗣同：《谭嗣同全集》，第460页。
④ 谭嗣同：《谭嗣同全集》，第291页。
⑤ 康有为：《康有为全集》第三集，中国人民大学出版社，2007，第293页。
⑥ 康有为：《康有为全集》第二集，第258页。

谭嗣同的变法盟友、康有为的弟子,他如谭嗣同一样,强调心力作用:"凡事有所待于外者,则其精进之力必减,而其所成就必弱;自助者其责任既专一,其所成就亦因以加厚,故曰天助自助者。"①认为从自身发出的"精进之力""自助"之力才能助人取得胜利。不仅如此,梁启超亦高度赞扬阳明的"知行合一"说,指出:"阳明学之真髓曰:知行合一。知而不行,等于不知。独立者实行自谓也。"②他还把所谓的"精进之力"与"知行合一"有机地结合在一起:"孟子曰:'当今之事,舍我其谁!'独立之谓也,自助之谓也。"③以此告知时人要想起衰救敝,必须人人从内心出发,从我做起,"养独立之性",如此,才"能与旧风气战而终胜之",④国家才能独立而振兴。又继承其师的思想,借阳明心学倡导"强立主义":"自晋唐以后,儒者皆懦弱无气,大反孔子之旨,惟明代阳明一派,稍复本真耳。而本朝(清)考据学兴,柔弱益甚,遂至圣教扫地,国随而亡,皆由压制服从之念多,而平等自立之气减,故今既发明平等主义,则强立主义自随之矣。"⑤梁启超把阳明心学与孔子学说相提并论,可见心学在其心中的地位。阳明心学之"人人皆可为圣人"的思想确实与孔子提出的自强不息以及天下为公的观点有相同之处,梁启超则以此为号召,期望"全国之风气必当一变"⑥。维新派结合社会实际,汲取阳明心学之精神养分,大力鼓吹"心力""气节",以此激励时人为改变国家危亡局势而奋力前行,在清末的政治斗争中起到了积极的作用。

---

① 梁启超:《独立论》,《饮冰室合集·文集(三)》,中华书局,2015,第63-64页。
② 梁启超:《独立论》,《饮冰室合集·文集(三)》,第63页。
③ 梁启超:《独立论》,《饮冰室合集·文集(三)》,第64页。
④ 梁启超:《独立论》,《饮冰室合集·文集(三)》,第64页。
⑤ 梁启超:《论支那宗教改革》,《饮冰室合集·文集(三)》,第60页。
⑥ 梁启超:《论支那宗教改革》,《饮冰室合集·文集(三)》,第60页。

(三) 阳明心学对民国学术思想的影响

阳明心学强调人之本心,重视个体的发展,倡导个性解放以及一己情感的自由舒展,而民国时期,中华民族正值封建制度已经解体、封建思想逐渐消亡之际,伴随而来的是各种新思潮、新思想、新观念大量涌现,中西思想在此碰撞,民主与科学的观念被广泛接受,新文化运动轰轰烈烈地展开,思想解放运动如期而至。如此种种现象与阳明心学的内涵在一定程度上达成一致,阳明心学再一次成为社会关注的热点,并与社会发展产生着同步的重大影响。

辛亥革命推翻了中国两千多年的君主专制制度,清朝覆亡,民国诞生,而在推翻旧制度的过程中,革命党人为了挽救国家民族于危难之中,上下求索,以寻救国之路,其中阳明心学对他们产生了重大影响。章太炎(1869—1936)认为王学"曰自尊、无畏""自贵其心","是自信而非利己""犹有厚自尊贵之风",可以"排除生死,旁若无人,布衣麻鞋,径行独往,上无政党猥贱之操,下作懦夫奋矜之气",并且指出阳明心学的这些内在精神"于中国前途有益",完全可以行之于当时之中国。① 宋教仁(1882—1913)指出:"吾人可以圣人之道一贯之旨为前提,而先从心的方面下手焉,则阳明先生之说,正吾人当服膺之不暇者矣。"②以阳明心学精神激励自己,以"作民权保障"③为己任,努力推进民主政治,开启了中国近代民主宪政的历史。孙中山(1866—1925)面对中国的社会现实,亦以阳明心学激励民众,提出"只要改造人心,除去人民的旧思想,另外换成一种新思想""从自己的方寸之地做起"④,认为只要人人从灵魂

---

① 章太炎:《齐物论释》,崇文书局,2016,第 139 页。
② 陈旭麓主编《宋教仁集》,中华书局,1981,第 575 页。
③ 陈锡祺:《孙中山年谱长编》,中华书局,1991,第 806 页。
④ 孙中山:《孙中山选集》,人民出版社,2011,第 585、953 页。

深处闹革命,国家民族才有希望。1918年,孙中山撰写《建国方略》,其第一篇即《心理建设》,文中指出:"夫国者人之积也,人者心之器也,而国事者一人群心理之现象也。是故政治之隆污,系乎人心之振靡。吾心信其可行,则移山填海之难,终有成功之日;吾心信其不可行,则反掌折枝之易,亦无收效之期也,心之为用大矣哉!"他认为阳明"知行合一"说"勉人为善之心,诚为良苦","若于科学既发明之世,指一时代一事业而言,则甚为适当",但"施之暮气既深之中国",则"不合于实践之科学",于是,他在阳明"知行合一"学说的基础上,结合当时中国国情以及自己三十年曲折的革命经历,构建了一套完整的"心理建设"体系,即"行易知难""能知必能行""不知亦能行""有志竟成"。可以说,孙中山先生虽然结合时代精神对阳明心学有所批判,但其"心理建设"体系的构建是在阳明心学的影响下完成的,并以此鼓励引导革命志士,也指导自己最终实现了革命理想。①

五四新文化运动时期,陈独秀(1879—1942)、鲁迅(1881—1936)、李大钊(1889—1927)、胡適(1891—1962)等皆从阳明心学中汲取个性解放、强大内心的思想,建立了不朽的功业。牟钟鉴《〈明代思想史〉与明代思想研究》一文指出:"以李大钊、陈独秀、胡适、鲁迅为代表的五四新文化运动,高举起了民主、自由、平等、解放的旗帜,掀起了一场声势浩大的思想启蒙运动。""从思想渊源上说,他们是继承和发展了明后期泰州学派的学说和事业。"②陈独秀在《敬告青年》一文中认为青年应该"自觉其新鲜活泼之价值与责任","奋其智能",呼吁青年自觉奋斗;要求青年"完其自主自由之人格",拥有"个人独立平等之人格",并指出:"独立自主之人格

---

① 孙中山:《孙中山选集》,第120-200页。
② 牟钟鉴:《涵泳儒学》,中央民族大学出版社,2011,第432页。

以上,一切操行,一切权利,一切信仰,唯有听命各自固有之智能,断无盲从隶属他人之理。"①传播自觉其心、独立平等、自由自主、个性解放的思想。李大钊面对"中国至于今日,诚以濒于绝境"②的社会现实,以阳明"自觉其良知"③、"求诸其心一念之良知"④的心学观念为思想武器,呼吁公民"依自己之良知祓除""一己之罪恶过失","各宜自觉其固有之势力,自宅于独立之地位",努力使"社会中枢于(予)以确立,以昌学术,以明廉耻,以正人心,以厚风俗",⑤以"建可爱之国"⑥。王阳明认为"我的灵明,便是天地鬼神的主宰"⑦,充分提升个人主观自我的能动性,李大钊则倡言:"国家之成,由人创造,宇宙之大,自我主宰,宇宙之间,而容有我同类之人,而克造国。我则何独不然?吾人苟不自薄,惟有本其自觉力,黾勉奋进,以向所志,何时到达,不遑问也。"鼓励国民志士"改进立国之精神",要有主宰宇宙的信心,"求一可爱之国而爱之",建吾国,爱吾国,舍我其谁!⑧鲁迅先生弃医从文的原因之一即要尽快改变国民精神,立人立心,进而振兴邦国。他指出:"我们的第一要着,是在改变他们的精神,而善于改变精神的是,我那时以为当然要推文艺,于是想提倡文艺运动了。"⑨他要改变国人"本根剥

---

① 陈独秀:《陈独秀选集》,天津人民出版社,1990,第10-12页。
② 李大钊:《厌世心与自觉心》,《李大钊文集》,人民出版社,1999,第140页。
③ 《王阳明全集》卷二《传习录中》,第84页。
④ 《王阳明全集》卷二《传习录中》,第57页。
⑤ 李大钊:《政治对抗力之养成》,《李大钊文集》,第107页。
⑥ 李大钊:《厌世心与自觉心》,《李大钊文集》,第138页。
⑦ 《王阳明全集》卷三《传习录下》,第141页。
⑧ 李大钊:《厌世心与自觉心》,《李大钊文集》,第138页。
⑨ 鲁迅:《〈呐喊〉自序》,载《鲁迅全集》第一卷,人民文学出版社,2005,第439页。

桑,神气旁皇""心夺于人,信不由己"①的精神状况,强调人心即人之主观精神对诗歌巨大的感知作用,因而要"启人智而开发其性灵","掊物质而张灵明,任个人而排众数,人既发扬踔厉矣,则邦国亦以兴起",认为"二十世纪之新精神,殆将立狂风怒浪之间,恃意力以辟生路者也。中国在今……取今复古,别立新宗,人生意义,致之深邃,则国人之自觉至,个性张,沙聚之邦,由是转为人国。人国既建,乃始雄厉无前,屹然独见于天下"。指出欧美之强"根柢在人",所以"生存两间,角逐列国是务,其首在立人,人立而后凡事举;若其道术,乃必尊个性而张精神。"②在《摩罗诗力说》中,鲁迅先生一再强调"新声""心力",彰显人之心灵的巨大作用,为五四新文化运动奠定了坚实的理论基础。在此后的小说以及杂文写作中,鲁迅先生都在实现《摩罗诗力说》中提出的震撼人心、撼人心魄的精神,就其文学影响而言,确实是震国人之心,撼国人之魄。正因如此,胡风指出鲁迅战斗有一个大的特点,"那就是把'心''力'完全结合在一起"③,郜元宝则更进一步赞扬道:"鲁迅的'心学'和他的'文学'一同开始,'心学'就是'文学'。""在鲁迅,'新文学'首先乃是'心文学'。""鲁迅的心与往圣先哲的心是相通的。"④鲁迅先生所谓的"心"虽然内涵丰富,但受阳明心学的影响是显而易见的。五四新文化运动运动高举民主、自由、平等、解放的旗帜,极大地启迪了民智,促进了中国人民尤其是青年人的觉醒,使人们的思想得到了空前的解放,为马克思主义在中国的传播以及中国共产党的诞生做了思想准备。

抗日战争时期,民族危机严重,生死存亡之际,砥砺民族气节、

---

① 鲁迅:《摩罗诗力说》,载《鲁迅全集》第一卷,第30-38页。
② 鲁迅:《文化偏至论》,载《鲁迅全集》第一卷,第46-58页。
③ 胡风:《胡风评论集(中)》,人民文学出版社,1984,第10页。
④ 郜元宝:《鲁迅六讲》,北京大学出版社,2007,增订本,第2、2、4页。

振奋民族精神成为中华民族抵御外族侵略的精神武器,其间,阳明心学在各阶层、各党派人士中皆发挥了很大的作用。唐文治(1865—1954)认为阳明"致良知之学决然可以救国,知行合一之说断然可以强国",并结合国民性及阳明《传习录》具体内容论述其原因,认为阳明之学"拔本塞源,祛人之贪鄙",发挥阳明致良知之学可以改变当时国民"贪鄙""昏昧""间隔心"等国民性,从而"激励人气,唤醒人心";又严厉地批评了当时国民习性中的"怠惰性"与"因循迟缓性",指出:"吾国议论之人多,力行之士绝少,言不顾行,行不顾言,文告之繁累寸盈尺,无一语能见诸实行……色厉内荏,口是心非,遂至相尚以欺,相率以诈,上下蒙蔽,百姓怨咨。"所以唐氏大声疾呼,正告国民曰:"知而不行,即非真知,言而不行,不必空言!"并以自己的经历告知国民"游移不定则无一事能办"!因此,唐氏指出:"欲陶淑吾民之国性,急救吾国之亡,惟有取阳明之学说!"①期以阳明心学救国救民。熊十力(1884—1968)继承了阳明"心外无理,心外无物"的心即本体论,认为"吾人之本心,才是吾身与天地万物所同具的本体""吾心与万物本体,无二无别",②并指出:"心者实为身体之主宰。""心为万物之主。"③强调心对物的主宰作用,在此基础上,熊十力十分重视人性之生命力,他指出"人性具生命力……而其生命力固包宇宙,挟万有,而息息周流,不以形气隔也",又慷慨激昂地阐释道:

    吾《易》于《剥》卦著其戒曰:"柔变刚也。"而于《乾》则诏之以自强而昭其大明,乃以战阴暗而胜之。"其血玄黄",重阴破也。吾人生命力正于此开发创新,而显其灿烂之光辉。④

---

① 唐文治:《性理救世书》,《国专月刊》第2卷第5期,第128-135页。
② 熊十力:《熊十力全集》,湖北教育出版社,2001,第18、20页。
③ 熊十力:《新唯识论》,上海人民出版社,2011,第63、254页。
④ 熊十力:《新唯识论》,第66-67页。

熊十力强调人强大的生命力,认为人的生命力在于不断战胜阴暗而"昭其光明",并在这一过程中不断创新,从而彰显人性之灿烂的光辉。不仅如此,他还进一步论述人生就是一个不断追求、不断进取、不断创新的过程:"由此精进而不息,则浸长而充实矣。涵养而常新,则日盛而光辉矣……有生之日,皆创新之日,不容一息休歇而无创,守故而无新。"否则,人之"昂然七尺只是一团死物质耳"!① 如此不断修学,不断战胜阴霾,"天人合德,性修不二",那么,"本体之明流行不息者是。引而不竭,用而弥出,自是明强之力,绝彼柔道之牵。如杲日当空,全消阴翳,乃知感染毕竟可断,自性毕竟能成"。② 熊十力这种极富生命力的哲学字里行间洋溢着一种奋进不息的精神,令人元气充沛,极大地鼓舞了当时的国人之心,难怪王元化说"读熊氏书使人引发出一种精神力量"③,而这种力量正是当时国人所需要的,且应该具有的。

贺麟(1902—1992)则把西方哲学思想与中国传统儒家思想有机结合,创建了"中国自己的、表现时代精神的创新的真正哲学"④,被称为"新心学"。他认为:"中国近百年来的危机,根本上是一个文化的危机。文化上有失调整,就不能应付新的文化局势。"⑤指出中国文化最大的危机是"儒家思想文化在中国文化生活上失掉了自主权,丧失了新生命"⑥。因此,贺麟试图通过复兴传统儒家思想文化,以期解决当时的民族危机。在阳明心即理、知行合一、致良知心学范畴的基础上,贺麟作了合乎时代意义的阐释

---

① 熊十力:《新唯识论》,第68页。
② 熊十力:《新唯识论》,第108页。
③ 王元化:《王元化集》第五卷《思辨录》,湖北教育出版社,2007,第260页。
④ 贺麟:《五十年来的中国哲学》,上海人民出版社,2012,第88页。
⑤ 贺麟:《文化与人生》,商务印书馆,2005,第20-21页。
⑥ 贺麟:《文化与人生》,第5页。

与发明,他认为:"心有二义:一,心理意义的心;二,逻辑意义的心。逻辑的心即理,所谓'心即理也'。心理的心是物……(逻辑意义的心)乃经验的统摄者,行为的主宰者,知识的组织者,价值的评判者……故唯心论又尝称为精神哲学,所谓精神哲学,即注重心与理一,心负荷真理,理自觉于心的哲学。"并且进一步指出:"心与物是不可分的整体。为方便计,分开来说,则灵明能思者为心,延扩有形者为物。据此界说,则心物永远平行而为实体之两面:心是主宰部分,物是工具部分。心为物之体,物为心之用,心为物的本质,物为心的表现。故所谓物者非他,即此心之用具,精神之表现也。"①突出心之主宰地位。阳明认为"良知者,心之本体",进而提出致良知的心学道德修养观,认为作为本体的良知,人人皆有,不假外求,只要不断磨炼内心,存天理,去人欲,人人即可成为圣人。而贺麟进一步指出,"可称唯心论为'唯性论'","如'人是有理性的动物'一命题中之理性,即人之本性也"。"唯心论在道德方面持尽性主义或自我实现主义,而在政治方面,唯心论则注重民族性之研究认识与发展。所谓民族性即是决定整个民族的命运的命脉与精神。必对于民族性有了充分认识,方可以寻出发展民族的指针",贺麟把阳明心学中倡导个体的"尽性主义或自我实现主义"上升到群体的对民族命运的关注。这种哲学观念无疑有助于民族凝聚力的形成,并极大地激励了当时爱国士子对国家民族命运的关注。在此基础上,贺麟又提出"唯心论又名理想论或理想主义",认为人民有了改良社会的理想才能"特别注意于社会事实之观察与改造","理性乃人之本性,而理性乃构成理想之能力,故用理想以作认识和行为的指针,乃是任用人的最高精神能力,以作知行的根本"。② 显

---

① 贺麟:《哲学与哲学史论文集》,商务印书馆,1990,第 131-132 页。
② 贺麟:《哲学与哲学史论文集》,第 133-135 页。

而易见,贺麟亦在自己的"新心学"中把心即理、致良知与知行合一有机地结合在一起。正因如此,贺麟非常重视阳明的知行合一说,他认为:"知行合一说与王阳明的名字可以说是分不开的。"①他把阳明的知行合一说解释为"率真的知行合一,可算作价值的知行合一的一类"②,认为阳明"持一种率真的或自动的知行合一观"③,此种"见父自知孝,见兄自知悌,见死自知救的知行合一,既非高远的理想,亦非自然的冲动,更非盲目的本能。阳明叫做心与理一的本心,他又叫做即知即行的良知"④,但贺麟认为阳明的知行合一论有一定的局限:"只可惜阳明所谓知行,几纯属于德行和涵养心性方面的知行。"并且进一步指出:"同样的意思,只消应用在自然的知识和理论的知识方面,便可以作科学思想,以及道德以外的其他一切行为的理论根据。"⑤贺麟在西方哲学与自然科学的影响下,把阳明"几纯属于德行和涵养心性方面"的知行合一观扩展到理性逻辑的认知层面,为丰富传统哲学的知行观内涵做了重大贡献。

嵇文甫(1895—1963)运用马克思主义唯物史观研究阳明心学,他认为"王阳明是中国近古思想史上一位极有光辉的大人物。由他所领导起来的一种学术运动,是一种道学革新运动,也是一种反朱学运动",阳明的学说"无论从致良知上或知行合一上,处处可以看出一种自由解放的精神","处处是打破道学的陈旧格套,处处表现出一种活动自由的精神,对于当时的思想界,实尽了很大的解

---

① 贺麟:《五十年来的中国哲学》,第139页。
② 贺麟:《五十年来的中国哲学》,第147页。
③ 贺麟:《五十年来的中国哲学》,第157页。
④ 贺麟:《五十年来的中国哲学》,第157页。
⑤ 贺麟:《五十年来的中国哲学》,第159页。

放作用"。① 他把阳明心学与时代精神联系在一起,并把阳明心学以及在心学影响下形成的哲学思潮看成是一种自由解放思想的学术革新运动,而这种自由解放的精神,恰与民国时期人民追求自由民主的精神相一致,激励鼓舞了中国人民反对国民党独裁统治、坚持抗战到底的决心与信心。可以说,二十世纪三四十年代的抗日战争时期,许多哲学家研究阳明心学,张扬阳明学说,以期构建中华民族抗击侵略的精神文化长城,从而极大地增强了中华民族抗击外来侵略者的民族自信心,并在当时发挥了重大的社会作用。

(四)阳明心学的当代价值

阳明心学是锤炼内心的学问,众所周知,内心的强大才是真正的强大。阳明心学告诉我们要相信自己,树立强大的主体意识,并付诸有意义的实践活动;其融会儒、释、道三家之精华的"知行合一"说,即是指将心性之学转化为卓越的建功立业的能力。因此,阳明心学要求人们不要把外界的诽谤是非或者个人的荣辱得失过分看重,而要养成无所畏惧、无所牵挂、无往而不胜、此处心安的健康心理状态,在此基础上,从心所欲,最终达到内圣外王、同万物一体的思想境界。可以说王阳明的心学思想不仅对哲学思想、文学思想、教育思想、生态智慧、中庸思想等产生了深远影响,而且对当今人们养成健康的、积极的心理状态亦将产生巨大的影响,它会不断提升人们的正能量,使人们在良好心态的作用下,最大限度地实现自己的人生价值,为社会做出自己应有的贡献。美国哈佛大学杜维明教授曾预言:二十一世纪,将是王阳明的世纪!

---

① 嵇文甫:《王学左派》,《嵇文甫文集》,河南人民出版社,1985,第401-410页。

五、《传习录》的阅读

《传习录》是一部著名的哲学经典著作,作为众多哲学专业以外的社会读者应该如何阅读这部影响深远的哲学专著呢?今天的我们应该从《传习录》中汲取什么精神营养,并使其滋养我们心灵,使我们最大限度地实现自己的人生价值呢?

(一)学习王阳明执着追求理想、敢于质疑学术权威的精神

人生理想对每一个人实现自己的人生价值至关重要,没有理想的人生就如"野渡舟自横"一样,没有目标,失去努力的方向,面对人生的海洋,只能随波漂转。而王阳明少小就立下人生宏愿,要"读书学圣贤"。"学圣贤"就要看圣贤书,王阳明对当时盛行的程朱理学尤其是朱熹的著作认真研读,并取诸经子史,切磋琢磨。他不是死读书,而是在研读的基础上实践在当时已经是学术权威的朱子"格物致知"哲学观点,"格竹"以寻求天理,当他直至格出病来也没有格出他想得到的结果时,虽然心中有解不开的矛盾,但并没有放弃自己对成圣理想的追求,而是继续旁通释、道各家,吸取营养,在矛盾中寻求着自己的成圣之道。

阳明在踏入政坛与登上文坛之后,心中的成圣理想越发强烈,三十一岁的王阳明曾经告别政坛、文坛,告病回到家乡,在阳明洞中修炼自己,试图找出理想的突破口,修炼体悟的结果使阳明更加坚定自己追求理想的信心,决定要走出自己的成圣之路。从繁华的京城被贬到荒凉的龙场是阳明一生的巨大转折点,面对如此挫折,阳明没有颓废,更没有放弃自己的理想,他不断对照儒家思想考量社会现实,思考自己遇到的磨难,在瘴疠遍地、荒无人烟的龙

场终于悟出了"圣人之道，吾性自足""心外无理，心即理"的道理，突破了朱子理学的藩篱，找到了成圣的钥匙，这是其成圣之路的第一步。在此基础上，王阳明依然没有停歇，而是又开始了登堂入室的追求。他广收门徒，多方讲学，度己度人，用心良苦，日益在思考、讲学、实践中丰富着自己的理论。走自己的路，建立一套圣学理论体系并非易事，何况阳明是在挑战已经成为官方学术的朱子理学，因此，随着阳明心学影响的日益扩大，有人弹劾诽谤其心学"遏正学"，甚至"南宫策士以心学为问"，科举会试竟然要求考生对心学作出评价，这样做显然是别有用心。对此阳明的学生议论纷纷，为老师担心，而阳明仍坚持自我，聚徒讲学，完善心学理论。嘉靖皇帝即位后，阳明的仕途本该有所转机，但经过"大礼议"洗礼的嘉靖皇帝记恨阳明不为自己说话，长达六年时间让阳明在家守制赋闲，而阳明没有气馁，仍旧讲学不已，内心清澈无比，思索成圣，"第一等事"理论体系圆满自洽，阳明四句教也即心学体系终于在此时得以完成。在家赋闲六年后，朝廷再次起用他征讨广西的田州、思恩，阳明凭借平叛宁王的政绩，进入中央中心机构应该是理所当然的事情，所以阳明弟子得知老师远征的消息后借机强烈推荐其师进入朝廷的中心机构内阁，使其发挥应有的作用。但是内阁大臣杨一清、张璁在前阻拦，想钻入内阁的桂萼更是不愿意看到阳明进入内阁阻碍自己的晋升之路，这样上下用心，阳明只得带病征讨广西的田州、思恩，此时阳明已经五十七岁。但阳明没有怨言，带病踏上征程，并顺利解决了困扰朝廷多年的问题。在征讨田州、思恩回程途中，阳明终于禁不住征途的困苦与病魔的肆虐，一病不起，辞世而去。

纵观阳明的一生，少小立下宏愿，执着坚持，努力不止，虽然仕途坎坷，学说被怀疑诽谤，但他一如既往，一往无前，不为任何外力所影响，终成一代圣贤，建立影响深远的心学体系。其建立的哲学体系成为中国哲学史上的转折点,其心学思想涵养着一代又一代民众的心灵。当今的我们应如阳明一样,尽早树立远大理想,确立正确的人生目标,并不断思考遇到的各种问题,勇于质疑,排除一切干扰,心无旁骛,为实现理想而努力,使自己的人生有价值、有意义。

(二)学习王阳明心系国家民众、不计个人得失的崇高精神

王阳明的一生可谓坎坷不平,由上文论述我们可知,他的仕途一波三折,且多次遭人嫉恨算计。被贬龙场途中的九死一生,三年龙场生活的种种磨难,巡抚南、赣、汀、漳时的千难万险,尤其是平定宁王朱宸濠之乱所遭遇的种种不公,还有平乱后被闲置六年之久,在没有得到应有的待遇时,又奉旨带病征讨荒远的广西田州、思恩,阳明经历的所有一切与其心学学说的发展、形成、圆满自洽相始终。可以说,每一次仕途上的挫折都是对阳明心学思想的一次实践检验,但是在个人受到不公正待遇时,遭人嫉恨算计时,阳明仍心系国家民众,不计个人得失,心灵澄澈,坦荡无私。青年在京城做官时,阳明以国事为己任而上疏后,被打板子投入监狱,以致被贬龙场,此时的阳明在教土著人盖房子的同时,思考圣人之事,终于豁然有悟,悟得"心即理";悟道后的阳明建书院,讲圣学,以其心学金针度人,以没有品级的小官吏做着利国利民的圣人之事。离开龙场任江西庐陵知县时,"以开导人心为本",使当地风清气正。巡抚南、赣、汀、漳时,阳明知行合一,平定盗贼与民变后,立即兴教化之事,纯正民风。平定宁王之乱充分体现了阳明的军事才能,平定叛乱仅历时四十二天;平定叛乱后阳明为了国泰民安绞尽脑汁,他不计个人得失,面对唆使胡闹皇帝南下而争功夺利的宦官与边将,阳明动之以情,晓之以理,陈以利害,告之得失,最终化

解了随时可能爆发的战争。纵观历朝历代的历史,平定叛乱皆为立下赫赫战功,论功行赏、高官厚禄被视为必然,而阳明在平定叛乱后得到了什么?是皇帝的忌恨、大臣的排挤,是闲置六年的时光!但阳明面对这一切不公正的待遇,不以为意,仍然广招门徒,教授心学,与学子共享圣学带来的快乐,使更多的人不忘初心,磨炼内心,净化心灵,以期早日实现自己的人生理想,为国家的发展、为民众生活的安定贡献一己之力。

阳明在坎坷的仕途经历中不断进行心灵的追问,时时磨炼自己的内心,处处以知行合一、致良知的理念要求自己,并且教授门徒,从而成就其心系国家民众、不计个人得失的崇高精神。这种精神正是当今社会每个人应该具备的,因此,我们每个人在实现自己理想的过程中皆要时时追问自己的灵魂,从国家、民众的角度思考问题,不斤斤计较个人得失,为社会的发展、国家的兴旺、民众的幸福做出自己应有的贡献。

(三) 从《传习录》中要读出对生命价值的思考

生命的价值是历代仁人士子思考的一个问题,有的人思考清楚了,知道活着就要尽力为社会做点有益的事情,尽可能实现人的个体价值。虽然一个人的力量渺小,但众多想为社会做点有益事情的人聚集起来,力量则巨大无比,这也是社会不断向前发展不可缺少的力量。王阳明的《传习录》告诉我们,一个人活在世上如何使自己的生命散发出璀璨的光芒。

王阳明指出"心者身之主宰",认为只要有知觉处便是心的作用,心主宰着我们的日常行为,决定着我们对客观世界的看法。人们一定要重视自己的本心,因为我们的一切思想行为皆是"心动"的结果。他又指出"至善是心之本体",他认为人人皆有良知,因此,人们要不忘初心。他还指出每个人彰显内心光明的德性到了极精无私欲的地步,即是至善,每个人只要不断磨炼自己的内心,反思自己的内心,每做一件事,要问问自己的良知是对是错,如此皆可以达到至善的境界。达到至善之境界,即可极大地发挥自己的主观能动性,而不至于没有节制地放飞自我,从而知道自己的一生应该如何度过才是最有意义的。

(四)从《传习录》中要读出深沉的忧患意识与社会责任感

学术研究往往与现实社会有密切的联系,更何况《传习录》是研究如何成圣的学问。阳明研究的结果是人人皆可为圣人,如果像阳明所言,人人修炼成圣人,达到至善境界,光明内心,德性张扬,社会将是一个和谐的社会,而阳明面对的社会现实并非如此。我们学习《传习录》时一定能够读出阳明的忧患意识。他想通过自己的努力,改变人心世道,改变当时的社会现实,并以此为己任。

阳明在《传习录》中谈到天下"不治"是因为人们争名夺利,巧取功名,乱人耳目,而"不复知有敦本尚实,反朴还淳之行",因此就需要著述者著书"有以启之"。并认为自己心学学说的提出是就"吃紧救弊而发",所以,阳明的心学学说针对性非常强。也正因如此,他面对明代中期的社会现实,表现出强烈的忧患意识。他看到自己所处的社会现实是人们的功利之心已经深入骨髓,以至于僭越其职,为了满足自己的一己之私而欲壑难填:

> 至于今……相矜以知,相轧以势,相争以利,相高以技能,相取以声誉。其出而仕也,理钱谷者则欲兼夫兵刑,典礼乐者又欲与于铨轴,处郡县则思藩臬之高,居台谏则望宰执之要。故不能其事,则不得以兼其官;不通其说,则不可以要其誉;记诵之广,适以长其敖也;知识之多,适以行其恶也;闻见之博,适以肆其辨也;辞章之富,适以饰其伪也。是以皋、夔、稷、契

所不能兼之事,而今之初学小生皆欲通其说,究其术。其称名僭号,未尝不曰"吾欲以共成天下之务",而其诚心实意之所在,以为不如是则无以济其私而满其欲也。①

阳明面对人心失落、圣学不兴的社会现实,不顾自己仕途的升迁,著书立说,广收门徒,四处讲学,呕心沥血,就是试图把人们已经放逸掉的良知之心找回来,使社会如尧、舜、禹时代一样美好。他以此为己任,坚信"天理之在人心,终有所不可泯,而良知之明,万古一日",并呼吁"豪杰之士"尽快行动起来,与自己一道,使社会变得更加和谐美好。阳明表现出的社会责任感值得当下我们每一个人学习。一个国家的长治久安、繁荣昌盛,需要每一个人的不懈努力,从我做起,从现在做起,尽可能使自己的人生有价值,为社会的发展发出自己的光和热。

(五)具体的学习方法

阳明心学是在继承儒家思想并在一定程度上吸收佛道思想的基础上形成的,书中运用了许多儒家经典以及佛道著作中的典故,也引用了经典著作尤其是儒家经典中的诸多原文;阳明学识渊博,博览群书,他在《传习录》中还对子部、史书以及集部的相关著作信手拈来,运用自如。因此,要想认真领会《传习录》的内涵以及阳明心学的意义,必须要做一些外围的阅读、铺垫工作,否则,虽然《传习录》用语通俗自然,但是学习起来仍然有一定的难度。首先,必须对儒家经典有一定程度的了解,这些经典主要包括《大学》《中庸》《论语》《孟子》《诗经》《尚书》《周易》《礼记》《左传》《孝经》等,还要对历代重要的儒学大家阐释其思想的论著,诸如邵雍的《皇极经世书》,周敦颐的《太极图说》《通书》,程颢、程颐的《二程集》,朱熹

---

① 《王阳明全集》卷二《传习录中》,第63页。

的《周易本义》《四书章句集注》《大学或问》《近思录》《延平答问》《朱子语类》，陆九渊的《象山先生全集》等相关内容，尤其是对二程、朱熹、陆九渊的哲学观点要有一定程度的了解。其次，阅读《老子》《庄子》等道家经典以及相关的佛家著作，并对《传习录》中涉及较多内容的史书如《史记》《汉书》《三国志》等相关内容有所知晓。再次，为了更透彻地理解阳明的心学思想，还要对阳明生活的明代中期社会现实有所了解，这是阳明心学形成的社会大背景，可以阅读《明史》中的相关章节以及《明儒学案》等著作。在此基础上，学习《传习录》就会容易得多，并能充分吸收其营养，以涵养自己的本心。

对《传习录》文本内在的接受与学习，需要注意以下几点。首先，《传习录》是一部用古文撰写的哲学著作，并且还引用了相当多的儒家经典内容，这些引用往往略去相关的背景知识，面对如此状况，在学习时就需要阅读比较全面的注译本，我们推荐的注译本是影响比较大的陈荣捷的《王阳明传习录详注集评》，这是目前学界公认较好的注本。陈先生对《传习录》进行小节划分，并把不同时期、不同国家研究者对《传习录》不同部分的评价作以辑录汇总，因此，阅读陈注本，不仅可以了解相关的典故注释，同时还可以了解不同研究者的批评，开阔阅读视野。另外，邓艾民的《传习录注疏》除了相关必要的注释之外，还将《传习录》的内容与王阳明的其他著作如论学书、诗文等联系起来，相互印证，并且注意阳明思想的前后发展，对了解阳明的思想很有帮助。近年出版的迟双明《传习录全鉴》对《传习录》进行全文翻译，通俗易懂，对一般文化程度的读者扫除阅读障碍很有帮助。其次，阅读一些有关研究《传习录》及阳明心学的著作及研究文章，以更加透彻地理解阳明的心学学说，更好地领悟阳明心学的理论价值。

六、《传习录》的校注说明

本注本以上海古籍出版社 2011 年版吴光、钱明、董平、姚延福编校的《王阳明全集》为底本,文字、标点等一般均依此本,此本与他本差异处,一般依此本,如标点有误、文字着实不通者,则依他本校改,但不作注释说明。其中小条目的划分依据华东师范大学出版社 2009 年版陈荣捷《王阳明传习录详注集评》。

《传习录》引用了诸多儒家经典中的典故,对这些典故的注释多引用相对完整的文本原文,若原文比较难懂者,或没有交代典故背景者,则简单地疏通文义,以便使读者更好地理解原作。

《传习录》影响比较大的注疏本有陈荣捷的《王阳明传习录详注集评》、邓艾民的《传习录注疏》。本文的校注借鉴了上述二书以及当今出版的各家注译本的成果,在此特致谢忱。

《传习录》简注

卷　　上
（《初刻传习录》）

徐　爱　引　言

先生于《大学》"格物"诸说①，悉以旧本为正②，盖先儒所谓误本者也③。爱始闻而骇④，既而疑，已而殚精竭思，参互错纵，以质于先生，然后知先生之说，若水之寒，若火之热，断断乎百世以俟圣人而不惑者也⑤。先生明睿天授，然和乐坦易，不事边幅。人见其少时豪迈不羁，又尝泛滥于词章，出入二氏之学⑥，骤闻是说，皆目以为立异好奇，漫不省究。不知先生居夷三载⑦，处困养静，精一之功⑧，固已超入圣域⑨，粹然大中至正之归矣⑩。

爱朝夕炙门下⑪，但见先生之道，即之若易，而仰之愈高；见之若粗，而探之愈精；就之若近，而造之愈益无穷。

十余年来⑫,竟未能窥其藩篱⑬。世之君子,或与先生仅交一面,或犹未闻其謦欬⑭,或先怀忽易愤激之心⑮,而遽欲于立谈之间,传闻之说,臆断悬度。如之何其可得也?从游之士,闻先生之教,往往得一而遗二。见其牝牡骊黄⑯,而弃其所谓千里者。故爱备录平日之所闻,私以示夫同志,相与考而正之,庶无负先生之教云。门人徐爱书。

[注释]①先生:即王守仁,字伯安,世称阳明先生。《大学》:儒家经典之一。原为《礼记》第四十二篇,相传为曾子所作。南宋朱熹(1130—1200)将其收入"四书"之中,与《论语》《孟子》《中庸》并列,又作《四书章句集注》,"四书"成为南宋以后儒家的基本纲领,亦是为国人熟知的古代经典,影响深远。②旧本:指《礼记》中的《大学》篇,程颐、朱熹以为旧本有误,朱熹重编为经一章,传十章,并详加注释,为《大学章句集注》,不仅改变了古本《大学》的内容顺序,还为"格物致知"做了"补传"。宋以后,儒者对"格物"之解释多有分歧,亦成为理学与心学的基本分野之一。至明代中期,王阳明发现朱熹的"格物致知"不能自圆其说,仍依古本《大学》教授弟子,并且提出自己的独到见解。③先儒:指程颢、程颐与朱熹。程颢(1032—1085):字伯淳,世称明道先生。洛阳(今属河南)人。程颐(1033—1107):字正叔,世称伊川先生。著有《易传》。与其兄程颢师于周敦颐,皆为理学之奠基人。朱熹(1130—1200),字元晦,一字仲晦,号晦庵,别号考亭、紫阳。徽州婺源(今属江西)人,侨居建阳(今属福建)。他继承和发展了二程学说,使理学成为一个完整的理论体系。朱熹所倡导的理学成为中国封建社会后期统治阶级的理论统治工具,对封建社会产生了巨大的影响。著有《周易本义》《诗集传》《四书章句集注》等,后人编纂其著作、语录为《朱子文集》《朱子语类》等。 ④爱:指徐爱(1487—1518),字曰仁,号横山,余姚(今属浙江)人。正德进士,官至南京工部郎中。为王阳明的第一位弟子,亦是其妹夫,被阳明称为"吾之颜渊"。遗憾的是徐爱英年早逝,卒时年仅三十一岁。 ⑤断断:绝对。百世以俟圣人而不惑:意

谓百代之后出现之圣人也不会有疑惑。徐爱引用此句以表达对阳明学说的高度赞誉。语出《中庸》第二十九章。　⑥二氏之学：指佛、老之学。　⑦居夷三载：正德元年(1506)，太监刘瑾当权，骄横贪婪，无恶不作。阁臣刘健、谢迁、李东阳上书请杀之，因此刘、谢被贬，李东阳上疏乞退。南京六科的给事中戴铣、蒋钦等联名上疏要求皇帝罢免刘瑾，亦因之下狱。王阳明上疏营救，下诏狱，并被廷杖四十，贬谪贵州龙场（今修文县）驿驿丞。正德三年(1508)春，阳明至龙场，至正德五年(1510)升任江西庐陵县知县，前后在贵州三年。龙场在贵州西北乱山丛中，环境恶劣，居民尚未开化，故以"夷"称。　⑧精一：精心，专一。《尚书·大禹谟》云："人心惟危，道心惟微；惟精惟一，允执厥中。"其意谓人心危险，道心微妙；领悟道心要精益求精，执守道心要专心致志，才能不偏不倚地执行中庸之道。王阳明认为"惟精"是"惟一"的功夫。　⑨圣域：圣贤之境界。　⑩大中至正之归：中庸中正之旨。　⑪炙：近。亲受教谓之"亲炙"。　⑫十余年：阳明赴龙场(1508)至徐爱辞世(1518)，前后十一年。　⑬藩篱：屏障。此处比喻造诣、境界。　⑭謦欬(qǐngkài)：咳嗽，此借指教诲。　⑮先怀忽易愤激之心：先入为主地怀有轻蔑愤激之情绪。　⑯牝牡(pìnmǔ)骊黄：《淮南子·道应训》载，秦穆公使伯乐求马，使者报说找到了一匹黄色的公马，而带来的却是一匹黑色的母马，穆公不悦。伯乐感叹说，世人只见其外而不见其内，见其粗而不见其精。结果此马被证实确为千里马。牝牡：雌雄。骊：纯黑色的马。

【1】爱问："'在亲民'①，朱子谓当作'新民'。后章'作新民'之文似亦有据②。先生以为宜从旧本作'亲民'，亦有所据否？"先生曰："'作新民'之'新'是自新之民，与'在新民'之'新'不同，此岂足为据？'作'字却与'亲'字相对，然非'亲'字义。下面'治国平天下'处，皆于'新'字无发明，如云'君子贤其贤而亲其亲，小人乐其乐而利其利'；'如保赤子'；'民之所好好之，民之所恶恶之，此之谓民之父母'之类③，皆是'亲'字意。'亲民'犹孟子'亲亲仁

民'之谓④,亲之即仁之也。百姓不亲,舜使契为司徒,敬敷五教⑤,所以亲之也。《尧典》'克明峻德'便是'明明德'。'以亲九族'至'平章''协和'⑥,便是'亲民',便是'明明德于天下'。又如孔子言'修己以安百姓'⑦,'修己'便是'明明德','安百姓'便是'亲民'。说'亲民'便是兼教养意,说'新民'便觉偏了。"

[注释]①在亲民:古本《大学》云:"大学之道,在明明德,在亲民,在止于至善。"其意谓大学之道就是要彰显一个人光明的德行,就是要亲近教养百姓,从而达到完美的道德境界。王阳明认为"亲民"意即亲近教养之意。程颐改正《大学》,认为"亲"当作"新"。朱熹《大学或问》云:"今亲民云者,以文义推之则无理。新民云者,以传文考之则有据。程子于此,其所以处之者亦已审矣。" ②后章'作新民'之文似亦有据:《大学》云:"汤之盘铭曰:'苟日新,日日新,又日新。'《康诰》曰:'作新民。'"其意谓商汤在洗手器皿上刻着一句铭文:"要在一天自新,就必须天天自新,不断自新。"《尚书·康诰》云:"要使大家成为自新之民。"这里的"新"为涤除污染,使之焕然一新,即除旧布新。《尚书·康诰》之原文为:"亦惟助王宅天命,作新民。"是期许康叔协助周王安顿天命,使殷之移民接受教化,成为周朝的新民。朱熹似以此证"亲"当作"新"。 ③"君子贤其贤"六句:《大学》云:"君子贤其贤而亲其亲,小人乐其乐而利其利。"其意谓君子尊敬他所应该尊敬的人,亲爱他所亲爱的人;小人尽情享受他所能有的快乐,并且获得他所想要的利益。此处君子是指位高而德贤者,小人是指一般民众。《大学》云:"《康诰》曰'如保赤子',心诚求之,虽不中,不远矣。"其意谓就像《尚书·康诰》中所说的那样,"就像爱护婴儿那样爱护百姓",真心诚意地去了解百姓的愿望,虽然没有完全切合百姓的需求,也不会离其要求太远。《大学》云:"《诗》云:'乐只君子,民之父母。'民之所好好之,民之所恶恶之,此之谓民之父母。""乐只君子,民之父母"出自《诗·小雅·南山有台》。其意谓快乐的君子就是百姓的父母。喜百姓所喜欢,恶百姓所厌恶,此谓之百姓父母。 ④亲亲仁民:其意谓君子亲爱自己的亲人,推而施仁德于百姓。《孟子·尽心上》云:"亲亲而仁民,仁民而爱物。"亲亲:亲

近亲人。仁:仁爱。 ⑤契:传说中商的始祖,帝喾之子。曾经帮助大禹治水有功,被舜帝任命为司徒,执掌教化。敷:布施。五教:指父义、母慈、兄友、弟恭与子孝五种伦理道德。 ⑥"克明峻德"二句:《尚书·尧典》云:"克明俊德,以亲九族。九族既睦,平章百姓。百姓昭明,协和万邦,黎民于变时雍。"明:发扬。俊:通"峻",高大。平章:辨别彰明。百姓:此指百官。其意谓能发扬美德,和睦家族;家族和睦后,又辨百官之善恶;而后再协调各诸侯国,于是,天下就和谐融洽了。 ⑦修己以安百姓:其意谓修养自己使百姓安乐。语出《论语·宪问》。

【2】爱问:"'知止而后有定',朱子以为'事事物物皆有定理'①,似与先生之说相戾②。"先生曰:"于事事物物上求至善,却是义外也③。至善是心之本体,只是'明明德'到'至精至一'处便是④。然亦未尝离却事物,本注所谓'尽夫天理之极,而无一毫人欲之私'者得之。"⑤

[注释]①知止而后有定:语出《大学》。事事物物皆有定理:即朱熹对"知止而后有定"的解释。朱熹《大学或问》云:"知止云者,物格知至,而于天下之事皆有以知其至善之所在,是则吾所当止之地也。能知所止,则方寸之间,事事物物皆有定理矣。"朱子认为,只有在事事物物上求得一定理,才能止于至善,故需要下格物致知的功夫。 ②相戾:相违背。戾:乖戾。 ③义外:《孟子·告子上》云:"告子曰:'食、色,性也。仁,内也,非外也,义,外也,非内也。'"其意谓饮食与情欲是人之本性。仁爱是由人的内心产生的,而非由心之外得来;义是由人心之外得来的,而非由心之内产生。孟子反对告子义在心外的观点,认为仁与义皆在人之心中。王阳明认为朱熹"于事事物物上求至善"与告子观点一样。 ④至精至一:即"惟精惟一"。 ⑤本注:即朱熹《大学章句》第一章注云:"明明德、新民,皆当止于至善之地而不迁。盖必其有以尽夫天理之极,而无一毫人欲之私也。"

【3】爱问:"至善只求诸心,恐于天下事理有不能尽。"

先生曰:"心即理也①。天下又有心外之事,心外之理乎?"爱曰:"如事父之孝,事君之忠,交友之信,治民之仁,其间有许多理在,恐亦不可不察。"先生叹曰:"此说之蔽久矣,岂一语所能悟?今姑就所问者言之:且如事父,不成去父上求个孝的理?事君,不成去君上求个忠的理?交友治民,不成去友上、民上求个信与仁的理?都只在此心。心即理也。此心无私欲之蔽,即是天理,不须外面添一分。以此纯乎天理之心,发之事父便是孝,发之事君便是忠,发之交友治民便是信与仁。只在此心去人欲、存天理上用功便是。"爱曰:"闻先生如此说,爱已觉有省悟处。但旧说缠于胸中,尚有未脱然者。如事父一事,其间温凊定省之类②,有许多节目,不亦须讲求否?"先生曰:"如何不讲求?只是有个头脑③,只是就此心去人欲、存天理上讲求。就如讲求冬温,也只是要尽此心之孝,恐怕有一毫人欲间杂;讲求夏凊,也只是要尽此心之孝,恐怕有一毫人欲间杂;只是讲求得此心。此心若无人欲,纯是天理,是个诚于孝亲的心,冬时自然思量父母的寒,便自要去求个温的道理;夏时自然思量父母的热,便自要去求个凊的道理。这都是那诚孝的心发出来的条件。却是须有这诚孝的心,然后有这条件发出来。譬之树木,这诚孝的心便是根,许多条件便是枝叶,须先有根,然后有枝叶,不是先寻了枝叶,然后去种根。《礼记》言:'孝子之有深爱者,必有和气;有和气者,必有愉色;有愉色者,必有婉容。'④须是有个深爱做根,便自然如此。"

[注释]①心即理也:"心即理"为王阳明主要哲学观点之一。他认为心

的本体就是天理,理的主宰就是心,"此心无私欲之蔽,即是天理",而反对朱熹"析心与理而为二""外心以求理"的"心理"说。　②温凊(qìng)定省:"温"是指冬天不使父母受寒,"凊"是指夏天使父母凉快,"定"是指夜里使父母睡觉安稳,"省"是指早上向父母问安。《礼记·曲礼上》云:"凡为人子之礼,冬温而夏凊,昏定而晨省,在丑夷不争。"丑夷:古代指年辈相同、学行相当之人。③有个头脑:指要分清主次。头脑:头绪,道理。　④"孝子之有深爱者"六句:语出《礼记·祭义》。婉容:和顺的容颜。

【4】郑朝朔问①:"至善亦须有从事物上求者?"先生曰:"至善只是此心纯乎天理之极便是。更于事物上怎生求?且试说几件看。"朝朔曰:"且如事亲,如何而为温凊之节,如何而为奉养之宜②,须求个是当,方是至善。所以有学问思辩之功。"③先生曰:"若只是温凊之节、奉养之宜,可一日二日讲之而尽,用得甚学问思辩?惟于温凊时,也只要此心纯乎天理之极;奉养时,也只要此心纯乎天理之极。此则非有学问思辩之功,将不免于毫厘千里之谬④,所以虽在圣人,犹加'精一'之训。若只是那些仪节求得是当,便谓至善,即如今扮戏子,扮得许多温凊奉养的仪节是当,亦可谓之至善矣。"爱于是日又有省。

[注释]①郑朝朔:即阳明弟子郑一初,字朝朔,广东揭阳人,弘治十八年(1505)进士。王阳明正德六年(1511)任吏部员外郎时,郑朝朔任御史,曾向阳明问学。　②如何而为奉养之宜:朱熹在《大学或问》中引用程颐之言:"如欲为孝,则当知所以为孝之道,如何而为奉养之宜,如何而为温凊之节。莫不穷究,然后能之。非独守夫孝之一字而可得也。"　③思辩:思考,分辨。辩,通"辨"。《中庸》第二十章云:"博学之,审问之,慎思之,明辨之,笃行之。"其意谓要广泛学习,仔细请教,谨慎思考,清楚分辨,切实实践。　④毫厘千里之谬:指相差极小,而造成的错误却极大。《礼记·经解》云:"《易》曰:'君子

慎始,差若毫厘,缪以千里。'"缪:通"谬",错误。

【5】爱因未会先生"知行合一"之训①,与宗贤、惟贤往复辩论未能决②,以问于先生。先生曰:"试举看。"爱曰:"如今人尽有知得父当孝、兄当弟者③,却不能孝、不能弟,便是知与行分明是两件。"先生曰:"此已被私欲隔断,不是知行的本体了。未有知而不行者。知而不行,只是未知。圣贤教人知行,正是要复那本体,不是着你只恁的便罢④。故《大学》指个真知行与人看,说'如好好色,如恶恶臭,'⑤。见好色属知,好好色属行。只见那好色时已自好了。不是见了后又立个心去好。闻恶臭属知,恶恶臭属行。只闻那恶臭时已自恶了,不是闻了后别立个心去恶。如鼻塞人虽见恶臭在前,鼻中不曾闻得,便亦不甚恶,亦只是不曾知臭。就如称某人知孝、某人知弟,必是其人已曾行孝行弟,方可称他知孝知弟,不成只是晓得说些孝弟的话,便可称为知孝弟? 又如知痛,必已自痛了方知痛;知寒,必已自寒了;知饥,必已自饥了:知行如何分得开? 此便是知行的本体,不曾有私意隔断的。圣人教人,必要是如此,方可谓之知。不然,只是不曾知。此却是何等紧切着实的工夫! 如今苦苦定要说知行做两个,是甚么意? 某要说做一个是甚么意? 若不知立言宗旨,只管说一个两个,亦有甚用?"爱曰:"古人说知行做两个,亦是要人见个分晓,一行做知的功夫,一行做行的功夫,即功夫始有下落。"先生曰:"此却失了古人宗旨也。某尝说知是行的主意,行是知的功夫;知是行之始,行是知之成。若会得

时,只说一个知,已自有行在;只说一个行,已自有知在。古人所以既说一个知又说一个行者,只为世间有一种人,懵懵懂懂的任意去做,全不解思惟省察,也只是个冥行妄作,所以必说个知,方才行得是。又有一种人,茫茫荡荡悬空去思索,全不肯着实躬行,也只是个揣摸影响,所以必说一个行,方才知得真。此是古人不得已补偏救弊的说话,若见得这个意时,即一言而足。今人却就将知行分作两件去做,以为必先知了然后能行。我如今且去讲习讨论做知的工夫,待知得真了方去做行的工夫,故遂终身不行,亦遂终身不知。此不是小病痛,其来已非一日矣。某今说个知行合一,正是对病的药。又不是某凿空杜撰,知行本体原是如此。今若知得宗旨时,即说两个亦不妨,亦只是一个。若不会宗旨,便说一个,亦济得甚事?只是闲说话。"

[注释]①知行合一:阳明心学的哲学命题之一。王阳明于武宗正德三年(1508)在贵阳文明书院讲学时,首次提出知行合一学说。 ②宗贤、惟贤:宗贤:即黄绾(1480—1554),字宗贤,号久庵,浙江黄岩人,官至礼部尚书。正德五年(1510)在京师与王阳明、湛若水成为挚友。阳明归越,黄绾过之,闻致良知之教,并且说:"简易直截,圣学无疑。先生真吾师也,尚可自处于友乎?"乃称王门弟子。阳明既殁,桂萼齮龁之。黄绾上疏言:"昔议大礼,臣与萼合,臣遂直友以忠君。今萼毁臣师,臣不敢阿友以背师。"又以女妻阳明之子正亿,携之金陵,销其外侮。(《明儒学案》卷十三)惟贤:即阳明弟子顾应祥(1483—1565),字惟贤,号箬溪,浙江长兴人。弘治十八年(1505)进士,官至南京刑部尚书。顾应祥少受业于王阳明,阳明死后,作《传习录疑》,不同意王阳明知行合一学说。 ③弟:通"悌",敬爱兄长。 ④恁(nèn):如此。 ⑤如好好色,如恶恶臭:《大学》云:"所谓诚其意者,毋自欺也。如恶恶臭,如好

好色,此之谓自谦,故君子必慎其独也。"谦:通"慊",满足。其意谓所谓真诚面对自己的意念,就是指不欺骗自己。就像讨厌难闻的味道、喜欢美丽的色彩一样,这叫作使自己满意,因此,君子一定要在自己独处时特别谨慎。

【6】爱问:"昨闻先生'止至善'①之教,已觉功夫有用力处。但与朱子'格物'之训②,思之终不能合。"先生曰:"格物是止至善之功,既知至善,即知格物矣。"

爱曰:"昨以先生之教推之格物之说,似亦见得大略。但朱子之训,其于《书》之'精一',《论语》之'博约'③,《孟子》之'尽心知性'④,皆有所证据,以是未能释然。"先生曰:"子夏笃信圣人,曾子反求诸己⑤。笃信固亦是,然不如反求之切。今既不得于心,安可狃于旧闻⑥,不求是当?就如朱子,亦尊信程子,至其不得于心处,亦何尝苟从?'精一''博约''尽心',本自与吾说吻合,但未之思耳。朱子格物之训,未免牵合附会,非其本旨。精是一之功,博是约之功。曰仁既明知行合一之说⑦,此可一言而喻。尽心、知性、知天,是生知安行事;存心、养性、事天,是学知利行事;'夭寿不贰,修身以俟',是困知勉行事⑧。朱子错训'格物',只为倒看了此意,以'尽心知性'为'物格知至',要初学便去做生知安行事,如何做得?"

爱问:"'尽心知性',何以为'生知安行'?"先生曰:"性是心之体,天是性之原,尽心即是尽性。'惟天下至诚为能尽其性,知天地之化育'⑨,存心者,心有未尽也⑩。知天,如知州、知县之知,是自己分上事,已与天为一;事天,如子之事父,臣之事君,须是恭敬奉承,然后能无失,尚与天为二,此便是圣贤之别。至于'夭寿不贰'其心,乃是教学者一心为善,不可以穷通夭寿之故便把为善的心变动了,只去修身以俟命。见得穷通寿夭有个命在,我亦不必以此动心。'事天'虽与天为二,已自见得个天在面前;'俟命'便是未曾见面,在此等候相似:此便是初学立心之始,有个困勉的意在。今却倒做了,所以使学者无下手处。"爱曰:"昨闻先生之教,亦影影见得功夫须是如此。今闻此说,益无可疑。爱昨晓思'格物'的'物'字即是'事'字,皆从心上说。"先生曰:"然。身之主宰便是心,心之所发便是意,意之本体便是知,意之所在便是物。如意在于事亲,即事亲便是一物;意在于事君,即事君便是一物;意在于仁民爱物,即仁民爱物便是一物;意在于视听言动,即视听言动便是一物。所以某说无心外之理,无心外之物。《中庸》言'不诚无物'⑪,《大学》'明明德'之功,只是个诚意。诚意之功,只是个格物。"

[注释]①止至善:使本体达到和处于理想的道德境界。《大学》云:"大学之道,在明明德,在亲民,在止于至善。"王阳明认为:"至善者性也,性元无一毫之恶,故曰'至善'。止之,是复其本然而已。"(《传习录》卷上第91条)②朱子"格物"之训:朱熹《大学章句》第五章传文云:"盖释格物、致知之义,而今亡矣。闲尝窃取程子之意以补之曰:'所谓致知在格物者,言欲致吾之知,在即物而穷其理也。盖人心之灵莫不有知,而天下之物莫不有理,惟于理有未穷,故其知有不尽也。是以《大学》始教,必使学者即凡天下之物,莫不因其已知之理而益穷之,以求至乎其极。至于用力之久,而一旦豁然贯通焉,则众物之表里精粗无不到,而吾心之全体大用无不明矣。此谓物格,此谓知之至也。'"朱熹认为格物表现在两个方面:一方面为"致吾之知";另一方面在"穷物之理",即析心与理为二。 ③博约:《论语·雍也》云:"君子博学于文,约

之以礼。"其意谓君子广博地学习知识,并且以礼来约束自己的言行举止,使之合乎规矩。　④尽心知性:《孟子·尽心上》云:"尽其心者,知其性也;知其性,则知天矣。"其意谓把善良的本心尽量发挥,这就是懂得了人的本性;懂得了人的本性,就懂得天命了。　⑤子夏笃信圣人,曾子反求诸己:朱熹《孟子集注·公孙丑章句上》云:"子夏笃信圣人,曾子反求诸己。"因为《论语》所载子夏言论多反映孔子思想,故谓之"笃信圣人"。曾子尝云:"吾日三省吾身。"故谓之"反求诸己"。子夏:姓卜,名商,字子夏,春秋时晋国人,孔子弟子。曾子:即孔子弟子曾参,字子舆,春秋时鲁国人。相传为《大学》的作者。　⑥狃(niǔ):因袭,拘泥。　⑦曰仁:徐爱字曰仁。　⑧"尽心、知性、知天"六句:此六句论述了涵养心性所达到的三种道德境界以及什么样的人能够达到此种境界。《孟子·尽心上》云:"尽其心者,知其性也。知其性,则知天矣。存其心,养其性,所以事天也。夭寿不贰,修身以俟之,所以立命也。"这里涉及涵养心性所达到的三种道德境界:第一种是尽心、知性、知天,即尽量发挥善良的本心以懂得天道。王阳明认为这种境界是"生知安行"的人能够达到的。第二种是存心、养性、事天,即保持本心,涵养本性,顺应天道。王阳明认为这种境界是"学知利行"的人能够达到的。第三种是短命抑或长寿,都不三心二意,涵养身心以待天命的安排。王阳明认为这种境界是"困知勉行"的人能够达到的。《中庸》第二十章云:"或生而知之,或学而知之,或困而知之,及其知之,一也。或安而行之,或利而行之,或勉强而行之,及其成功,一也。"其意谓有些人生来就知道这些(即上文所讲的君臣、父子、夫妇、兄弟、朋友五种关系,明智、仁德、勇敢三种方法),有些人通过学习知道这些,有些人经历困苦才知道这些,等到所有人都知道了这些,大家所知的都是一样的。有些人顺其自然而实践之,有些人知道有利而实践之,有些人受到勉励而实践之,等到所有人都实践了这些,大家所成就的都是一样的。　⑨"惟天下至诚"二句:《中庸》第二十二章云:"唯天下至诚,为能尽其性。"其意谓只有真诚到极点的人,才能充分实现其本性的要求。　⑩存心者,心有未尽也:指心尚未尽而有待于存,已"尽心"则不用存了。即"存心者",就是没有"尽心"。　⑪不诚无物:《中庸》第二十五章云:"诚者,物之终始;不诚无物。"其意谓万物不被打扰或摧残而处于真诚状态,它就会按照自然规律有始有终地生长;否则,则无一

【7】先生又曰:"'格物'如《孟子》'大人格君心'之'格',①是去其心之不正,以全其本体之正。但意念所在,即要去其不正以全其正,即无时无处不是存天理,即是穷理。天理即是'明德','穷理'即是'明明德'。"

[注释]①大人格君心:《孟子·离娄上》云:"惟大人为能格君心之非。"其意谓只有大人才能够纠正君主的不正确思想。格:纠正。朱熹把"格物"理解为研究外物的意义,王阳明则把"格"理解为"正",即"正心",纠正人心之非。

【8】又曰:"知是心之本体。心自然会知:见父自然知孝,见兄自然知弟,见孺子入井自然知恻隐①,此便是良知②,不假外求。若良知之发,更无私意障碍,即所谓'充其恻隐之心,而仁不可胜用矣'③。然在常人不能无私意障碍,所以须用致知格物之功。胜私复理,即心之良知更无障碍,得以充塞流行,便是致其知。知致则意诚。"

[注释]①见孺子入井自然知恻隐:《孟子·公孙丑上》云:"今人乍见孺子将入于井,皆有怵惕恻隐之心。"怵惕:恐惧警惕。恻隐:同情怜悯。 ②良知:指先天所具有的道德意识。《孟子·尽心上》云:"人之所不学而能者,其良能也;所不虑而知者,其良知也。" ③"充其恻隐之心"二句:《孟子·尽心上》云:"人能充无欲害人之心,而仁不可胜用也。"充塞:充满。胜用:用尽,用完。此句意谓一个人如果能够不断扩充自己不想害人之心,仁就会用之不尽。

【9】爱问:"先生以'博文'为'约礼'功夫,深思之未能

得,略请开示①。"先生曰:"'礼'字即是'理'字。'理'之发见可见者谓之'文'②;'文'之隐微不可见者谓之'理'③:只是一物。'约礼'只是要此心纯是一个天理。要此心纯是天理,须就'理'之发见处用功。如发见于事亲时,就在事亲上学存此天理;发见于事君时,就在事君上学存此天理;发见于处富贵贫贱时,就在处富贵贫贱上学存此天理;发见于处患难、夷狄时,就在处患难、夷狄上学存此天理④:至于作止语默,无处不然,随他发见处,即就那上面学个存天理。这便是'博学之于文',便是'约礼'的功夫。'博文'即是'惟精','约礼'即是'惟一'。"

[注释]①开示:开导启示。 ②发见:表现。 ③隐微:隐藏。 ④"发见于处患难、夷狄时"二句:《中庸》第十四章云:"君子素其位而行,不愿乎其外。素富贵,行乎富贵;素贫贱,行乎贫贱;素夷狄,行乎夷狄;素患难,行乎患难:君子无入而不自得焉。"其意谓君子安于现在所处的地位行事,不贪慕所处地位以外的事情。处于富贵的地位,就行富贵人所行之事……处于边远地区,就行边远地区所行之事;处于患难之中,就行患难之中所行之事。若此,君子则无论处于何种情况皆能安然自得。素:指安于现在所处的地位。

【10】爱问:"'道心常为一身之主,而人心每听命'①。以先生'精一'之训推之,此语似有弊。"先生曰:"然。心一也,未杂于人谓之道心,杂以人伪谓之人心。人心之得其正者即道心,道心之失其正者即人心,初非有二心也。程子谓'人心即人欲,道心即天理'②,语若分析而意实得之③。今曰'道心为主,而人心听命',是二心也。天理、人欲不并立④,安有天理为主,人欲又从而听命者?"

[注释]①"道心常为一身之主"二句:朱熹《中庸章句序》云:"必使道心常为一身之主,而人心每听命焉。"道心:指合乎封建道德规范之心。人心:指充满私欲之心。　②人心即人欲,道心即天理:《二程遗书》卷十九云:"人心,私欲也;道心,正心也。"　③语若分析:此话把道心与人心区分开来了。分析:分离,区分。　④天理、人欲不并立:《礼记·乐记》云:"夫物之感人无穷,而人之好恶无节,则是物至而人化物也。人化物也者,灭天理而穷人欲者也。"其意谓外界事物在时刻对人产生影响,并且人会作出相应的反应,而人如果对自己的反应不加限制,那么外界事物就会把人完全征服了。人若被外界事物完全征服,就会丧失天性,放纵人欲。天理:指纲常伦理,包括仁、义、礼、智、信。人欲:指人的嗜好、欲望。

【11】爱问文中子①、韩退之②。先生曰:"退之,文人之雄耳。文中子,贤儒也。后人徒以文词之故,推尊退之,其实退之去文中子远甚。"爱问:"何以有拟经之失③?"先生曰:"拟经恐未可尽非。且说后世儒者著述之意,与拟经如何?"爱曰:"世儒著述,近名之意不无④,然期以明道。拟经纯若为名。"先生曰:"著述以明道,亦何所效法?"曰:"孔子删述'六经'⑤,以明道也。"先生曰:"然则拟经独非效法孔子乎?"爱曰:"著述,即于道有所发明。拟经,似徒拟其迹,恐于道无补。"先生曰:"子以明道者使其反朴还淳而见诸行事之实乎?抑将美其言辞而徒以诳诳于世也⑥?天下之大乱,由虚文胜而实行衰也⑦。使道明于天下,则'六经'不必述。删述'六经',孔子不得已也。自伏羲画卦,至于文王、周公⑧,其间言《易》如《连山》《归藏》之属⑨,纷纷籍籍,不知其几,《易》道大乱。孔子以天下好文之风日盛⑩,知其说之将无纪极⑪,于是取文王、周

公之说而赞之⑫,以为惟此为得其宗。于是纷纷之说尽废,而天下之言《易》者始一。《书》《诗》《礼》《乐》《春秋》皆然。《书》自《典》《谟》以后⑬,《诗》自'二南'以降⑭,如《九丘》《八索》⑮,一切淫哇逸荡之词,盖不知其几千百篇;《礼》《乐》之名物度数⑯,至是亦不可胜穷。孔子皆删削而述正之,然后其说始废。如《书》《诗》《礼》《乐》中,孔子何尝加一语?今之《礼记》诸说,皆后儒附会而成,已非孔子之旧。至于《春秋》,虽称孔子作之,其实皆鲁史旧文。所谓'笔'者,笔其旧;所谓'削'者,削其繁:是有减无增⑰。孔子述'六经',惧繁文之乱天下,惟简之而不得,使天下务去其文⑱,以求其实⑲,非以文教之也。《春秋》以后,繁文益盛,天下益乱。始皇焚书得罪⑳,是出于私意,又不合焚'六经'。若当时志在明道,其诸反经叛理之说,悉取而焚之,亦正暗合删述之意。自秦、汉以降,文又日盛。若欲尽去之,断不能去;只宜取法孔子,录其近是者而表章之㉑,则其诸怪悖之说,亦宜渐渐自废。不知文中子当时拟经之意如何?某切深有取于其事㉒,以为圣人复起,不能易也。天下所以不治,只因文盛实衰,人出己见,新奇相高,以眩俗取誉㉓,徒以乱天下之聪明,涂天下之耳目,使天下靡然争务修饰文词,以求知于世㉔,而不复知有敦本尚实、反朴还淳之行,是皆著述者有以启之。"

爱曰:"著述亦有不可缺者,如《春秋》一经,若无《左传》,恐亦难晓。"

先生曰:"《春秋》必待《传》而后明,是歇后谜语矣。圣人何苦为此艰深隐晦之词?《左传》多是鲁史旧文,若《春秋》须此而后明,孔子何必削之㉕?"

爱曰:"伊川亦云:'传是案,经是断。'㉖如书弑某君,伐某国,若不明其事,恐亦难断。"

先生曰:"伊川此言,恐亦是相沿世儒之说,未得圣人作经之意。如书'弑君',即弑君便是罪,何必更问其弑君之详?征伐当自天子出,书'伐国',即伐国便是罪,何必更问其伐国之详?圣人述'六经',只是要正人心,只是要存天理、去人欲,于存天理、去人欲之事,则尝言之;或因人请问,各随分量而说,亦不肯多道,恐人专求之言语,故曰'予欲无言'㉗。若是一切纵人欲、灭天理的事,又安肯详以示人?是长乱导奸也。故孟子云:'仲尼之门,无道桓、文之事者,是以后世无传焉。'㉘此便是孔门家法。世儒只讲得一个伯者的学问㉙,所以要知得许多阴谋诡计,纯是一片功利的心,与圣人作经的意思正相反,如何思量得通?"因叹曰:"此非达天德者,未易与言此也!"㉚

又曰:"孔子云:'吾犹及史之阙文也。'㉛孟子云:'尽信《书》不如无《书》。吾于《武成》取二三策而已。'㉜孔子删《书》,于唐、虞、夏四五百年间,不过数篇,岂更无一事?而所述止此,圣人之意可知矣。圣人只是要删去繁文,后儒却只要添上。"爱曰:"圣人作经,只是要去人欲、存天理。如五伯以下事㉝,圣人不欲详以示人,则诚然矣。至如尧、舜以前事,如何略不少见?"先生曰:"羲、黄之世㉞,其事阔疏㉟,传之者鲜矣。此亦可以想见。其时全是淳庞朴素、略无文采的气象。此便是太古之治,非后世可及。"

爱曰:"如《三坟》之类㊱,亦有传者,孔子何以删之?"先生曰:"纵有传者,亦于世变渐非所宜。风气益开,文采日胜,至于周末,虽欲变以夏、商之俗,已不可挽,况唐、虞乎?又况羲、黄之世乎?然其治不同,其道则一。孔子于尧、舜则祖述之,于文、武则宪章之。文、武之法,即是尧、舜之道。但因时致治,其设施政令已自不同。即夏、商事业,施之于周已有不合。故周公思兼三王㊲,其有不合,仰而思之,夜以继日。况太古之治,岂复能行?斯固圣人之所可略也。"又曰:"专事无为,不能如三王之因时致治,而必欲行以太古之俗,即是佛、老的学术。因时致治,不能如三王之一本于道㊳,而以功利之心行之,即是伯者以下事业。后世儒者许多讲来讲去,只是讲得个伯术。"

[注释]①文中子:即隋朝哲学家王通(584—617),字仲淹,门人私谥曰"文中子",绛州龙门(今山西河津)人。居河、汾之间,授徒讲学,弟子众多,时称"河汾门下"。主张儒、释、道三教合一,而以儒学为主。著有《中说》,亦称《文中子》。仿孔子作"六经",已散佚。 ②韩退之:即唐代文学家韩愈(768—824),字退之,河南河阳(今河南孟州)人。官至吏部侍郎,卒谥文,世称韩文公。为唐宋八大家之一,文学地位很高。尊奉儒学,反对佛、道,强调儒家思想为正统思想。著有《昌黎先生集》。 ③拟经:仿造经书。此指王通仿"六经"而作经文之事。 ④近名之意:邀名之意。 ⑤删述"六经":"六经"即指儒家六种经典《诗经》《尚书》《礼记》《易经》《乐经》《春秋》的合称。《史记》载有孔子删《诗》之事,而《论语》中孔子自称"述而不作"。 ⑥诮诮(náo):争辩。 ⑦虚文:仅仅言辞华美之文。 ⑧伏羲画卦:传说伏羲画八卦,周文王叠八卦而成六十四卦,并于每卦作卦辞。伏羲:中国古代神话中人类的始祖。文王:即周文王,姬姓,名昌,商纣王时为周族的首领。周公:姬姓,名旦,周文王之子,周武王之弟。他曾助武王灭掉商朝,武王死后,其子成王年幼,由他摄政。相传他制礼作乐,完成了宗法制、分封制、嫡长子继承制等典章制度,为周族八百年的统治奠定了坚实的基础。 ⑨《连山》:相传为

夏朝之《易》。《归藏》：相传为商朝之《易》。后皆失传。《周礼·春官·宗伯》云："太卜掌三易之法，一曰《连山》，二曰《归藏》，三曰《周易》。其经卦皆八，其别皆六十有四。"　⑩好文之风：喜好文饰的风气。　⑪无纪极：庞杂无边。⑫赞：倡导。　⑬《典》《谟》：指《尚书》中《尧典》《舜典》《大禹谟》《皋陶谟》《益稷谟》，被称为"二典三谟"。　⑭二南：指《诗经》中的《周南》《召南》。　⑮《九丘》《八索》：相传为古书名。《左传·昭公十二年》云："楚左史倚相能读《三坟》《五典》《八索》《九丘》。"　⑯名物度数：器物与制度。　⑰"所谓'笔'者"四句：司马迁《史记·孔子世家》有云："(孔子)为《春秋》，笔则笔，削则削，子夏之徒不能赞一辞。"意谓孔子撰《春秋》写出当写者，删去当删者，其高足如子夏之辈也不能改动一字。赞：佐助，引申为改动。　⑱务去其文：去掉华丽的文饰。　⑲以求其实：追求文章的实质内容。　⑳始皇焚书：指公元前213年秦始皇接受李斯提议，下令焚书一事。见《史记·秦始皇本纪》。　㉑录其近是者而表章之：此句意谓对那些与"六经"蕴含之理相近的阐释加以宣传表彰。　㉒有取于其事：他的做法有可取之处。　㉓眩俗取誉：迷惑世俗，巧取功名。　㉔求知于世：追求在社会上出名。　㉕何必削之：何必把鲁史删改成《春秋》？　㉖传是案，经是断：其意谓《左传》所载就如个案，而《春秋》则是对个案的判断。语出《二程遗书》卷十五。　㉗予欲无言：意谓我想不说话。语出《论语·阳货》。　㉘"仲尼之门"三句：《孟子·梁惠王上》云："仲尼之徒无道桓、文之事者，是以后世无传焉，臣未之闻也。"桓：齐桓公。文：晋文公。二人皆春秋霸主。他们推行霸道，不符合儒家的王道政治。　㉙伯：古通"霸"，下同。此指称霸。　㉚此非达天德者，未易与言此也：此语出自《中庸》第三十二章："苟不固聪明圣知达天德者，其孰能知之？"其意谓如果不是真正聪明智慧而又能充分领悟自然界造化之功的人，有谁能明白这个道理呢？天德：指自然界的造化之功。　㉛吾犹及史之阙文也：《论语·卫灵公》云："子曰：'吾犹及史之阙文也。有马者借人乘之，今亡矣夫。'"孔子认为"史之阙文"犹如"有马者借人乘之"，能为人提供方便一样，古之良史对于书中有疑问的地方"阙之"而不是随意穿凿，不失为存史的一种好办法。　㉜"尽信《书》"二句：《孟子·尽心下》云："尽信《书》，不如无《书》。吾于《武成》取二三策而已矣。"《书》：指《尚书》。《武成》：《尚书》中之名篇。　㉝五伯：即齐桓公、晋文公、秦穆公、楚庄王、宋襄公春秋五霸。 ㉞羲、黄:即伏羲、黄帝。 ㉟阔疏:稀少。 ㊱《三坟》:传说古书名。 ㊲思兼三王:想并采夏、商、周的举措。 ㊳一本于道:以道为本。

【12】又曰:"唐、虞以上之治,后世不可复也,略之可也;三代以下之治,后世不可法也,削之可也;惟三代之治可行①。然而世之论三代者,不明其本②,而徒事其末,则亦不可复矣!"

[注释]①三代之治:夏、商、周所治理的太平之世。 ②其本:夏、商、周治理天下的根本。

【13】爱曰:"先儒论'六经',以《春秋》为史。史专记事,恐与'五经'事体终或稍异。"先生曰:"以事言谓之史,以道言谓之经。事即道,道即事。《春秋》亦经,'五经'亦史①。《易》是包牺氏之史②,《书》是尧、舜以下史,《礼》《乐》是三代史。其事同,其道同,安有所谓异?"

[注释]①"五经"亦史:此为王阳明的主要观点之一。朱熹在《朱子大全·建宁府建阳县藏书记》指出:"古之圣人,作为'六经',以教后世。《易》以通幽明之故,《书》以记政事之实,《诗》以导性情之正,《春秋》以示法戒之严,《礼》以正行,《乐》以和心。其于义理之精微,古今之得失,所以该贯发挥,究竟穷极,可谓盛矣。"显然,王阳明与朱熹的观点不同。 ②包牺:即伏羲。神话传说认为伏羲氏教民佃渔畜牧、养殖牺牲以备庖厨,故有此称。

【14】又曰:"'五经'亦只是史①。史以明善恶,示训戒。善可为训者,时存其迹以示法;恶可为戒者,存其戒而削其事以杜奸。"爱曰:"存其迹以示法,亦是存天理之

本然;削其事以杜奸,亦是遏人欲于将萌否?"先生曰:"圣人作经,固无非是此意,然又不必泥着文句②。"爱又问:"恶可为戒者,存其戒而削其事以杜奸,何独于《诗》而不删郑、卫③?先儒谓'恶者可以惩创人之逸志'④,然否?"先生曰:"《诗》非孔门之旧本矣。孔子云:'放郑声,郑声淫。'⑤又曰:'恶郑声之乱雅乐也。⑥郑、卫之音,亡国之音也。'⑦,此是孔门家法。孔子所定三百篇,皆所谓雅乐,皆可奏之郊庙,奏之乡党,皆所以宣畅和平,涵泳德性,移风易俗,安得有此?是长淫导奸矣。此必秦火之后,世儒附会,以足三百篇之数。盖淫泆之词,世俗多所喜传,如今闾巷皆然。'恶者可以惩创人之逸志',是求其说而不得,从而为之辞。"

[注释]①五经:即《诗》《书》《礼》《易》《春秋》,"六经"中的《乐》已散佚,故称。 ②泥着:拘泥执着。 ③郑、卫:《诗经》中的《郑风》与《卫风》。 ④恶者可以惩创人之逸志:朱熹《论语集注·为政》云:"凡《诗》之言,善者可以感发人之善心,恶者可以惩创人之逸志,其用归于使人得其情性之正而已。"先儒:此指朱熹。 ⑤放郑声,郑声淫:《论语·卫灵公》云:"放郑声,远佞人。郑声淫,佞人殆。"其意谓舍弃郑国的乐曲,斥退小人。郑国的乐曲淫靡,小人危险。 ⑥恶(wù)郑声之乱雅乐也:语出《论语·阳货》。意谓憎恶郑国的乐曲破坏了典雅的乐曲。恶:厌恶,憎恶。郑声:郑国的乐曲。雅乐:典雅的乐曲。 ⑦郑、卫之音,亡国之音也:语出《礼记·乐记》。

(徐爱跋)爱因旧说汩没①,始闻先生之教,实是骇愕不定,无入头处②。其后闻之既久,渐知反身实践,然后始信先生之学为孔门嫡传,舍是皆傍蹊小径、断港绝河矣!如说格物是诚意的工夫,明善是诚身的工夫,穷理是尽性的工夫,道问学是尊德性的工夫,博文是约礼的工夫,惟精是惟一的工夫;诸如此类,始皆落落难合③,其后思之既久,不觉手舞足蹈④。

右曰仁所录⑤。

[**注释**]①旧说汩没:沉迷于旧说。旧说:指程朱理学。 ②无入头处:理不出头绪。 ③落落难合:孤立而难以贯通。 ④此自序载《年谱》正德七年(1512)十二月。南大吉本此序后有跋云:"曰仁所记,凡三卷。侃近得此数条,并两小序。其余俟求其家附录之。正德戊寅(1518)春,薛侃识。"黄宗羲《明儒学案》曰:"阳明自龙场以后,其教再变。南中之时,大率以收敛为主,发散是不得已,故以默坐澄心为学的。江右以后,则专提'致良知'三字。先生记《传习》初卷,皆是南中所闻,其于'致良知'之说,固未之知也。然《录》中有云:'知是心之本体,心自然为知。见父自然知孝,见兄自然知弟,见孺子入井自然知恻隐。此便是良知。使此心之良知充塞流行,便是致其知。'则三字之提,不始于江右明矣。但江右以后,以此为宗旨耳。是故阳明之学,先生为得其真。"阳明的第一个弟子徐爱所记当为阳明正德十三年(1518)前的语录,而《王阳明全集·年谱二》云:"(正德十六年)始揭致良知之教。"所以,黄宗羲说,阳明所揭"致良知"之教"不始于江右"。也就是说,阳明前期已经在思考"致良知"问题,只是到了江右以后,把"致良知"作为自己思考和讲学的宗旨看待了。从《传习录》中卷、下卷皆可证之。 ⑤曰仁:徐爱之字。以上14条为徐爱所录。

陆 澄 录

【15】陆澄问①:"主一之功,如读书则一心在读书上,接客则一心在接客上,可以为主一乎?"先生曰:"好色则一心在好色上,好货则一心在好货上②,可以为主一乎?是所谓逐物③,非主一也。主一是专主一个天理。"

[注释]①陆澄:字原静,又字清伯,湖州归安(今浙江吴兴)人,正德十二年(1517)年进士,授刑部主事。议大礼不合,罢归。后悔前议之非,又上言。上恶其反复,不用。正德九年(1514)就学于阳明,《传习录》自徐爱发其端,而后陆澄续记阳明语录,所记详尽曲折,朋友读之,多有省悟,黄宗羲评价道:"数条皆切问,非先生莫肯如此吐露,就吐露亦莫能如此曲折详尽也。"阳明对此生的记录非常满意,在《与陆原静书》一文中说道:"曰仁殁,吾道益孤,致望原静者不浅。" ②"好色则一心在好色上"二句:《孟子·梁惠王下》载,齐宣王对孟子曰:"寡人有疾,寡人好货。……寡人有疾,寡人好色。"好货:喜爱钱财。 ③逐物:追逐外物。

【16】问立志。先生曰:"只念念要存天理,即是立志。能不忘乎此,久则自然心中凝聚,犹道家所谓结圣胎也①。此天理之念常存,驯至于美大圣神②,亦只从此一念存养扩充去耳。"

[注释]①结圣胎:道家修炼的内功之一,如孕育之有胎,故名。 ②驯至于美大圣神:其意谓(坚持不间断地存养本心)就会循序渐进地达到善念充实内心、光大善念、化而用之以至至善的道德境界。驯:循序渐进。《孟子·尽心下》云:"充实之谓美,充实而有光辉之谓大,大而化之之谓圣,圣而不可知之之谓神。"其意谓善念充满全身便叫作美;充满全身的善念光辉地表现出来便叫作大;既能光辉地表现出来,而又能化而用之,便叫作圣;圣德到了妙不可言的境界便叫作神。

【17】"日间工夫,觉纷扰则静坐;觉懒看书则且看书,是亦因病而药。"

【18】"处朋友,务相下则得益,相上则损。"①

[注释]①"处朋友"三句:其意谓交朋友,务必相互谦让,甘拜下风,这样

才会相互受益,否则,相互争高低,就会彼此受损。《论语·季氏》云:"益者三友,损者三友。友直,友谅,友多闻,益矣;友便辟,友善柔,友便佞,损矣。"

【19】孟源有自是好名之病①,先生屡责之。一日警责方已②,一友自陈日来工夫请正③。源从傍曰:"此方是寻着源旧时家当。"④先生曰:"尔病又发。"源色变,议拟欲有所辩。先生曰:"尔病又发。"因喻之曰:"此是汝一生大病根。譬如方丈地内,种此一大树,雨露之滋,土脉之力,只滋养得这个大根;四傍纵要种些嘉谷,上面被此树叶遮覆,下面被此树根盘结,如何生长得成?须用伐去此树,纤根勿留,方可种植嘉种。不然,任汝耕耘培壅⑤,只是滋养得此根。"

[注释]①孟源:字伯生,滁州(今安徽滁州)人,阳明弟子,《明儒学案》无其传。自是好名:自以为是,贪图虚名。 ②警责:提醒责备。 ③日来工夫:近日工夫。 ④家当:家中的物品、财产。此指为学的特点或毛病。⑤培壅:堆土于植物根部以保护其根系,促其生长。

【20】问:"后世著述之多①,恐亦有乱正学②。"先生曰:"人心天理浑然,圣贤笔之书,如写真传神③,不过示人以形状大略,使之因此而讨求其真耳;其精神意气,言笑动止,固有所不能传也。后世著述,是又将圣人所画,摹仿誊写,而妄自分析加增,以逞其技④,其失真愈远矣。"

[注释]①后世:孔孟以后之世。 ②正学:正宗的儒学。 ③写真传神:画肖像画。 ④逞:炫耀。

【21】问:"圣人应变不穷,莫亦是预先讲求否?①"先生曰:"如何讲求得许多?圣人之心如明镜,只是一个明,则随感而应,无物不照,未有已往之形尚在,未照之形先具者。若后世所讲②,却是如此,是以与圣人之学大背③。周公制礼作乐以文天下④,皆圣人所能为,尧、舜何不尽为之而待于周公?孔子删述'六经'以诏万世⑤,亦圣人所能为,周公何不先为之而有待于孔子?是知圣人遇此时,方有此事。只怕镜不明,不怕物来不能照。讲求事变,亦是照时事,然学者却须先有个明的工夫。学者惟患此心之未能明,不患事变之不能尽。"曰:"然则所谓'冲漠无朕,而万象森然已具'者⑥,其言如何?"曰:"是说本自好,只不善看⑦,亦便有病痛⑧。"

[注释]①预先讲求:预先研究谋划。 ②后世:后来者,此指俗儒。 ③圣人:指孔子。大背:大相径庭。 ④以文天下:用来教化天下。 ⑤诏万世:其意谓教化后人。诏:教导。 ⑥"冲漠"二句:程颐语,语出《二程遗书》卷十五。冲漠无朕:空寂无形,混沌一片。万象昭然已具:万事万物之理已经存在了。 ⑦不善看:不正确理解。 ⑧有病痛:出现问题。

【22】"义理无定在①,无穷尽。吾与子言,不可以少有所得而遂谓止此也。再言之,十年、二十年、五十年未有止也。"他日又曰:"圣如尧、舜,然尧、舜之上,善无尽;恶如桀、纣,然桀、纣之下,恶无尽。使桀、纣未死,恶宁止此乎?使善有尽时,文王何以'望道而未之见'②?"

[注释]①无定在:无固定不变的处所。 ②望道而未之见:《孟子·离娄下》:"文王视民如伤,望道而未之见。"其意谓文王总把百姓当伤员一样爱

护,已经达到了至善的境界仍如没有达到一样(仍在不懈追求)。而:如,好像。

【23】问:"静时亦觉意思好,才遇事便不同,如何?"先生曰:"是徒知静养而不用克己工夫也。如此,临事便要倾倒。人须在事上磨,方立得住,方能'静亦定,动亦定'①。"

[注释]①静亦定,动亦定:意谓静守时能保持内心的安定,做事时同样能保持内心的安定。《二程文集》卷三程颢《答横渠先生定性书》:"所谓定者,动亦定,静亦定。"

【24】问上达工夫①。先生曰:"后儒教人才涉精微,便谓'上达'未当学②,且说'下学'。是分'下学''上达'为二也。夫目可得见,耳可得闻,口可得言,心可得思者,皆'下学'也。目不可得见,耳不可得闻,口不可得言,心不可得思者,'上达'也。如木之栽培灌溉,是'下学'也;至于日夜之所息,条达畅茂,乃是'上达'。人安能预其力哉③?故凡可用功、可告语者,皆'下学','上达'只在'下学'里。凡圣人所说,虽极精微,俱是'下学'。学者只从'下学'里用功,自然'上达'去,不必别寻个'上达'的工夫。"

"持志如心痛,一心在痛上,岂有工夫说闲话,管闲事?"

[注释]①上达:即通达天理。《论语·宪问》云:"君子上达,小人下达。"其意谓君子应追求形而上的天理,而普通人可进行形而下的学习。 ②未当

学:不应该学。 ③预其力:干预其生命力。

【25】问:"'惟精惟一'是如何用功?"先生曰:"'惟一'是'惟精'主意,'惟精'是'惟一'功夫,非'惟精'之外复有'惟一'也。'精'字从'米',姑以米譬之:要得此米纯然洁白,便是'惟一'意;然非加舂簸筛拣'惟精'之功,则不能纯然洁白也。舂簸筛拣是'惟精'之功,然亦不过要此米到纯然洁白而已。博学、审问、慎思、明辨、笃行者,皆所以为'惟精'而求'惟一'也。他如'博文'者,即'约礼'之功;'格物致知'者,即'诚意'之功;'道问学'即'尊德性'之功①;'明善'即'诚身'之功②:无二说也。"

[注释]①"道问学"即"尊德性"之功:《中庸》第二十七章云:"君子尊德性而道问学。"道问学:通过请教、学习的途径(追求知识学问)。尊德性:尊崇存养天生的本性。王阳明认为"道问学"是"尊德性"的手段。 ②"明善"即"诚身"之功:《中庸》第二十章云:"诚身有道,不明乎善,不诚乎身矣。"其意谓使自己心诚是有方法的,即发扬自己的本心之善;否则,自身难以诚心诚意。王阳明认为"明善"是"诚身"的手段。

【26】"知者行之始,行者知之成:圣学只一个功夫,知行不可分作两事。"①

[注释]①《王阳明全集》卷六《答友人问》云:"行之明觉精察处,便是知;知之真切笃实处,便是行。若行而不能精察明觉,便是冥行,便是'学而不思则罔',所以必须说个知;知而不能真切笃实,便是妄想,便是'思而不学则殆',所以必须说个行;元来只是一个功夫。"可以说是对此条的进一步阐释。

【27】"漆雕开曰:'吾斯之未能信。'①夫子说之。子路

使子羔为费宰。子曰:'贼夫人之子。'曾点言志②,夫子许之。圣人之意可见矣。"

[注释]①漆雕开:姓漆雕,名开,字子开,孔子弟子。《论语·公冶长》云:"子使漆雕开仕。对曰:'吾斯之未能信。'子说。"未能信:没有自信。漆雕开认为自己对做好官没有自信,还需要不断提升道德修养。其师孔子听了非常高兴。 ②子路:名由,字子路,鲁国卞(今山东泗水)人,孔子弟子。子羔:高姓,名柴,春秋末齐国人,孔子弟子。费:春秋时鲁国城邑名。宰:县令。贼夫人之子:《论语·先进》云:"子路使子羔为费宰。子曰:'贼夫人之子!'"贼:害人。孔子认为子羔在不具备做县令的时候使其就任,等于害了他。曾点:曾参之父,即曾晳。《论语·先进》载,孔子让其弟子各言其志,子路、冉有、公西华三人以为官、为政、治理邦国为其志,而曾晳最后云:"莫春者,春服既成,冠者五六人,童子六七人,浴乎沂,风乎舞雩,咏而归。"孔子喟然叹曰:"吾与点也。"孔子唯独赞许了曾晳。

【28】问:"宁静存心时,可为'未发之中'否①?"先生曰:"今人存心,只定得气②。当其宁静时,亦只是气宁静,不可以为'未发之中'。"曰:"'未'便是'中',莫亦是求'中'功夫③?"曰:"只要去人欲、存天理,方是功夫。静时念念去人欲、存天理,动时念念去人欲、存天理,不管宁静不宁静。若靠那宁静,不惟渐有喜静厌动之弊,中间许多病痛,只是潜伏在,终不能绝去,遇事依旧滋长。以循理为主④,何尝不宁静;以宁静为主,未必能循理。"

[注释]①未发之中:《中庸》第一章云:"喜怒哀乐之未发,谓之中。"其意谓喜怒哀乐之情感还没有表现出来时,内心的状态是平衡而稳定的,这种状态称为中。 ②只定得气:只是为了平定气息。 ③莫亦是:不也是。 ④循理:遵循天理。

【29】问:"孔门言志,由、求任政事,公西赤任礼乐,多少实用①。及曾晳说来,却似耍的事,圣人却许他,是意何如?"曰:"三子是有意必②,有意必便偏着一边,能此未必能彼。曾点这意思却无意必,便是'素其位而行,不愿乎其外'③、'素夷狄行乎夷狄,素患难行乎患难,无入而不自得'矣④。三子所谓'汝器也'⑤,曾点便有不器意⑥。然三子之才,各卓然成章,非若世之空言无实者,故夫子亦皆许之。"

[注释]①由、求:由:子路名。求:冉求,春秋末鲁国人,字子有,孔子弟子。公西赤:春秋末鲁国人,字子华,孔子弟子。《论语·先进》载,孔子使其弟子各言其志,子路的志向是治理一个"千乘之国",冉求的志向是治理一个"方六七十,如五六十"的小国家,公西赤则云:"宗庙之事,如会同,端章甫,愿为小相焉。"即愿意在国家祭祀或外交活动中做一个小司仪,从事礼仪活动。②意必:即主观武断。《论语·子罕》云:"子绝四:毋意,毋必,毋固,毋我。"其意谓不臆测,不武断,不固执,不自以为是。 ③"素其位而行"二句:出自《中庸》第十四章。其意谓君子安于现在所处的地位而做事,不妄生非分之想。④"素夷狄"三句:出自《中庸》第十四章。其意谓君子处于边远地区则行边远地区之事,处于患难中则行患难中之事。君子无论处于任何情况下皆安然自得。夷狄:此指边远地区。 ⑤汝器也:《论语·公冶长》云:"子贡问曰:'赐也何如?'子曰:'女,器也。'曰:'何器也?'曰:'瑚琏也。'"赐:子贡之名。女:通"汝"。瑚琏:古代祭祀时所用器皿,非常珍贵。 ⑥不器:《论语·为政》云:"君子不器。"意即君子不像器具一样,只具有某一方面的用途与才能。

【30】问:"知识不长进如何?"先生曰:"为学须有本原①,须从本原上用力,渐渐'盈科而进'②。仙家说婴儿③,亦善譬。婴儿在母腹时,只是纯气,有何知识?出胎后方始能啼,既而后能笑,又既而后能识认其父母兄弟,

又既而后能立、能行、能持、能负,卒乃天下之事无不可能。皆是精气日足,则筋力日强,聪明日开,不是出胎日便讲求推寻得来。故须有个本原。圣人到位天地,育万物,也只从喜怒哀乐未发之中上养来④。后儒不明格物之说,见圣人无不知、无不能,便欲于初下手时讲求得尽,岂有此理!"又曰:"立志用功,如种树然。方其根芽,犹未有干;及其有干,尚未有枝;枝而后叶,叶而后花实。初种根时,只管栽培灌溉,勿作枝想,勿作叶想,勿作花想,勿作实想。悬想何益!但不忘栽培之功,怕没有枝叶花实?"

[注释]①本原:根基。 ②盈科而进:即循序渐进。《孟子·离娄下》云:"源泉混混,不舍昼夜;盈科而后进,放乎四海。"其意谓泉水滚滚而流,昼夜不停,遇沟坎灌满后继续奔流至海洋。科:坎。 ③仙家说婴儿:《老子》第十章云:"专气致柔,能婴儿乎?"其意谓聚结精气以致柔顺,能像婴儿那样吗?第二十章又云:"沌沌兮,如婴儿之未孩。"其意谓混混沌沌,像是还不会笑的婴儿。 ④从喜怒哀乐未发之中上养来:即从本心上磨炼修养。《中庸》第一章云:"喜怒哀乐之未发,谓之中;发而皆中节,谓之和。中也者,天下之大本也;和也者,天下之达道也。致中和,天地位焉,万物育焉。"意谓达到"中和"状态,能使天地各安其位,万物按自然规律生长繁育。

【31】问:"看书不能明,如何?"先生曰:"此只是在文义上穿求①,故不明。如此,又不如为旧时学问②,他到看得多,解得去。只是他为学虽极解得明晓,亦终身无得,须于心体上用功③。凡明不得,行不去,须反在自心上体当即可通④。盖'四书'、'五经'不过说这心体,这心体即所谓道,心体明即是道明,更无二。此是为学头脑处⑤。"

[注释]①文义上穿求:字面上钻牛角尖。 ②旧时学问:程朱的学问。

③心体:内心。　④体当:体悟。　⑤头脑:关键。

【32】"虚灵不昧,众理具而万事出①。心外无理,心外无事。"

[注释]①朱熹《大学集注》云:"明德者,人之所得乎天,而虚灵不昧,以具众理而应万事者也。"王阳明把朱熹所谓的"应万事"改为"万事出",以阐明其"心外无理,心外无事"的观点,表明其观点与朱熹不同。虚灵不昧:让心体空灵而不愚昧。

【33】或问:"晦庵先生曰①:'人之所以为学者,心与理而已。'②此语如何?"曰:"心即性,性即理,下一'与'字,恐未免为二。此在学者善观之。"

[注释]①晦庵:朱熹号晦庵。　②人之所以为学者,心与理而已:此语出自朱熹《大学或问》。

【34】或曰:"人皆有是心。心即理,何以有为善,有为不善?"先生曰:"恶人之心,失其本体。"①

[注释]①恶人之心,失其本体:本体:即本心。《孟子·告子上》云:"乃若其情,则可以为善矣,乃所谓善也。若夫为不善,非才之罪也。"其意谓就一个人的资质来看,皆可以使其为善,即我所说的人性善良。若果其为不善之举,不能归罪于其资质。王阳明在此继承了孟子的性善论。乃若:至于。情、才:此处皆指天生的禀赋、质性、资质。

【35】问:"'析之有以极其精而不乱,然后合之有以尽其大而无余,'①此言如何?"先生曰:"恐亦未尽。此理岂容分析,又何须凑合得②?圣人说'精一'自是尽。③"

[注释]①"析之有以极其精而不乱"二句:出自朱熹《大学或问》,意谓天理条分缕析,极为精确而不混乱,综合其诸多方面又包罗万象。 ②凑合:聚合。 ③尽:解释精确。

【36】"省察是有事时存养①,存养是无事时省察。"

[注释]①省察:反省体察。存养:存心养性。《孟子·尽心上》云:"存其心,养其性,所以事天也。"其意谓保持人之本心,培养人之本性,即是顺应天道。

【37】澄尝问象山在人情事变上做工夫之说①。先生曰:"除了人情事变,则无事矣。喜怒哀乐非人情乎?自视听言动,以至富贵、贫贱、患难、死生,皆事变也。事变亦只在人情里。其要只在'致中和','致中和'只在'谨独'②。"

[注释]①象山:即陆九渊(1139—1193),字子静,号存斋,人称存斋先生。曾结茅讲学于象山(今江西贵溪西南),故人称"象山先生"。抚州金溪(今属江西)人。官至奉议郎知荆门军。南宋时期著名思想家,提出"心即理"说,著有《象山先生全集》。王阳明继承其学说,故心学一脉被称为"陆王学派"或"陆王心学"。 ②谨独:即慎独。《大学》云:"君子必慎其独也。"其意谓君子在独处时也要严格要求自己。《王阳明全集》卷五《与黄勉之二》云:"谨独只是致良知。"王阳明认为慎独即是致良知。

【38】澄问:"仁、义、礼、智之名,因已发而有?"曰:"然。"他日,澄曰:"恻隐、羞恶、辞让、是非,是性之表德邪?"①曰:"仁、义、礼、智也是表德。性一而已②:自其形体也谓之天③,主宰也谓之帝,流行也谓之命,赋于人也谓

之性,主于身也谓之心。心之发也,遇父便谓之孝,遇君便谓之忠,自此以往,名至于无穷④,只一性而已。犹人一而已⑤:对父谓之子,对子谓之父,自此以往,至于无穷,只一人而已。人只要在性上用功,看得一性字分明,即万理灿然。"

[注释]①"恻隐"句:《孟子·公孙丑上》:"恻隐之心,仁之端也;羞恶之心,义之端也;辞让之心,礼之端也。是非之心,智之端也。"表德:本性表现出来的德行。 ②性一:天性是唯一的。 ③自其形体也谓之天:其意谓就形体而言谓之天。 ④名至于无穷:名目可达无数。 ⑤犹人一而已:其意谓就好像人就一个。

【39】一日,论为学工夫。先生曰:"教人为学,不可执一偏。初学时心猿意马,拴缚不定,其所思虑多是人欲一边,故且教之静坐、息思虑。久之,俟其心意稍定,只悬空静守,如槁木死灰①,亦无用,须教他省察克治②。省察克治之功,则无时而可间,如去盗贼,须有个扫除廓清之意。无事时,将好色、好货、好名等私欲逐一追究搜寻出来,定要拔去病根,永不复起,方始为快。常如猫之捕鼠,一眼看着,一耳听着,才有一念萌动,即与克去③,斩钉截铁④,不可姑容与他方便,不可窝藏,不可放他出路,方是真实用功,方能扫除廓清。到得无私可克,自有端拱时在。虽曰'何思何虑'⑤,非初学时事。初学必须思省察克治,即是思诚,只思一个天理,到得天理纯全,便是'何思何虑'矣。"

[注释]①槁木死灰:寂静无生气。《庄子·齐物论》云:"形固可使如槁

木，而心固可使如死灰乎？" ②省察克治：反省、自察、克己、修身。 ③"常如猫之捕鼠"五句：《朱子大全》卷三十一《偶读漫记》云："释氏有清草堂者，有名丛林间，其始学时，若无所入，有告之者曰：'子不见猫之捕鼠乎？四足据地，首尾一直，目睛不瞬，心无它念。唯其不动，动则鼠无所逃矣。'清用其言，乃有所入。" ④斩钉截铁：《传灯录》卷十七"道膺禅师"载："师谓众曰：'学佛法底人，如斩钉截铁始得。'" ⑤何思何虑：《周易·系辞传下》云："天下何思何虑，天下同归而殊途，一致而百虑，天下何思何虑。"其意谓同归天道，无须人为思虑。

【40】澄问："有人夜怕鬼者，奈何？"先生曰："只是平日不能'集义'①，而心有所慊，故怕。若素行合于神明，何怕之有？"子莘曰②："正直之鬼不须怕；恐邪鬼不管人善恶，故未免怕。"先生曰："岂有邪鬼能迷正人乎？只此一怕，即是心邪，故有迷之者，非鬼迷也，心自迷耳。如人好色，即是色鬼迷；好货，即是货鬼迷；怒所不当怒，是怒鬼迷；惧所不当惧，是惧鬼迷也。"

[注释]①集义：集思善心，使所作所为皆合乎仁义。《孟子·公孙丑上》云："'敢问何谓浩然之气？'曰：'难言也。其为气也，至大至刚，以直养而无害，则塞于天地之间。其为气也，配义与道；无是，馁也。是集义所生者，非义袭而取之也。'"其意谓浩然之气很难说清楚，这种气既伟大又坚强，要用正义去培养它，而不要去损害它，它就会充满天地间。这种气必须与道义相结合，否则，就没有力量。这种气是由正义日积月累而产生的，不是偶然的行侠仗义就能取得的。朱熹《孟子集注》云："集义犹言积善，盖欲事事皆合于义也。"②子莘：马明衡，字子莘，福建莆田人。为王阳明最早的福建弟子。官至御史。后因上谏获罪，入狱。削籍故里。

【41】"定者心之本体①，天理也。动静所遇之时

也②。"

[注释]①定者:指心境的安宁与无烦扰。 ②动静所遇之时也:其意谓动静是心之本体在不同境遇时的不同表现。

【42】澄问《学》《庸》同异。先生曰:"子思括《大学》一书之义,为《中庸》首章。①"

[注释]①子思:姓孔名伋,孔子的孙子,相传为曾子的学生。《礼记》中的《中庸》《表记》等,相传为子思所著。其发扬孔子中庸思想,影响孟子,有思孟学派。

【43】问:"孔子正名①,先儒说'上告天子,下告方伯,废辄立郢'②。此意如何?"先生曰:"恐难如此。岂有一人致敬尽礼待我而为政,我就先去废他?岂人情天理?孔子既肯与辄为政,必已是他能倾心委国而听。圣人盛德至诚,必已感化卫辄,使知无父之不可以为人,必将痛哭奔走,往迎其父。父子之爱,本于天性,辄能悔痛真切如此,蒯聩岂不感动底豫?蒯聩既还,辄乃致国请戮。聩已见化于子,又有夫子至诚调和其间,当亦决不肯受,仍以命辄。群臣百姓又必欲得辄为君。辄乃自暴其罪恶,请于天子,告于方伯诸侯,而必欲致国于父。聩与群臣百姓亦皆表辄悔悟仁孝之美,请于天子,告于方伯诸侯,必欲得辄而为之君。于是集命于辄,使之复君卫国。辄不得已,乃如后世上皇故事,率群臣百姓尊聩为太公,备物致养,而始退复其位焉。则君君、臣臣、父父、子子,名正言顺③,一举而可为政于天下矣!孔子正名,或是如此。"

[注释]①正名:《论语·子路》云:"子路曰:'卫君待子而为政,子将奚先?'子曰:'必也正名乎!'"孔子生活的时代,正是"礼崩乐坏"的大变革时代,孔子认为,这种崩坏局面的形成在于名实混乱,因此,他认为治理国家必须使人与人之间有恰当的名分,"君君、臣臣、父父、子子",严格遵守等级秩序,这样才能"名正言顺",天下稳定。 ②"上告天子"三句:朱熹《论语集注》引胡瑗注:"卫世子蒯聩耻其母南子之淫乱,欲杀之,不果而出奔。灵公欲立公子郢,郢辞。公卒,夫人立之,又辞,乃立蒯聩之子辄,以拒蒯聩。夫蒯聩欲杀母,得罪于父,而辄据国以拒父,皆无父之人也,其不可有国也明矣。夫子为政,而以正名为先,必将其事之本末,告诸天王,请于方伯,命公子郢而立之,则人伦正,天理得,名正言顺而事成矣。"辄:即卫出公蒯辄,卫庄公之子,公元前492至前481在位。孔子在蒯辄六年(公元前487)自楚至卫,辄有欲用孔子之意。 ③"则君君"句:《论语·颜渊》云:"齐景公问政于孔子。孔子对曰:'君君、臣臣、父父、子子。'"即君臣父子都要遵循各自的伦理规范。

【44】澄在鸿胪寺仓居①,忽家信至,言儿病危,澄心甚忧闷不能堪。先生曰:"此时正宜用功。若此时放过,闲时讲学何用?人正要在此等时磨炼。父之爱子,自是至情②,然天理亦自有个中和处,过即是私意。人于此处多认做天理当忧,则一向忧苦,不知已是'有所忧患,不得其正'③。大抵七情所感,多只是过,少不及者。才过便非心之本体④,必须调停适中始得。就如父母之丧,人子岂不欲一哭便死,方快于心?然却曰'毁不灭性'⑤,非圣人强制之也,天理本体自有分限,不可过也。人但要识得心体,自然增减分毫不得。"

[注释]①鸿胪寺:明政府机构之一,掌管朝会、宾客、吉凶仪礼之事。王阳明于正德九年(1514)升任南京鸿胪寺卿,许多弟子随其前往。仓居:在衙舍居住。 ②至情:最自然真切的情感。 ③有所忧患,不得其正:《大学》

云:"所谓修身在正其心者……有所忧患,则不得其正。"意谓人之修养言行就要端正自己的心思,而身陷忧患就无法端正。　④才过:只要一过分。　⑤毁不灭性:指孝子不要因为父母死亡而哀伤到损伤自己的身体。《孝经·丧亲》云:"孝子之丧亲也……三日而食,教民无以死伤生。毁不灭性,此圣人之政也。"

【45】"不可谓'未发之中'常人俱有。盖'体用一源'①,有是体即有是用,有'未发之中',即有'发而皆中节之和'②。今人未能有'发而皆中节之和',须知是他'未发之中'亦未能全得③。"

　　[注释]①体用一源:程颐《周易程氏传·序》云:"至微者,理也;至著者,象也。体用一源,显微无间。"意谓最隐微的是理,最显著的是象,"体"与"用"同出一源,隐微的理与显著的象之间没有截然的界线。体:本体。用:作用。②发而皆中节之和:《中庸》第一章云:"喜怒哀乐之未发,谓之中;发而皆中节,谓之和。"中节:合乎节度。　③全得:完全得到。

【46】"《易》之辞,是'初九,潜龙勿用'六字①;《易》之象,是初画;《易》之变,是值其画;《易》之占,是用其辞。②"

　　[注释]①初九,潜龙勿用:语出《周易·乾卦》。"初九"为爻题,"潜龙勿用"为爻辞,意谓君子隐于社会底层以待时而用。　②"《易》之象"六句:《周易·系辞上》云:"《易》有圣人之道四焉:以言者尚其辞,以动者尚其变,以制器者尚其象,以卜筮者尚其占。"圣人之道:此指圣人运用的道理和方法。以言者尚其辞:指应用言辞之人崇尚《易》之辞章之美。象:指卦象与爻象。《周易·乾卦》,初爻之辞为"潜龙勿用",其"象"为初画之阳九,其"变"为当初爻之画而成变化,其"占"是用爻辞"潜龙勿用"以占卜吉凶。

【47】"'夜气'①,是就常人说。学者能用功,则日间有

事无事,皆是此气翕聚发生处②。圣人则不消说夜气③。"

[注释]①夜气:指夜间远离环境羁绊静思而产生的善念良知。《孟子·告子上》:"夜气不足以存,则其违禽兽不远矣。"其意谓夜间产生的善念不能保存,就与禽兽差不多了。　②翕聚:聚敛。　③圣人则不消说夜气:其意谓圣人时时清明,按善念良知思考行动,因此无所谓"夜气"。

【48】澄问"操存舍亡"章。曰:"'出入无时,莫知其乡'①。此虽就常人心说,学者亦须是知得心之本体亦元是如此,则操存功夫②,始没病痛。不可便谓出为亡,入为存。若论本体,元是无出入的。若论出入,则其思虑运用是出。然主宰常昭昭在此,何出之有?既无所出,何入之有?程子所谓腔子③,亦只是天理而已。虽终日应酬而不出天理,即是在腔子里。若出天理,斯谓之放,斯谓之亡。④"又曰:"出入亦只是动静,动静无端,岂有乡邪?"

[注释]①操存舍亡:操:操持。舍:舍弃。《孟子·告子上》云:"孔子曰:'操则存,舍则亡;出入无时,莫知其乡。'惟心之谓与?"乡:通"向"。其意谓把握住就存在,舍弃掉就失去;出入没有一定的时候,也不知其何去何从。　②操存功夫:保持存养善良本心的功夫。　③腔子:即指脑腔。此语出自程颐《二程遗书》卷七云:"心要在腔子里。"　④"若出天理"三句:其意谓如果超出天理,这就是放纵心体,也就是失去了本心。

【49】王嘉秀问①:"佛以出离生死诱人入道,仙以长生久视诱人入道,其心亦不是要人做不好,究其极至,亦是见得圣人上一截②,然非入道正路。如今仕者有由科③,有由贡④,有由传奉⑤,一般做到大官,毕竟非入仕正路,君子不由也。仙、佛到极处,与儒者略同,但有了上一截,

遗了下一截,终不似圣人之全;然其上一截同者,不可诬也⑥。后世儒者,又只得圣人下一截,分裂失真,流而为记诵词章,功利训诂,亦卒不免为异端。是四家者终身劳苦⑦,于身心无分毫益。视彼仙、佛之徒,清心寡欲,超然于世累之外者,反若有所不及矣。今学者不必先排仙、佛,且当笃志为圣人之学。圣人之学明,则仙、佛自泯⑧。不然,则此之所学,恐彼或有不屑,而反欲其俯就,不亦难乎?鄙见如此,先生以为何如?"

先生曰:"所论大略亦是。但谓上一截、下一截,亦是人见偏了如此。若论圣人大中至正之道,彻上彻下,只是一贯,更有甚上一截、下一截?'一阴一阳之谓道'⑨,但'仁者见之便谓之仁,知者见之便谓之智,百姓又日用而不知,故君子之道鲜矣⑩',仁、智岂可不谓之道?但见得偏了,便有弊病。"

[注释]①王嘉秀:字实夫,阳明弟子,事迹不详,好谈佛道。 ②上一截:《论语·宪问》云:"下学而上达。""上一截"指"上达",即形而上的天理。下文的"下一截"指"下学",即形而下的学问。 ③由科:指分科考试被录取而做官。 ④由贡:被乡党推荐而做官。 ⑤由传奉:由内官安排而做官。 ⑥不可诬也:不可否认。 ⑦是四家者:指记诵、辞章、功利、训诂四家学者。 ⑧仙、佛自泯:仙佛之诱惑自然会在心中泯灭。 ⑨一阴一阳之谓道:此语出自《周易·系辞上》。 ⑩"仁者"四句:出自《周易·系辞上》。鲜:少。

【50】"蓍固是《易》①,龟亦是《易》②。"

[注释]①蓍:蓍草,古人用之筮吉凶。 ②龟:龟甲,古人用龟甲裂纹占卜。

【51】问:"孔子谓武王未尽善①,恐亦有不满意?"先生曰:"在武王自合如此。"曰:"使文王未没,毕竟如何?"曰:"文王在时,天下三分已有其二。若到武王伐商之时,文王若在,或者不致兴兵,必然这一分亦来归了。文王只善处纣,使不得纵恶而已。"

[注释]①尽善:达到至善。《论语·八佾》云:"子谓《韶》,尽美矣,又尽善也。谓《武》,尽美矣,未尽善也。"《韶》为歌颂舜帝的乐曲,《武》为歌颂周武王的乐曲。尽善是就音乐的内涵而言,尽美是就音乐的形式而言。孔子对二者的评价不一样,因为舜因禅让而得天下,周武王的天下则是通过征诛而得到的。

【52】问:孟子言"执中无权犹执一"①。先生曰:"中只有天理,只是易。随时变易,如何执得②?须是因时制宜,难预先定一个规矩在。如后世儒者要将道理一一说得无罅漏③,立定个格式,此正是执一。"

[注释]①执中无权犹执一:其意谓持守中庸之道而不通权变犹如偏执一端。执中:持守中庸之道。权:变通。"无权"即不通权变。执一:偏执一端。《孟子·尽心上》云:"执中无权,犹执一也。所恶执一者,为其贼道也,举一而废百也。"贼:损害。 ②执得:固执一端而不变。 ③罅(xià)漏:疏漏。

【53】唐诩问①:"立志是常存个善念,要为善去恶否?"曰:"善念存时,即是天理。此念即善,更思何善?此念非恶,更去何恶?此念如树之根芽,立志者长立此善念而已。'从心所欲不逾矩',②只是志到熟处③。"

[注释]①唐诩:江西新淦(今新干)人,王阳明弟子,事迹不详。 ②从

心所欲不逾矩:语出《论语·为政》。逾:超越。　③志到熟处:志向达到纯熟的境界。

【54】"精神、道德、言动①,大率收敛为主,发散是不得已②。天、地、人、物皆然。"

[注释]①言动:言行。　②发散:向外扩散。

【55】问:"文中子是如何人?"先生曰:"文中子庶几'具体而微'①,惜其蚤死②!"问:"如何却有'续经'之非?"曰:"'续经'亦未可尽非。"请问。良久曰:"更觉'良工心独苦'③。"

[注释]①庶几:差不多。具体而微:具备圣人的才德而略有逊色。《孟子·公孙丑上》云:"子夏、子游、子张皆有圣人之一体,冉牛、闵子、颜渊则具体而微。"一体:某一方面的优点。　②蚤:通"早"。　③良工心独苦:杜甫《题李尊师松树障子歌》一诗有云:"已知仙客意相亲,更觉良工心独苦。"王阳明此处引用杜甫诗,其意谓王通读经,有自己的见解,无法与世俗之人相沟通,常常被非议,自知其苦。

【56】"许鲁斋谓儒者以治生为先之说,亦误人。"①

[注释]①许鲁斋:即许衡(1209—1281),字仲平,号鲁斋,宋元之际学者,河内(今河南沁阳)人。官至国子监祭酒。传播程朱理学,著有《许鲁斋集》等。他曾说"为学者治生最为先务"(《许鲁斋集》卷六),其意谓为学者以谋生为第一要务。王阳明认为许衡的说法是误人子弟,在王阳明看来为学是为了保持初心,即良知。

【57】问仙家元气、元神、元精①。先生曰:"只是一件

流行为气,凝聚为精,妙用为神。"

[注释]①元气、元神、元精:道教术语,合称三元。宋张伯端《悟真篇》云:"黄芽白雪不难寻,达者须凭德行深。四象五行全借土,三元八卦岂离壬。炼成灵质人难识,消尽阴魔鬼莫侵。欲向人间留秘诀,未逢一个是知音。"董德宁《悟真篇正义》注云:"三元者,天元、地元、人元,又上元、中元、下元,亦称三元。……三元在人为元精、元气、元神。"

【58】"喜怒哀乐本体自是中和的。才自家着些意思①,便过不及,便是私。"

[注释]①自家着些意思:其意谓只是人们人为地加了一些本体之外的意念。

【59】问"哭则不歌"①。先生曰:"圣人心体自然如此。"

[注释]①哭则不歌:《论语·述而》云:"子于是日哭,则不歌。"其意谓孔子在这一天哭过,就不再唱歌了。

【60】"克己①须要扫除廓清、一毫不存方是。有一毫在,则众恶相引而来②。"

[注释]①克己:克制自己的私欲。 ②相引而来:接踵而至。

【61】问《律吕新书》①,先生曰:"学者当务为急,算得此数熟,亦恐未有用②,必须心中先具礼乐之本方可。且如其书说多用管以候气③,然至冬至那一刻时,管灰之飞或有先后④,须臾之间,焉知那管正值冬至之刻?须自中

心先晓得冬至之刻始得。此便有不通处⑤。学者须先从礼乐本原上用功。"

[注释]①《律吕新书》：宋蔡元定撰。音乐论著，二卷，二十三章。此书在前人音乐理论的基础上，重点探讨了音乐理论中的旋宫问题，并提出了十八律新论，故名。朱熹对此书赞赏有加。蔡元定，字季通，号西山，建阳（今福建南平）人。朱熹弟子，博览群书，深究义理，从其学者甚众。 ②"学者当务为急"三句：其意谓学者须从礼乐本原上用功，否则就是把律吕之数算得再熟悉也未必有用。 ③多用管以候气：多用律管看节气的变化。 ④管灰之飞：古代以炉草之灰置于律管之中，以占气候。《隋书·律历志》云："后齐神武霸府田曹参军信都芳，深有巧思，能以管候气，仰观云色，尝与人对语，即指天曰：'孟春之气至矣。'人往验管，而飞灰已应。每月所候，言皆无爽。" ⑤此便有不通处：此处就存在说不通的问题。

【62】曰仁云："心犹镜也。圣人心如明镜，常人心如昏镜。近世格物之说①，如以镜照物，照上用功，不知镜尚昏在，何能照？先生之格物，如磨镜而使之明，磨上用功，明了后亦未尝废照。"

[注释]①格物之说：此指朱熹以"穷理"而解释的"格物"学说，与王阳明的格物之说不同。

【63】问道之精粗。先生曰："道无精粗，人之所见有精粗。如这一间房，人初进来，只见一个大规模如此①；处久，便柱壁之类一一看得明白；再久，如柱上有些文藻，细细都看出来。然只是一间房②。"

[注释]①规模：轮廓。 ②只是一间房：房子还是人初进来看到的房子。

【64】先生曰:"诸公近见时,少疑问,何也?人不用功,莫不自以为已知为学①,只循而行之是矣。殊不知私欲日生,如地上尘,一日不扫,便又有一层。着实用功②,便见道无终穷,愈探愈深,必使精白无一毫不彻方可③。"

[注释]①已知为学:已经知道做学问的方法了。 ②着实:认真踏实。③精白:清洁纯净。

【65】问:"知至然后可以言诚意①。今天理人欲,知之未尽,如何用得克己工夫?"先生曰:"人若真实切己用功不已,则于此心天理之精微日见一日②,私欲之细微亦日见一日。若不用克己工夫,终日只是说话而已,天理终不自见,私欲亦终不自见。如人走路一般,走得一段,方认得一段;走到歧路处,有疑便问,问了又走,方渐能到得欲到之处。今人于已知之天理不肯存③,已知之人欲不肯去,且只管愁不能尽知。只管闲讲,何益之有?且待克得自己无私可克,方愁不能尽知,亦未迟在。"

[注释]①知至然后可以言诚意:其意谓格物功夫达到至善境界后才可以谈意念的诚实不欺。《大学》云:"物格而后知至,知至而后意诚。" ②日见一日:一天比一天深刻。 ③存:存养。

【66】问:"道一而已①。古人论道往往不同,求之亦有要乎?"先生曰:"道无方体②,不可执着③。却拘滞于文义上求道,远矣。如今人只说天,其实何尝见天?谓日、月、风、雷即天,不可;谓人、物、草、木不是天,亦不可。道即是天,若识得时,何莫而非道?人但各以其一隅之见认

定,以为道止如此,所以不同④。若解向里寻求,见得自己心体,即无时无处不是此道。亘古亘今,无终无始,更有甚同异?心即道,道即天,知心则知道、知天。"

又曰:"诸君要实见此道,须从自己心上体认,不假外求始得。"

[注释]①道一而已:道只有一个。《孟子·滕文公上》云:"夫道,一而已矣。" ②道无方体:道没有固定的方向与具体的形态。《周易·系辞上》云:"故神无方而《易》无体。"神:神妙。 ③执着:偏执。 ④所以不同:所以才有不同的道。

【67】问:"名物度数①,亦须先讲求否?"先生曰:"人只要成就自家心体,则用在其中。如养得心体,果有未发之中,自然有发而中节之和,自然无施不可。苟无是心,虽预先讲得世上许多名物度数,与己原不相干,只是装缀②,临时自行不去③。亦不是将名物度数全然不理,只要'知所先后,则近道'④。"又曰:"人要随才成就⑤,才是其所能为。如夔之乐⑥,稷之种⑦,是他资性合下便如此。成就之者,亦只是要他心体纯乎天理。其运用处,皆从天理上发来,然后谓之才。到得纯乎天理处,亦能'不器'。使夔、稷易艺而为,当亦能之。"又曰:"如'素富贵行乎富贵,素患难行乎患难',皆是'不器',此惟养得心体正者能之。"

[注释]①名物:指事物的名称、特征等。度数:指标准、规则、法令、制度等。 ②装缀:装点。 ③临时自行不去:临事自己不能格去心中的欲念(而达到"发而中节之和"纯乎天理的境界)。 ④知所先后,则近道:《大学》:

"物有本末,事有终始,知所先后,则近道矣。"其意谓天地万物皆有根本有枝末,任何事情皆有始有终,明白其发生发展的先后顺序,就接近道的真谛了。 ⑤随才成就:根据自己的资质有所成就。 ⑥夔:舜帝时的乐官。 ⑦稷:尧舜时的农官。

【68】"与其为数顷无源之塘水,不若为数尺有源之井水,生意不穷①。"时先生在塘边坐,傍有井,故以之喻学云。

[注释]①生意不穷:生机勃勃而不会枯竭。

【69】问:"世道日降,太古时气象如何复见得?"先生曰:"一日便是一元①。人平旦时起坐,未与物接,此心清明景象,便如在伏羲时游一般。"

[注释]①一元:宋邵雍在《皇极经世图》中指出,一元有十二会,一会有三十运,一运有十二世,一世为三十年,一元即等于十二万九千六百年。

【70】问:"心要逐物①,如何则可?"先生曰:"人君端拱清穆,六卿分职②,天下乃治。心统五官③,亦要如此。今眼要视时,心便逐在色上;耳要听时,心便逐在声上。如人君要选官时,便自去坐在吏部;要调军时,便自去坐在兵部。如此,岂惟失却君体,六卿亦皆不得其职。"

[注释]①逐物:追逐外物。 ②六卿分职:六卿各司其职。六卿:原指周代六军之将,隋唐后设立吏部、户部、礼部、兵部、刑部、工部六部尚书,称为六卿。 ③心统五官:《荀子·天论》云:"耳、目、鼻、口、形,能各有接而不相能也,夫是之谓天官。心居中虚,以治五官,夫是之谓天君。"其意谓人之耳朵、眼睛、鼻子、嘴巴、形体各有感触外物的能力而不能互相代替,这是人的天

然感官，而心居于其中心，以统治五官，这是人之天然主宰。

【71】"善念发而知之，而充之①；恶念发而知之，而遏之。知与充与遏者，志也，天聪明也②。圣人只有此③，学者当存此。"

[注释]①善念发而知之，而充之：认识到了善念萌发，就去扩充、发扬善念。 ②天聪明也：上天赋予人的智慧。 ③有此：拥有上天赋予的智慧。

【72】澄曰："好色、好利、好名等心，固是私欲。如闲思杂虑，如何亦谓之私欲？"先生曰："毕竟从好色、好利、好名等根上起，自寻其根便见。如汝心中决知是无有做劫盗的思虑，何也？以汝元无是心也。汝若于货色名利等心，一切皆如不做劫盗之心一般，都消灭了，光光只是心之本体，看有甚闲思虑？此便是'寂然不动'①，便是'未发之中'，便是'廓然大公'，自然'感而遂通'，自然'发而中节'，自然'物来顺应'②。"

[注释]①寂然不动：《周易·系辞上》："《易》无思也，无为也，寂然不动，感而遂通天下之故。"其意谓《周易》本寂静不动，无思无为，所以用其占卜吉凶，就能在宁静中感觉并通达天地之事的变数。寂然：肃静的样子。 ②廓然大公：心胸宽广，大公无私。物来顺应：坦然自在地应对各种事情。程颐《答横渠先生定性书》云："君子之学，莫若廓然而大公，物来而顺应。"

【73】问"志至气次"。先生曰："'志之所至，气亦至焉'之谓，非极至次贰之谓。①'持其志'则养气在其中。'无暴其气'则亦持其志矣②。孟子救告子之偏，故如此夹持

说。③"

[注释]①志之所至,气亦至焉:《孟子·公孙丑上》云:"夫志,气之帅也;气,体之充也。夫志至焉,气次焉,故曰持其志,无暴其气。"其意谓志向是意气之统帅,意气充满体内。志向到哪里,意气就跟着到哪里,所以说要坚定自己的志向,不要意气用事。极至:至于极。次贰:居于第二位。朱熹《孟子集注》云:"若论其极,则志固心之所之,而为气之将帅,然气亦人之所以充满于身而为志之卒徒者也。故志固为至极,而气即次之。"王阳明显然不同意朱熹以志为极至、气为次贰的看法。 ②王阳明认为孟子的"持其志"与"无暴其气"是共存与相互作用的关系,与孟子的思想相一致。 ③告子:名不害,战国时人。尝与孟子论辩,提出性无善恶论,与孟子性善论相对立。王阳明认为孟子为了纠正告子的片面理解才有"志至气次"之说。夹持:匡扶,使其不偏不倚。

【74】问:"先儒曰:'圣人之道,必降而自卑;贤人之言,则引而自高。'①如何?"先生曰:"不然。如此却乃伪也。圣人如天,无往而非天②,三光之上天也③,九地之下亦天也④,天何尝有降而自卑?此所谓'大而化之'也⑤。贤人如山岳,守其高而已。然百仞者不能引而为千仞,千仞者不能引而为万仞。是贤人未尝引而自高也,引而自高则伪矣。"

[注释]①"圣人之道"四句:朱熹《论语集注·子罕》引程颐语:"圣人之道,必降而自卑,不如此则人不亲。贤人之言,则引而自高,不如此则道不尊。"降而自卑:屈尊身份使自己谦卑。 ②无往而非天:无处不是天。 ③三光:指日光、月光、星光。 ④九地:九泉,即地底。 ⑤大而化之:《孟子·尽心下》云:"充实之谓美,充实而有光辉之谓大,大而化之之谓圣。"其意谓善念充满全身便叫作美,充满全身的善念光辉地表现出来便叫作大,既能光辉地表现出来了而又能化而用之叫作圣。

【75】问:"伊川谓'不当于喜怒哀乐未发之前求中'①,延平却教学者'看未发之前气象'②,何如?"先生曰:"皆是也。伊川恐人于未发前讨个中,把中做一物看,如吾向所谓认气定时做中,故令只于涵养省察上用功。延平恐人未便有下手处,故令人时时刻刻求未发前气象,使人正目而视惟此,倾耳而听惟此,即是'戒慎不睹,恐惧不闻'的工夫③。皆古人不得已诱人之言也。"

[注释]①"不当"句:《程氏遗书》卷十八云:"若言求中于喜怒哀乐未发之前,则不可。"中:中正平和。 ②延平:即李侗(1093—1163),字愿中,世称延平先生,宋南剑州剑浦(今福建南平)人。为学讲究"默坐澄心,以验夫喜怒哀乐未发之前气象为何如"。朱熹曾游其门,并编其语录为《延平答问》。 ③戒慎不睹,恐惧不闻:其意谓在别人看不到的地方也要警惕谨慎,在别人听不到的地方也要恐慌惧怕。语出《中庸》第一章云:"道也者,不可须臾离也,可离,非道也。是故君子戒慎乎其所不睹,恐惧乎其所不闻。"

【76】澄问:"喜怒哀乐之中和①,其全体常人固不能有②。如一件小事当喜怒者,平时无有喜怒之心,至其临时亦能中节,亦可谓之中和乎?"先生曰:"在一时一事,固亦可谓之中和,然未可谓之'大本''达道'③。人性皆善,中和是人人原有的,岂可谓无?但常人之心既有所昏蔽,则其本体虽亦时时发见,终是暂明暂灭,非其全体大用矣。无所不中,然后谓之'大本';无所不和,然后谓之'达道'。惟天下之至诚,然后能立天下之'大本'。"曰:"澄于'中'字之义尚未明。"曰:"此须自心体认出来,非言语所能喻。中只是天理。"曰:"何者为天理?"曰:"去得人欲,便识天理。"曰:"天理何以谓之中?"曰:"无所偏倚。"曰:

"无所偏倚是何等气象？"曰："如明镜然，全体莹彻，略无纤尘染着。"曰："偏倚是有所染着。如着在好色、好利、好名等项上，方见得偏倚；若未发时，美色名利皆未相着，何以便知其有所偏倚？"曰："虽未相着，然平日好色、好利、好名之心，原未尝无；既未尝无，即谓之有；既谓之有，则亦不可谓无偏倚。譬之病疟之人，虽有时不发，而病根原不曾除，则亦不得谓之无病之人矣。须是平日好色、好利、好名等项一应私心④，扫除荡涤，无复纤毫留滞，而此心全体廓然，纯是天理，方可谓之喜怒哀乐'未发之中'，方是天下之'大本'。"

[注释]①中和：中正平和。《中庸》第一章云："喜怒哀乐之未发，谓之中；发而皆中节，谓之和。"其意谓人的正常情感诸如喜怒哀乐还没有表现出来时，内心的状态是平衡而稳定的，这种状态即谓之中和；如果喜怒哀乐之情感表现出来而符合规则，有分寸，即谓之平和。 ②全体：总体。 ③"大本""达道"：喜怒哀乐之未发的内心状态即"大本"，发而皆符合规则且有分寸即"达道"。《中庸》第一章云："中也者，天下之大本也。和也者，天下之达道也。"阳明认为在或喜或怒一时一事上表现出的状态可以谓之"中和"，但不能谓之"大本""达道"。 ④一应：一切。

【77】问："'颜子没而圣学亡'①，此语不能无疑？"先生曰："见圣道之全者惟颜子。观'喟然一叹'可见，其谓'夫子循循然善诱人，博我以文，约我以礼'，是见破后如此说。博文约礼，如何是善诱人？学者须思之。道之全体，圣人亦难以语人，须是学者自修自悟。颜子'虽欲从之，末由也已'②，即文王'望道未见'意③。望道未见乃是真见④。颜子没，而圣学之正派遂不尽传矣。"

[注释]①颜子:即孔子的学生颜回。 ②此段阳明引用颜回对孔子的评价阐明悟道必须亲身修养领悟。《论语·子罕》云:"颜渊喟然叹曰:'仰之弥高,钻之弥坚,瞻之在前,忽焉在后。夫子循循然善诱人,博我以文,约我以礼,欲罢不能。既竭吾才,如有所立卓尔。虽欲从之,末由也已。'"颜回认为老师的道德文章越抬头望越高不可攀,越钻研越觉得深奥,通过学习领会觉得已经竭尽全力并且可以独立工作了,但再向前迈一步却又不知道如何下手了。 ③文王"望道未见":文王追求道理就像没有看见一样。指道之无穷无尽,要坚持不懈地追求。《孟子·离娄下》云:"文王视民如伤,望道而未之见。" ④真见:真正地领悟天理。

【78】问:"身之主为心①,心之灵明是知②,知之发动是意,意之所着为物③,是如此否?"先生曰:"亦是。"

[注释]①身之主为心:身体的主宰是心。 ②灵明:天赋的聪明才智。③意之所着为物:意附着在物上。

【79】"只存得此心常见在①,便是学。过去未来事,思之何益?徒放心耳②!"

[注释]①存得此心:存养本心。见在:现在。 ②放心:安放失落的本心。

【80】"言语无序①,亦足以见心之不存②。"

[注释]①言语无序:语无伦次。 ②心之不存:没有存养本心。

【81】尚谦问①:"孟子之'不动心',与告子异②?"先生曰:"告子是硬把捉着此心,要他不动;孟子却是集义到自然不动。"

又曰:"心之本体原自不动。心之本体即是性,性即是理,性元不动,理元不动。集义是复其心之本体。"

[注释]①尚谦:薛侃,字尚谦,号中离,揭阳(今广东揭阳)人。正德十二年(1517)进士,官至行人司司正,后归田。阳明弟子,从游者甚众,达百余人,为传播阳明心学贡献甚巨,《传习录》第95～129条为其所录。著有《经传论义》《图书质疑》《训俗垂规》等书。 ②不动心:内心自然平衡和谐。《孟子·公孙丑上》云:"敢问夫子之不动心,与告子之不动心,可得闻与?""告子曰:'不得于言,勿求于心。不得于心,勿求于气。'不得于言,勿求于心,可;不得于言,勿求于心,不可。夫志,气之帅也。气,体之充也。夫志至焉,气次焉。故曰,持其志,无暴其气。……我知言,我善养吾浩然之气。"公孙丑问"不动心",孟子认为告子所谓的内心不能考虑的,不必再求助于意气,是对的;而语言不能表达的,不必反求其理于内心,是不可以的;因为心志是意气的统帅,而意气充满体内,心志到达哪里,意气亦随而往之,因此要坚定意志,而不要滥用意气,即不能意气用事,而体气专一则身体自然会平衡和谐,服从心志的调度与统帅,使个体生命获得道德的价值与意义,不至于"反动其心"。

【82】"'万象森然'时①,亦冲漠无朕②;冲漠无朕,即万象森然。冲漠无朕者一之父,万象森然者精之母。一中有精,精中有一。"

[注释]①万象森然:万事万物了然于心。 ②冲漠无朕:其意谓空寂无我。《二程遗书》卷十五程颐云:"冲漠无朕,万象森然已具,未应不是先,已应不是后。"冲漠:虚寂恬静。无朕:无我。

【83】"心外无物。如吾心发一念孝亲①,即孝亲便是物。"

[注释]①发:产生。

【84】先生曰:"今为吾所谓格物之学者,尚多流于口耳。况为口耳之学者,能反于此乎?天理人欲,其精微必时时用力省察克治,方日渐有见。如今一说话之间,虽只讲天理,不知心中倏忽之间已有多少私欲。盖有窃发而不知者①,虽用力察之,尚不易见,况徒口讲而可得尽知乎?今只管讲天理来顿放着不循②,讲人欲来顿放着不去,岂格物致知之学?后世之学,其极至,只做得个义袭而取的工夫③。"

[注释]①窃发:不知不觉地滋生。 ②不循:不去遵循。 ③义袭而取:其意谓偶然良心发现而做一些与义相合之事所取得。《孟子·公孙丑上》云:"是集义所生者,非义袭而取之也。"孟子认为人之所作所为一直符合道义,即会养就浩然之气;如果只是偶尔做一点符合道义之事,浩然之气就无法养成。因此,朱熹《孟子集注》云:"非由只行一事偶合于义,便可掩袭于外而得之。"袭:趁人不备而攻击。

【85】问"格物"。先生曰:"格者,正也。正其不正,以归于正也。"

【86】问:"知止者,知至善只在吾心,元不在外也,而后志定?"①曰:"然。"

[注释]①"知止者"四句:《大学》云:"知止而后有定。"

【87】问:"格物于动处用功否?"先生曰:"格物无间动静①,静亦物也。孟子谓'必有事焉'②,是动静皆有事。"

[注释]①无间:无间隔,即不分。 ②必有事焉:《孟子·公孙丑上》云:

"必有事焉。而勿正心，勿忘，勿助长也。"其意谓必须时时培养它，而又不要有特定的目标(功利)，时刻不忘于心，而又不能人为助长。即存养本心不分动静场合，须时时处处用功，不可间断。

【88】"工夫难处，全在格物致知上，此即诚意之事。意既诚，大段心亦自正，身亦自修。但正心修身工夫，亦各有用力处，修身是已发边①，正心是未发边。心正则中②，身修则和③。"

[注释]①已发边：意念已发之处。　②心正则中：心性端正即是中正。③身修则和：修身即是平和。

【89】"自'格物致知'至'平天下'，只是一个'明明德'。虽亲民，亦明德事也。明德是此心之德，即是仁。'仁者以天地万物为一体'①，使有一物失所，便是吾仁有未尽处。"

[注释]①仁者以天地万物为一体：《二程遗书》卷二程颢云："学者须先识仁。仁者，浑然与物同体。"

【90】"只说'明明德'而不说'亲民'，便似老、佛。"

【91】"至善者性也，性元无一毫之恶，故曰'至善'。止之①，是复其本然而已②。"

[注释]①止之：停止在至善上。　②本然：天性的本来面目，即良知。

【92】问："知至善即吾性，吾性具吾心，吾心乃至善所

止之地,则不为向时之纷然外求,而志定矣。定则不扰扰而静,静而不妄动则安,安则一心一意只在此处,千思万想,务求必得此至善,是能虑而得矣。如此说是否？①"先生曰:"大略亦是。"

[注释]①《大学》云:"知止而后有定,定而后能静,静而后能安,安而后能虑,虑而后能得。"此处可以理解为是对这段经文的解释,亦是王阳明的观点。不扰扰:不纷扰。能虑而得:思考而得到的。

【93】问:"程子云:'仁者以天地万物为一体①。'何墨氏'兼爱'反不得谓之仁②?"先生曰:"此亦甚难言,须是诸君自体认出来始得。仁是造化生生不息之理,虽弥漫周遍,无处不是,然其流行发生,亦只有个渐③,所以生生不息。如冬至一阳生,必自一阳生,而后渐渐至于六阳,若无一阳之生,岂有六阳？阴亦然。惟有渐,所以便有个发端处;惟其有个发端处,所以生;惟其生,所以不息。譬之木,其始抽芽,便是木之生意发端处;抽芽然后发干,发干然后生枝生叶,然后是生生不息。若无芽,何以有干有枝叶？能抽芽,必是下面有个根在。有根方生,无根便死。无根何从抽芽？父子兄弟之爱,便是人心生意发端处,如木之抽芽。自此而仁民,而爱物,便是发干生枝生叶。墨氏兼爱无差等,将自家父子兄弟与途人一般看,便自没了发端处;不抽芽便知得他无根,便不是生生不息,安得谓之仁？孝弟为仁之本④,却是仁理从里面发生出来。"

[注释]①仁者以天地万物为一体:此语出自《二程遗书》卷二。 ②墨氏"兼爱":墨氏:即墨翟,墨家学派的创始人,春秋战国之际的著名思想家,世

称墨子,其思想的核心即"兼爱"。《孟子·滕文公下》攻击墨子兼爱思想:"墨氏兼爱,是无父也。"　③有个渐:有个渐进的过程。　④孝弟为仁之本:《论语·学而》:"孝弟也者,其为仁之本与。"

【94】问:"延平云:'当理而无私心。'①'当理'与'无私心'如何分别?"先生曰:"心即理也,'无私心'即是'当理',未'当理'便是私心。若析心与理言之,恐亦未善②。"

又问:"释氏于世间一切情欲之私都不染着,似无私心。但外弃人伦,却似'未当理'。"曰:"亦只是一统事③,都只是成就他一个私己的心。"

[注释]①当理而无私心:既合天理又无私心。语出朱熹《延平答问》(李侗语)。　②未善:不妥当。　③一统事:一回事。

薛　侃　录

【95】侃问:"持志如心痛,一心在痛上,安有工夫说闲语,管闲事?"先生曰:"初学工夫,如此用亦好;但要使知'出入无时,莫知其乡'①。心之神明,原是如此,工夫方有着落。若只死死守着②,恐于工夫上又发病。"

[注释]①出入无时,莫知其乡:出入没有一定的时候,也不知道它去的方向。《孟子·告子上》云:"孔子曰:'操则存,舍则亡。出入无时,莫知其乡。'惟心之谓与?"　②死死守着:即死守志向。

【96】侃问:"专涵养而不务讲求①,将认欲作理,则如之何?"先生曰:"人须是知学。讲求亦只是涵养,不讲求只是涵养之志不切。"曰:"何谓知学?"曰:"且道为何而

学？学个甚？"曰："尝闻先生教，学是学存天理。心之本体即是天理,体认天理只要自心地无私意。"曰："如此则只须克去私意便是,又愁甚理欲不明？"曰："正恐这些私意认不真。"曰："总是志未切。志切,目视耳听皆在此,安有认不真的道理？'是非之心人皆有之'②,不假外求。讲求亦只是体当自心所见③,不成去心外别有个见。"

[注释]①专涵养而不务讲求：专心涵养德行而不重视研究学问。 ②是非之心人皆有之：《孟子·告子上》云："恻隐之心,人皆有之；羞恶之心,人皆有之；恭敬之心,人皆有之；是非之心,人皆有之。" ③体当：体会认识。

【97】先生问在坐之友："比来工夫何似？"一友举虚明意思①。先生曰："此是说光景②。"一友叙今昔异同。先生曰："此是说效验③。"二友惘然,请是。先生曰："吾辈今日用功,只是要为善之心真切。此心真切,见善即迁,有过即改④,方是真切工夫。如此则人欲日消,天理日明。若只管求光景,说效验,却是助长外驰病痛⑤,不是工夫。"

[注释]①虚明：空明,清澈明亮。 ②光景：表面现象。 ③效验：效果。 ④见善即迁,有过即改：其意谓见到善美的德行就移而从之,有了过错就迅速改正。语出《周易·益卦·象》。迁：迁移。 ⑤外驰病痛：向外求理的毛病。

【98】朋友观书,多有摘议晦庵者①。先生曰："是有心求异②,即不是③。吾说与晦庵时有不同者,为入门下手处有毫厘千里之分④,不得不辩。然吾之心与晦庵之心未尝异也⑤。若其余文义解得明当处,如何动得一字？"

[注释]①摘议:指摘。晦庵:朱熹的号。　②有心:刻意。　③即不是:这是不对的。　④入门下手处:做学问的入门功夫。朱熹以格物穷理为入门,而王阳明则是以心即理为基础。　⑤此句意谓自己与朱熹的终极目标是一致的。

【99】希渊问①:"圣人可学而至,然伯夷、伊尹于孔子才力终不同②,其同谓之圣者安在③?"先生曰:"圣人之所以为圣,只是其心纯乎天理,而无人欲之杂。犹精金之所以为精,但以其成色足而无铜铅之杂也。人到纯乎天理方是圣,金到足色方是精。然圣人之才力亦有大小不同,犹金之分两有轻重。尧、舜犹万镒④,文王、孔子犹九千镒,禹、汤、武王犹七八千镒,伯夷、伊尹犹四五千镒。才力不同而纯乎天理则同,皆可谓之圣人。犹分两虽不同,而足色则同,皆可谓之精金。以五千镒者而入于万镒之中,其足色同也;以夷、尹而厕之尧、孔之间,其纯乎天理同也。盖所以为精金者,在足色而不在分两;所以为圣者,在纯乎天理而不在才力也。故虽凡人而肯为学,使此心纯乎天理,则亦可为圣人;犹一两之金比之万镒,分两虽悬绝,而其到足色处可以无愧。故曰'人皆可以为尧、舜'者以此⑤。学者学圣人,不过是去人欲而存天理耳,犹炼金而求其足色。金之成色所争不多⑥,则锻炼之工省而功易成,成色愈下则锻炼愈难。人之气质清浊粹驳,有中人以上,中人以下,其于道有生知安行,学知利行⑦,其下者必须人一己百,人十己千,及其成功则一。后世不知作圣之本是纯乎天理,却专去知识才能上求圣人。以为圣

人无所不知，无所不能，我须是将圣人许多知识才能逐一理会始得。故不务去天理上着工夫，徒弊精竭力，从册子上钻研，名物上考索，形迹上比拟，知识愈广而人欲愈滋，才力愈多而天理愈蔽。正如见人有万镒精金，不务锻炼成色，求无愧于彼之精纯，而乃妄希分两⑧，务同彼之万镒，锡、铅、铜、铁杂然而投，分两愈增而成色愈下。既其梢末，无复有金矣。"时曰仁在傍，曰："先生此喻足以破世儒支离之惑，大有功于后学。"先生又曰："吾辈用功只求日减，不求日增。减得一分人欲，便是复得一分天理。何等轻快脱洒！何等简易！"

[注释]①希渊：即蔡宗兖，字希渊，浙江山阴（今浙江绍兴）人。正德十二年（1517）进士，官至四川提学佥事。王阳明早年所收弟子。 ②伯夷：商末孤竹君长子。孤竹君使次子叔齐继承王位，孤竹君亡，叔齐让位于伯夷，伯夷不受。商亡，二人逃至首阳山，不食周粟而死。伊尹：商初贤相，助商汤攻灭夏桀。汤之孙太甲即位无道，伊尹被放逐。后太甲悔过，又接伊尹复位。③圣者安在：希渊请教阳明伯夷、伊尹与孔子相比，才学与能力有所不同，为何孟子都称他们为圣人。《孟子·万章下》云："伯夷，圣之清者也；伊尹，圣之任者也；柳下惠，圣之和者也；孔子，圣之时者也。"清者：清高者。任者：担当者。和者：随和者。时者：识时务者。 ④镒：古代重量单位，一镒合二十两，或曰四十两。 ⑤人皆可以为尧、舜：《孟子·告子下》云："曹交问曰：'人皆可以为尧、舜，有诸？'孟子曰：'然'。" ⑥所争不多：与纯金相差无几。⑦生知：意谓生而知之。安行：意谓顺其自然而行之，即顺其自然去践行。学知：意谓学而知之。利行：意谓利而行之，即为了一定的利益去践行。《中庸》第二十章云："或生而知之，或学而知之，或困而知之，及其知之一也。或安而行之，或利而行之，或勉强而行之，及其成功一也。" ⑧妄希：妄想。

【100】士德问曰①："格物之说，如先生所教，明白简

易，人人见得。文公聪明绝世②，于此反有未审③，何也？"先生曰："文公精神气魄大，是他早年合下便要继往开来④，故一向只就考索著述上用功。若先切己自修，自然不暇及此。到得德盛后，果忧道之不明，如孔子退修六籍，删繁就简，开示来学，亦大段不费甚考索⑤。文公早岁便著许多书，晚年方悔是倒做了⑥。"士德曰："晚年之悔，如谓：'向来定本之悟。'又谓：'虽读得书，何益于吾事？'又谓：'此与守书籍，泥言语，全无交涉。'是他到此方悔从前用功之错，方去切己自修矣。"曰："然。此是文公不可及处。他力量大，一悔便转，可惜不久即去世，平日许多错处皆不及改正。"

[注释]①士德：杨骥，字士德，广东潮州人。初师从湛若水，卒业于王阳明。　②文公：朱熹谥号文，故称。　③未审：不明白。　④合下：当初，原先。继往开来：朱熹《中庸章句序》云："继往圣，开来学。"　⑤大段：大略。　⑥晚年方悔：《传习录》卷下附阳明《朱子晚年定论》，述朱子晚年对其学说有所反思，有所悔悟。下文士德所引"向来定本之误""虽读得书，何益于吾事""此与守书籍，泥言语，全无交涉"皆出自《朱子晚年定论》。

【101】侃去花间草，因曰："天地间何善难培，恶难去？"先生曰："未培未去耳①。"少间，曰："此等看善恶，皆从躯壳起念，便会错。"侃未达②。曰："天地生意，花草一般，何曾有善恶之分？子欲观花，则以花为善，以草为恶；如欲用草时，复以草为善矣。此等善恶，皆由汝心好恶所生，故知是错。"曰："然则无善无恶乎？"曰："无善无恶者理之静③，有善有恶者气之动④。不动于气，即无善无恶，是谓

至善。"曰:"佛氏亦无善无恶,何以异?"曰:"佛氏着在无善无恶上,便一切都不管,不可以治天下。圣人无善无恶,只是'无有作好','无有作恶',不动于气。然'遵王之道','会其有极'⑤,便自'一循天理',便有个'裁成辅相'⑥。"曰:"草既非恶,即草不宜去矣。"曰:"如此却是佛、老意见。草若有碍,何妨汝去?"曰:"如此又是作好作恶。"曰:"不作好恶,非是全无好恶,却是无知觉的人。谓之不作者,只是好恶一循于理,不去又着一分意思⑦。如此,即是不曾好恶一般。"曰:"去草如何是一循于理,不着意思?"曰:"草有妨碍,理亦宜去,去之而已。偶未即去,亦不累心。若着了一分意思,即心体便有贻累,便有许多动气处。"曰:"然则善恶全不在物?"曰:"只在汝心。循理便是善,动气便是恶。"曰:"毕竟物无善恶。"曰:"在心如此,在物亦然。世儒惟不知此,舍心逐物,将格物之学错看了,终日驰求于外,只做得个义袭而取,终身行不著,习不察⑧。"曰:"'如好好色,如恶恶臭',则如何?"曰:"此正是一循于理。是天理合如此,本无私意作好作恶。"曰:"'如好好色,如恶恶臭',安得非意?"曰:"却是诚意,不是私意。诚意只是循天理。虽是循天理,亦着不得一分意,故有所忿懥好乐则不得其正⑨,须是廓然大公,方是心之本体。知此即知未发之中。"伯生曰⑩:"先生云:'草有妨碍,理亦宜去。'缘何又是躯壳起念?"曰:"此须汝心自体当。汝要去草,是甚么心?周茂叔窗前草不除⑪,是甚么心?"

[注释]①未培未去:无所谓培养与去除。 ②未达:不明白。 ③理之

静:理的宁静。　④气之动:心的激动。　⑤"遵王之道","会其有极":《尚书·洪范》云:"无有作好,遵王之道。无有作恶,遵王之路。"其意谓不要凭一己之私去喜好袒护,要遵守王道;不要凭一己之私为非作歹,要遵王正路。　⑥裁成辅相:《周易·泰卦·象》云:"后以财成天地之道,辅相天地之宜。"后:君主。财成:即"裁成"。辅相:辅助。其意谓君王顺应天地之道,并裁剪成百姓适用的形式,进而辅佐百姓按照其道生存发展。　⑦不去又着一分意思:不夹杂丝毫私欲。　⑧行不著,习不察:《孟子·尽心上》:"行之而不著焉,习矣而不察焉,终身由之而不知其道者,众矣。"其意谓做了而不明白其缘由,习惯了而不探求其所以然,一生所走的道路而不了解是条什么道路,这是一般的人。著:明白。察:考究。　⑨忿懥好乐:激愤、怨恨、喜欢、高兴。　⑩伯生:孟源,字伯生。阳明弟子。事迹不详。　⑪周茂叔:周敦颐,字茂叔,人称濂溪先生。道州营道(今湖南道县)人,宋代著名理学家、宋明理学的创始人。他建立了以孔孟正统思想为主的哲学思想体系。著有《太极图说》等。《二程遗书》卷三云:"周茂叔窗前草不除去,问之,云:'与自家意思一般。'"即好生之意,与天地生意如一。

【102】先生谓学者曰:"为学须得个头脑①,工夫方有着落。纵未能无间②,如舟之有舵,一提便醒。不然,虽从事于学,只做个义袭而取,只是行不著,习不察,非大本达道也。"又曰:"见得时,横说竖说皆是。若于此处通,彼处不通,只是未见得。"

[注释]①头脑:要旨,宗旨。　②无间:融会贯通。

【103】或问为学以亲故,不免业举之累①。先生曰:"以亲之故而业举,为累于学,则治田以养其亲者,亦有累于学乎②?先正云:'惟患夺志。'③但恐为学之志不真切耳。"

[注释]①业举:科举事业。 ②累于学:拖累学业。 ③惟患夺志:只害怕丧失志向。《二程外书》卷十一程颐云:"科举之事,不患妨功,惟患夺志。"

【104】崇一问①:"寻常意思多忙,有事固忙。无事亦忙,何也?"先生曰:"天地气机,元无一息之停。然有个主宰,故不先不后,不急不缓,虽千变万化,而主宰常定,人得此而生。若主宰定时,与天运一般不息,虽酬酢万变②,常是从容自在,所谓'天君泰然,百体从令'③。若无主宰,便只是这气奔放,如何不忙?"

[注释]①崇一:欧阳德(1496—1554),字崇一,号南野,江西泰和人,嘉靖二年(1523)进士,官至礼部尚书。著有《欧阳南野集》。阳明弟子。 ②酬酢:交际应酬。 ③天君泰然,百体从令:朱熹《孟子集注·告子章句上》引范浚《心箴》语。天君:指心。百体:身体各部。

【105】先生曰:"为学大病在好名。"侃曰:"从前岁自谓此病已轻,比来精察,乃知全未,岂必务外为人①?只闻誉而喜,闻毁而闷,即是此病发来。"曰:"最是。名与实对,务实之心重一分,则务名之心轻一分;全是务实之心,即全无务名之心;若务实之心如饥之求食,渴之求饮,安得更有工夫好名?"又曰:"'疾没世而名不称'②,'称'字去声读,亦'声闻过情,君子耻之'之意③。实不称名,生犹可补,没则无及矣。'四十五十而无闻'④,是不闻道,非无声闻也。孔子云:'是闻也,非达也。'⑤安肯以此望人⑥?"

[注释]①务外为人:被别人的评价所左右。 ②疾没世而名不称:《论

语·卫灵公》云:"子曰:'君子疾没世而名不称焉。'"其意谓君子引以为憾的是到去世时名不副实。疾:恨,遗憾。　③声闻过情,君子耻之:其意谓名誉超过实际情况,君子引以为耻。语出《孟子·离娄下》。　④四十五十而无闻:《论语·子罕》云:"四十五十而无闻焉,斯亦不足畏也已。"此处之"闻"谓声誉,声名。闻:此处指听闻大道。　⑤是闻也,非达也:这是声名,并非贤达。《论语·颜渊》云:"子张问:'士何如斯可谓之达矣?'子曰:'何哉,尔所谓达者?'子张对曰:'在邦必闻,在家必闻。'子曰:'是闻也,非达也。'夫达也者,质直而好义,察言而观色,虑以下人。在邦必达,在家必达。夫闻也者,色取仁而行违,居之不疑。在邦必闻,在家必闻。"　⑥以此望人:以名声评价别人。

【106】侃多悔①。先生曰:"悔悟是去病之药,然以改之为贵。若留滞于中,则又因药发病。"

[注释]①多悔:经常后悔。

【107】德章曰①:"闻先生以精金喻圣,以分两喻圣人之分量,以锻炼喻学者之工夫,最为深切。惟谓尧、舜为万镒,孔子为九千镒,疑未安。"

先生曰:"此又是躯壳上起念,故替圣人争分两。若不从躯壳上起念,即尧、舜万镒不为多,孔子九千镒不为少;尧、舜万镒只是孔子的,孔子九千镒只是尧、舜的,原无彼我,所以谓之圣。只论精一,不论多寡。只要此心纯乎天理处同,便同谓之圣。若是力量气魄,如何尽同得!后儒只在分两上较量,所以流入功利。若除去了比较分两的心,各人尽着自己力量精神,只在此心纯天理上用功,即人人自有,个个圆成,便能大以成大,小以成小,不假外慕,无不具足②。此便是实实落落明善诚身的事。后儒不明圣学,不知就自己心地良知良能上体认扩充③,却去求知其所不知,求能其所不能,一味只是希高慕大;不知自己是桀、纣心地,动辄要做尧、舜事业,如何做得?终年碌碌,至于老死,竟不知成就了个甚么,可哀也已!"

[注释]①德章:姓刘,生平事迹不详。阳明弟子。 ②具足:具备、完备。 ③良知良能:先天无须学习而具有的认知与能力。《孟子·尽心下》云:"人之所不学而能者,其良能也;所不虑而知者,其良知也。"

【108】侃问:"先儒以心之静为体,心之动为用①,如何?"先生曰:"心不可以动静为体用。动静,时也②。即体而言,用在体,即用而言,体在用:是谓'体用一源'③。若说静可以见其体,动可以见其用,却不妨。"

[注释]①心之静为体,心之动为用:静止的状态是心的本体,心动的状态是心的应用。王阳明认为心之本体中有应用,应用中有本体,心不能用动静来区分。《二程文集》卷十程颐《与吕大临论中书》:"心一也,有指体而言者,寂然不动是也。有指用而言者,感而遂通天下之故是也。" ②动静,时也:动静皆是相对的。 ③体用一源:语出程颐《周易传·序》。体:本体。用:作用。

【109】问:"上智下愚如何不可移①?"先生曰:"不是不可移,只是不肯移。"

[注释]①上智下愚:最聪明的人与最愚笨的人。《论语·阳货》云:"唯上知与下愚不移。"移:改变。

【110】问:"'子夏门人问交'章①。先生曰:"子夏是言小子之交②,子张是言成人之交。若善用之,亦俱是。③"

[注释]①子夏门人问交:子夏的门人问怎样交朋友。《论语·子张》云:"子夏之门人问交于子张。子张曰:'子夏云何?'对曰:'子夏曰,可者与之,其不可者拒之。'子张曰:'异乎吾所闻,君子尊贤而容众,嘉善而矜不能。我之大贤与,于人何所不容?我之不贤与,人将拒我,如之何其拒人也。'"子夏、子张皆孔子弟子。 ②小子:小孩子。 ③善用之,亦俱是:运用适时,都是对的。

【111】子仁问①:"'学而时习之,不亦说乎'②,先儒以学为效先觉之所为③,如何?"先生曰:"学是学去人欲,存天理;从事于去人欲,存天理,则自正。诸先觉考诸古训,自下许多问辨、思索、存省、克治工夫,然不过欲去此心之人欲,存吾心之天理耳。若曰效先觉之所为,则只说得学中一件事,亦似专求诸外了。'时习'者,'坐如尸'④,非专习坐也,坐时习此心也;'立如斋',非专习立也,立时习此心也。'说'是'理义之说我心'之'说'⑤,人心本自说理义,如目本说色,耳本说声,惟为人欲所蔽所累,始有不说。今人欲日去,则理义日洽浃⑥,安得不说?"

[注释]①子仁:冯恩,字子仁,号南江,上海松江人,嘉靖进士。王阳明弟子。 ②学而时习之,不亦说乎:此语出自《论语·学而》。说:同"悦"。 ③朱熹《论语集注·学而》云:"人性皆善而觉有先后,后觉者必效先觉之所为,乃可以明善而复其初也。" ④坐如尸:《礼记·曲礼》云:"坐如尸,立如齐。"尸:古代祭祀时代替神鬼受祭之人。齐:通"斋",指古人祭祀前的斋戒。其意谓坐着就如受祭的尸一样端庄,站着就如斋戒时一样肃立。 ⑤理义之说我心:理义使我心愉悦。说:同"悦"。《孟子·告子上》云:"理义之悦我心,犹刍豢之悦我口。"刍豢:指猪、狗、牛、羊。食草动物曰刍,食肉动物曰豢。 ⑥洽浃:融洽,欢悦。

【112】国英问①:"曾子'三省'虽切②,恐是未闻'一贯'时工夫③。"先生曰:"'一贯'是夫子见曾子未得用功之要④,故告之。学者果能忠恕上用功,岂不是'一贯'?一如树之根本,贯如树之枝叶,未种根,何枝叶之可得?'体用一源',体未立,用安从生?谓'曾子于其用处,盖已随事精察而力行之,但未知其体之一'⑤。此恐未尽。"

[注释]①国英:陈杰,字国英,福建莆田人。王阳明弟子。 ②曾子"三省":《论语·学而》云:"曾子曰:'吾日三省吾身,为人谋而不忠乎?与朋友交而不信乎?传不习乎?'" ③"一贯"时工夫:一以贯之的功夫。《论语·里仁》云:"子曰:'参乎!吾道一以贯之。'"其意谓用一根本性的思想线索贯穿全部道理。 ④用功之要:用功的要领。 ⑤"曾子于其用处"三句:语出朱熹《论语集注·里仁》,其意谓曾子在体悟心的作用方面已经做到了能够随着事情的发展而精确体察,并且努力实践了,但是他还不清楚"体用一源"的道理。

【113】黄诚甫问"汝与回也孰愈"章①。先生曰:"子贡多学而识,在闻见上用功;颜子在心地上用功:故圣人问以启之。而子贡所对又只在知见上,故圣人叹惜之,非许之也。"

[注释]①黄诚甫:名宗明,号致斋,浙江宁波人。正德九年(1514)进士,官至兵部右侍郎。王阳明弟子。汝与回也孰愈:你与颜回谁更强些?《论语·公冶长》云:"子谓子贡曰:'女与回也孰愈?'对曰:'赐也,何敢望回!回也闻一以知十,赐也闻一以知二。'子曰:'弗如也,吾与女弗如也。'"子贡:孔子学生,名赐,善于辞令。女:通"汝"。

【114】"颜子不迁怒,不贰过①,亦是有未发之中始

能。"

[注释]①颜子不迁怒,不贰过:颜回不迁怒于人,同样的错误不犯两次。《论语·雍也》云:"哀公问弟子孰为好学,孔子对曰:'有颜回者好学,不迁怒,不贰过,不幸短命死矣。今也则亡,未闻好学者也。'"

【115】"种树者必培其根,种德者必养其心。欲树之长,必于始生时删其繁枝;欲德之盛,必于始学时去夫外好①。如外好诗文,则精神日渐漏泄在诗文上去;凡百外好皆然。"又曰:"我此论学是无中生有的工夫,诸公须要信得及②,只是立志。学者一念为善之志,如树之种,但勿助勿忘③,只管培植将去,自然日夜滋长,生气日完,枝叶日茂。树初生时,便抽繁枝,亦须刊落④,然后根干能大。初学时亦然,故立志贵专一。"

[注释]①外好:旁门的爱好。 ②信得及:能够相信。 ③勿助勿忘:其意谓不要忘记,但不揠苗助长。《孟子·公孙丑上》云:"必有事焉。而勿正心,勿忘,勿助长也。" ④刊落:剪掉乱枝。

【116】因论先生之门①,某人在涵养上用功,某人在识见上用功。先生曰:"专涵养者,日见其不足②;专识见者,日见其有余。日不足者,日有余矣;日有余者,日不足矣。"

[注释]①因论:顺便谈到。先生之门:即阳明的众弟子。 ②见其不足:看到自己的不足。

【117】梁日孚问①:"居敬穷理是两事,先生以为一事,

何如？"先生曰："天地间只有此一事，安有两事？若论万殊，礼仪三百，威仪三千，又何止两？公且道居敬是如何？穷理是如何？"曰："居敬是存养工夫，穷理是穷事物之理。"曰："存养个甚？"曰："是存养此心之天理。"曰："如此亦只是穷理矣。"曰："且道如何穷事物之理？"曰："如事亲，便要穷孝之理；事君，便要穷忠之理。"曰："忠与孝之理，在君亲身上？在自己心上？若在自己心上，亦只是穷此心之理矣。且道如何是敬？"曰："只是主一。""如何是主一？"曰："如读书，便一心在读书上；接事，便一心在接事上。"曰："如此则饮酒，便一心在饮酒上；好色，便一心在好色上。却是逐物，成甚居敬功夫？"日孚请问。曰："一者天理。主一是一心在天理上。若只知主一，不知一即是理，有事时便是逐物，无事时便是着空。惟其有事无事，一心皆在天理上用功，所以居敬亦即是穷理。就穷理专一处说，便谓之居敬；就居敬精密处说，便谓之穷理。却不是居敬了，别有个心穷理；穷理时，别有个心居敬：名虽不同，功夫只是一事。就如《易》言'敬以直内，义以方外'，②敬即是无事时义，义即是有事时敬，两句合说一件。如孔子言'修己以敬'，③即不须言义，孟子言'集义'即不须言敬，会得时，横说竖说工夫总是一般。若泥文逐句，不识本领，即支离决裂，工夫都无下落。"问："穷理何以即是尽性？"曰："心之体性也，性即理也。穷仁之理，真要仁极仁④，穷义之理，真要义极义；仁义只是吾性，故穷理即是尽性。如孟子说'充其恻隐之心，至仁不可胜用'⑤，这便是穷理工夫。"日孚曰："先儒谓'一草一木亦皆有理，不可不察'⑥,如何?"先生曰:"夫我则不暇,公且先去理会自己性情,须能尽人之性,然后能尽物之性。"日孚悚然有悟⑦。

[注释]①梁日孚:梁焯(1482—1528),字日孚,南海人。正德九年(1514)进士,官至兵部职方主事。王阳明弟子。　②敬以直内,义以方外:《周易·坤》云:"直,其正也。方,其义也。君子敬以直内,义以方外,敬义立而德不孤。"其意谓端正是正确的,方正是合理的。君子恭敬地使自己的内心端正,合理地使自己的行为符合规范,内心端正且行为规范,道德品质就不会不好。　③修己以敬:其意谓修养自己并且严肃认真地对待工作。《论语·宪问》云:"子路问君子。子曰:'修己以敬。'"　④极仁:至仁。　⑤充其恻隐之心,至仁不可胜用:其意谓扩充恻隐之心,达到仁的程度则取之不尽。《孟子·尽心下》云:"人皆有所不忍,达之于其所忍,仁也。人皆有所不为,达之于其所为,义也。人能充无欲害人之心,而仁不可胜用也;人能充无穿窬之心,而义不可胜用也。人能充无受尔汝之实,无所往而不为义也。"　⑥一草一木亦皆有理,不可不察:《程氏遗书》卷十八程颐云:"一草一木皆有理,须是察。"　⑦悚然有悟:幡然醒悟。

【118】惟乾问①:"知如何是心之本体?"先生曰:"知是理之灵处。就其主宰处说,便谓之心;就其禀赋处说,便谓之性。孩提之童,无不知爱其亲,无不知敬其兄②,只是这个灵能不为私欲遮隔,充拓得尽,便完;完是他本体,便与天地合德③。自圣人以下,不能无蔽,故须格物以致其知。"

[注释]①惟乾:冀元亨,字惟乾,号暗斋,武陵(今湖南常德)人。王阳明弟子。　②无不知爱其亲,无不知敬其兄:《孟子·尽心上》云:"孩提之童,无不知爱其亲者,及其长也,无不知敬其兄也。"　③与天地合德:《周易·乾》:"夫大人者,与天地合其德,与日月合其明。"其意谓大人之品德与天地一样博

大厚重,其才智与日月一样清晰明亮。

【119】守衡问①:"《大学》工夫只是诚意,诚意工夫只是格物。修、齐、治、平,只诚意尽矣。又有'正心之功,有所忿懥好乐则不得其正'②,何也?"先生曰:"此要自思得之,知此则知未发之中矣。"守衡再三请。曰:"为学工夫有浅深。初时若不着实用意去好善恶恶,如何能为善去恶?这着实用意便是诚意。然不知心之本体原无一物,一向着意去好善恶恶,便又多了这分意思,便不是廓然大公。《书》所谓'无有作好作恶',方是本体。所以说'有所忿懥好乐则不得其正'。正心只是诚意工夫里面体当自家心体,常要鉴空衡平③,这便是未发之中。"

[注释]①守衡:郭持平,字守衡,万安人。事迹不详。当为阳明弟子。②忿懥好乐:激愤、怨恨、喜欢、高兴。《大学》云:"所谓修身在正其心者,身有所忿懥,则不得其正;有所恐惧,则不得其正;有所好乐,则不得其正;有所忧患,则不得其正。" ③鉴空:如明镜之空灵。衡平:如秤杆之平稳。朱熹《大学或问》云:"人之一心,湛然虚明,如鉴之空,如衡之平,以为一身之主者,固其真体之本然。"

【120】正之问①:"'戒惧是己所不知时工夫,慎独是己所独知时工夫'②,此说如何?"先生曰:"只是一个工夫,无事时固是独知,有事时亦是独知。人若不知于此独知之地用力,只在人所共知处用功,便是作伪③,便是'见君子而后厌然'④。此独知处便是诚的萌芽,此处不论善念恶念,更无虚假,一是百是,一错百错,正是王霸、义利、诚伪、善恶界头⑤。于此一立立定,便是端本澄源,便是立

诚。古人许多诚身的工夫,精神命脉全体只在此处。真是莫见莫显,无时无处,无终无始,只是此个工夫。今若又分戒惧为己所不知,即工夫便支离,亦有间断⑥。既戒惧即是知,已若不知,是谁戒惧?如此见解,便要流入断灭禅定。"曰:"不论善念恶念,更无虚假,则独知之地更无无念时邪?"曰:"戒惧亦是念。戒惧之念,无时可息。若戒惧之心稍有不存,不是昏聩,便已流入恶念。自朝至暮,自少至老,若要无念,即是己不知,此除是昏睡,除是槁木死灰。"

[注释]①正之:黄宏纲,字正之,号洛村,江西雩都县(今江西于都县)人。正德十一年(1516)年登乡举,官至刑部主事。王阳明弟子。 ②戒惧:戒惕,害怕。慎独:独处时要谨慎。《中庸》第一章云:"君子戒慎乎其所不睹,恐惧乎其所不闻,莫见乎隐,莫显乎微。故君子慎其独也。" ③作伪:作假。 ④见君子而后厌然:《大学》云:"小人闲居为不善,无所不至,见君子而后厌然,掩其不善,而著其善。"其意谓小人平日就做不善之事,无所不为;看到君子躲躲闪闪,遮掩其所做坏事而张扬其所做好事。厌然:闭藏其不善之事。 ⑤界头:界限。 ⑥间断:中断。

【121】志道问①:"荀子云'养心莫善于诚'②,先儒非之③,何也?"先生曰:"此亦未可便以为非。'诚'字有以工夫说者:诚是心之本体,求复其本体,便是思诚的工夫。明道说'以诚敬存之'④,亦是此意。《大学》'欲正其心,先诚其意'⑤。荀子之言固多病,然不可一例吹毛求疵。大凡看人言语,若先有个意见,便有过当处。'为富不仁'之言,孟子有取于阳虎⑥。此便见圣贤大公之心。"

[注释]①志道：事迹不详，当为王阳明弟子。或曰管志道，王阳明弟子耿定向门人，当误。　②养心莫善于诚：养心最好的办法是培养诚心。《荀子·不苟》云："君子养心莫善于诚，致诚则无它事矣。"　③先儒非之：《二程外书》卷二程颐云："既诚矣，心焉用养邪？荀子不知诚。"　④以诚敬存之：用诚敬的心存养它。《程氏遗书》卷二程颐云："仁者浑然与物同体，义礼知信，皆仁也，识得此理，以诚敬存之而已。"　⑤欲正其心，先诚其意：其意谓想端正自己的心思，须先真诚面对自己的意念。语出《大学》。　⑥为富不仁：《孟子·滕文公上》云："贤君必恭俭礼下，取于民有制。"阳虎曰："为富不仁矣，为仁不富矣。"阳虎：春秋末期鲁国人，季氏家臣。

【122】萧惠问①："己私难克，奈何？"先生曰："将汝己私来，替汝克。"先生曰："人须有为己之心，方能克己；能克己，方能成己。"萧惠曰："惠亦颇有为己之心，不知缘何不能克己？"先生曰："且说汝有为己之心是如何？"惠良久曰："惠亦一心要做好人，便自谓颇有为己之心。今思之，看来亦只是为得个躯壳的己，不曾为个真己。"先生曰："真己何曾离着躯壳？恐汝连那躯壳的己也不曾为。且道汝所谓躯壳的己，岂不是耳、目、口、鼻、四肢？"惠曰："正是。为此，目便要色，耳便要声，口便要味，四肢便要逸乐，所以不能克。"先生曰："'美色令人目盲，美声令人耳聋，美味令人口爽，驰骋田猎令人发狂'②，这都是害汝耳目口鼻四肢的，岂得是为汝耳、目、口、鼻、四肢？若为着耳、目、口、鼻、四肢时，便须思量耳如何听，目如何视，口如何言，四肢如何动。必须非礼勿视、听、言、动③，方才成得个耳、目、口、鼻、四肢，这个才是为着耳、目、口、鼻、四肢。汝今终日向外驰求，为名为利，这都是为着躯壳外

面的物事。汝若为着耳、目、口、鼻、四肢,要非礼勿视、听、言、动时,岂是汝之耳、目、口、鼻、四肢自能勿视、听、言、动? 须由汝心。这视、听、言、动皆是汝心:汝心之视,发窍于目;汝心之听,发窍于耳;汝心之言,发窍于口;汝心之动,发窍于四肢。若无汝心,便无耳、目、口、鼻。所谓汝心,亦不专是那一团血肉。若是那一团血肉,如今已死的人,那一团血肉还在,缘何不能视、听、言、动? 所谓汝心,却是那能视、听、言、动的,这个便是性,便是天理。有这个性,才能生这性之生理,便谓之仁。这性之生理,发在目便会视,发在耳便会听,发在口便会言,发在四肢便会动,都只是那天理发生,以其主宰一身,故谓之心。这心之本体,原只是个天理,原无非礼,这个便是汝之真己。这个真己,是躯壳的主宰。若无真己,便无躯壳。真是有之即生,无之即死。汝若真为那个躯壳的己,必须用着这个真己,便须常常保守着这个真己的本体,戒慎不睹,恐惧不闻,惟恐亏损了他一些,才有一毫非礼萌动,便如刀割,如针刺,忍耐不过,必须去了刀,拔了针,这才是有为己之心,方能克己。汝今正是认贼作子④,缘何却说有为己之心,不能克己?"

[注释]①萧惠:事迹不详,当为王阳明弟子。 ②"美色"四句:《老子》第十二章云:"五色令人目盲,五音令人耳聋,五味令人口爽,驰骋畋猎令人心发狂。" ③非礼勿视、听、言、动:《论语·颜渊》载颜渊问仁,孔子曰:"克己复礼为仁。"颜渊问仁之具体内容,孔子曰:"非礼勿视,非礼勿听,非礼勿言,非礼勿动。" ④认贼作子:意谓以好美色为真心之好,无异于认贼作子。《楞严经》卷一云:"此是前尘虚妄相想,惑汝真性。由汝无始至于今生,认贼为子,

失汝元常,故受轮转。"其意谓此心为根尘妄念的所思所想,它迷惑了你的真性,使你以至现在都在认贼为子,失去了你的本心,所以只能堕入生死轮转之中。前尘:指色、声、香、味、触、法六尘中前面五尘。虚妄相想:指六尘中的法尘。

【123】有一学者病目,戚戚甚忧。先生曰:"尔乃贵目贱心。"

【124】萧惠好仙、释。先生警之曰:"吾亦自幼笃志二氏,自谓既有所得,谓儒者为不足学。其后居夷三载,见得圣人之学若是其简易广大,始自叹悔错用了三十年气力①。大抵二氏之学,其妙与圣人只有毫厘之间。汝今所学,乃其土苴②,辄自信自好若此,真鸱鸮窃腐鼠耳③!"惠请问二氏之妙。先生曰:"向汝说圣人之学简易广大,汝却不问我悟的,只问我悔的!"惠惭谢,请问圣人之学。先生曰:"汝今只是了人事问,待汝办个真要求为圣人的心来与汝说。"惠再三请。先生曰:"已与汝一句道尽,汝尚自不会。"

[注释]①错用了三十年气力:王阳明十七岁时始遇道士论养生之道,至三十九岁时龙场悟道,其间二十二年经历了笃信佛老到怀疑佛老的心灵磨砺过程。此处谓三十年是取其整数。 ②土苴:糟粕。 ③鸱鸮窃腐鼠:其意谓猫头鹰得到腐烂的老鼠。鸱鸮:即猫头鹰。《庄子·秋水》云:"夫鹓雏,发于南海而飞于北海,非梧桐不止,非练实不食,非醴泉不饮。于是鸱得腐鼠,鹓雏过之,仰而视之曰:'吓。'"吓:恐吓的声音。

【125】刘观时问①:"'未发之中'是如何?"先生曰:"汝

但戒慎不睹,恐惧不闻,养得此心纯是天理,便自然见。"观时请略示气象。先生曰:"哑子吃苦瓜,与你说不得。你要知此苦,还须你自吃。"时曰仁在傍,曰:"如此才是真知即是行矣。"一时在座诸友皆有省。

[注释]①刘观时:武陵(今湖南常德)人。王阳明弟子。

【126】萧惠问死生之道。先生曰:"知昼夜即知死生。"问昼夜之道。曰:"知昼则知夜。"曰:"昼亦有所不知乎?"先生曰:"汝能知昼?懵懵而兴,蠢蠢而食,行不著,习不察,终日昏昏,只是梦昼。惟'息有养,瞬有存'①,此心惺惺明明,天理无一息间断,才是能知昼。这便是天德,便是通乎昼夜之道而知,更有甚么死生?"

[注释]①息有养,瞬有存:意为瞬息之间都不要间断存养的功夫。语出张载《正蒙·有德》。

【127】马子莘问:"'修道之教',旧说谓'圣人品节吾性之固有,以为法于天下,若礼乐刑政之属'①,此意如何?"先生曰:"道即性即命,本是完完全全,增减不得,不假修饰的,何须要圣人品节?却是不完全的物件。礼乐刑政是治天下之法,固亦可谓之教,但不是子思本旨②。若如先儒之说,下面由教入道的③,缘何舍了圣人礼乐刑政之教,别说出一段戒慎恐惧工夫?却是圣人之教为虚设矣。"子莘请问。先生曰:"子思性、道、教,皆从本原上说。天命于人,则命便谓之性④;率性而行⑤,则性便谓之道;修道而学,则道便谓之教。率性是诚者事,所谓'自诚明,

谓之性'也⑥。修道是诚之者事⑦,所谓'自明诚,谓之教'也。圣人率性而行,即是道。圣人以下,未能率性,于道未免有过不及,故须修道。修道则贤知者不得而过,愚不肖者不得而不及,都要循着这个道,则道便是个教。此'教'字与'天道至教⑧,风雨霜露无非教也⑨'之'教'同。'修道'字与'修道以仁'同⑩。人能修道,然后能不违于道,以复其性之本体,则亦是圣人率性之道矣。下面'戒慎恐惧'便是修道的工夫,'中和'便是复其性之本体,如《易》所谓'穷理尽性,以至于命',中和位育便是尽性至命。"

[注释]①"旧说"句:指朱熹对"修道之教"的阐释。《中庸》第一章云:"天命之谓性,率性之谓道,修道之谓教。"朱熹《中庸章句》第一章注云:"修,品节之也。性道虽同,而气禀或异,故不能无过不及之差,圣人因人物之所当行者而品节之,以为法于天下,则谓之教,若礼乐刑政之属是也。"品节:指按照等级、层次规定其行事并加以节制。 ②子思:即孔伋,孔子之孙,相传为曾参的学生,继承并发挥了孔子的中庸思想。 ③下面由教入道:资质偏下的人通过教化才能领悟圣道。 ④命便谓之性:其意谓天命赋予人的就是本性。 ⑤率性:按照本性。 ⑥自诚明,谓之性:《中庸》第二十一章云:"自诚明谓之性,自明诚谓之教。诚则明矣,明则诚矣。"其意谓由真诚而明善,谓之本性的作用。由明善而能真诚,谓之教化的作用。真诚到一定程度则会明善,明善到一定程度则会真诚。 ⑦修道是诚之者事:修道是心诚的意思。 ⑧天道至教:《礼记·礼器》云:"天道至教,圣人至德。"其意谓天道是最高的教化,而圣人效法天道,具有最高的德行。 ⑨风雨霜露无非教也:《礼记·孔子闲居》云:"天有四时,春秋冬夏,风雨霜露,无非教也。"其意谓天有四季,春夏秋冬,并用风雨霜露无私地滋润万物,皆是对人无声的教化。 ⑩修道以仁:涵养德性要依靠仁。《中庸》第二十章云:"为政在人,取人以身,修身以道,修道以仁。"

【128】黄诚甫问:"先儒以孔子告颜渊为邦之问①,是立万世常行之道,如何?"先生曰:"颜子具体圣人②,其于为邦的大本大原都已完备。夫子平日知之已深,到此都不必言,只就制度文为上说③。此等处亦不可忽略,须要是如此方尽善。又不可因自己本领是当了④,便于防范上疏阔⑤,须是要'放郑声,远佞人'。盖颜子是个克己向里德上用心的人⑥,孔子恐其外面末节或有疏略,故就他不足处帮补说。若在他人,须告以'为政在人,取人以身,修身以道,修道以仁','达道''九经'及'诚身'许多工夫,方始做得。这个方是万世常行之道。不然,只去行了夏时,乘了殷辂,服了周冕,作了《韶》舞,天下便治得?后人但见颜子是孔门第一人,又问个'为邦',便把做天大事看了。"

[注释]①颜渊为邦之问:颜渊问治理邦国问题。《论语·卫灵公》云:"颜渊问为邦。子曰:'行夏之时,乘殷之辂,服周之冕,乐则《韶》舞。放郑声,远佞人;郑声淫,佞人殆。'" ②具体圣人:具备圣人的条件。 ③只就制度文为上说:其意谓孔子回答颜渊问邦是仅仅就制度、文化等方面做简要补充。 ④是当:非常得当。 ⑤疏阔:粗疏,不周密。 ⑥克己向里德上用心的人:其意谓颜回是个克己遵礼、涵养内心之人。

【129】蔡希渊问:"文公《大学》新本,先格致而后诚意工夫,似与首章次第相合。若如先生从旧本之说,即诚意反在格致之前,于此尚未释然。"先生曰:"《大学》工夫即是明明德,明明德只是个诚意,诚意的工夫只是格物致知。若以诚意为主,去用格物致知的工夫,即工夫始有下

落,即为善去恶无非是诚意的事。如新本先去穷格事物之理,即茫茫荡荡,都无着落处,须用添个'敬'字方才牵扯得向身心上来①。然终是没根源。若须用添个'敬'字,缘何孔门倒将一个最紧要的字落了,直待千余年后要人来补出?正谓以诚意为主,即不须添'敬'字,所以提出个诚意来说,正是学问的大头脑处。于此不察,真所谓毫厘之差,千里之谬。大抵《中庸》工夫只是诚身,诚身之极便是至诚;《大学》工夫只是诚意,诚意之极便是至善。工夫总是一般。今说这里补个'敬'字,那里补个'诚'字,未免画蛇添足。"

[注释]①须用添个"敬"字:《程氏遗书》卷十八云:"涵养须用敬,进学则在致知。"其意谓涵养德性需要用敬,用敬将心存养,不使其放肆,而要使学问有所长进则须致知穷理。

卷　中
(《续刻传习录》)

钱德洪序

德洪曰①:"昔南元善刻《传习录》于越②,凡二册。下册摘录先师手书,凡八篇③。其《答徐成之》二书,吾师自谓:'天下是朱非陆④,论定既久,一旦反之为难。二书姑为调停两可之说,使人自思得之。'故元善录为下册之首者,意亦以是欤!今朱、陆之辨明于天下久矣。洪刻先师

《文录》,置二书于外集者,示未全也,故今不复录。其余指'知行之本体',莫详于《答人论学》与答周道通、陆清伯、欧阳崇一四书;而谓'格物为学者用力日可见之地',莫详于《答罗整庵》一书。平生冒天下之非诋推陷,万死一生,遑遑然不忘讲学,惟恐吾人不闻斯道,流于功利机智,以日堕于夷狄禽兽而不觉;其一体同物之心,谆谆终身,至于毙而后已。此孔、孟以来贤圣苦心,虽门人子弟未足以慰其情也。是情也,莫详于《答聂文蔚》之第一书。此皆仍元善所录之旧。而揭'必有事焉'即'致良知'功夫,明白简切,使人言下即得入手,此又莫详于答文蔚之第二书,故增录之。元善当时汹汹⑤,乃能以身明斯道,卒至遭奸被斥,油油然惟以此生得闻斯学为庆,而绝无有纤芥愤郁不平之气⑥。斯录之刻,人见其有功于同志甚大,而不知其处时之甚艰也。今所去取,裁之时义则然⑦,非忍有所加损于其间也。"

[注释]①德洪:即钱德洪,字洪甫,号绪山,浙江余姚人。嘉靖十一年(1532)进士,官至刑部员外郎。王阳明高徒。在野三十年,以讲学为事,传播阳明心学,编辑王阳明文集、年谱。著有《钱绪山遗文抄》。钱德洪此序是其在整理南大吉续刻《传习录》时所作。 ②南元善:即南大吉,字元善,号瑞泉,陕西渭南人。正德六年(1511)进士,历官户部主事、员外郎、郎中。以户部郎出任绍兴府知府,为权贵所忌,罢官归里,传播阳明心学,重独慎致知。著有《瑞泉集》。刻《传习录》:薛侃首刻传习录于虔州(今江西赣州),为三卷,即现在我们看到的《传习录》卷上。据《王阳明年谱》,嘉靖三年(1524)十月,南大吉刻《传习录》,又名《续刻传习录》,凡二册。上册即虔州所刻的三卷,下册录阳明八书。越:绍兴。 ③八篇:即王阳明的八封书信(其实九篇,钱德洪把《答陆原静书》二篇当作一篇):《答徐成之》二书,《答人论学书》,《答周道

通书》《答陆原静书》《欧阳崇一书》《答罗整庵书》《答聂文蔚》之第一书、第二书。 ④是朱非陆:淳熙二年(1175),朱熹与陆九渊及其门生在吕祖谦的协调组织下,初会于江西信州(今江西上饶)之鹅湖寺,并就相关学术问题展开了激烈争论。学者认为朱熹偏于道问学,陆九渊偏于尊德性。之后,朱熹的理学与陆九渊的心学形成门户之争,历数百年之久。 ⑤汹汹:喧闹,此指慷慨激昂。 ⑥纤芥:细微。 ⑦裁之时义:根据时代的需要而有所取舍。如《答徐成二书》所谈论的朱陆问题已过时,所以不再录用,而《答聂文蔚二书》所谈"必有事焉"和"致良知"等说,是心学的重要学说,所以补收之。

答顾东桥书①

【130】来书云:"近时学者务外遗内,博而寡要,故先生特倡'诚意'一义,针砭膏肓,诚大惠也。"

吾子洞见时弊如此矣,亦将何以救之乎?然则鄙人之心,吾子固已一句道尽,复何言哉!复何言哉!若"诚意"之说,自是圣门教人用功第一义。但近世学者乃作第二义看,故稍与提掇紧要出来②,非鄙人所能特倡也③。

[注释]①顾东桥:顾璘,字华玉,号东桥,上元(今江苏江宁)人。弘治九年(1496)进士,官至南京刑部尚书。明代文学家,王阳明文友。著有《浮湘集》等。 ②提掇紧要:提示强调。 ③特倡:特别提倡。

【131】来书云:"但恐立说太高,用功太捷,后生师传,影响谬误,未免坠于佛氏明心见性①、定慧顿悟之机②,无怪闻者见疑。"

区区格、致、诚、正之说,是就学者本心日用事为间③,体究践履,实地用功,是多少次第、多少积累在,正与空虚顿悟之说相反。闻者本无求为圣人之志,又未尝讲究其详,遂以见疑,亦无足怪。若吾子之高明,自当一语之下便了然矣,乃亦谓'立说太高,用功太捷',何邪?

[注释]①明心见性:佛家禅宗主张,意谓使自己心底澄澈明亮,看见自己的真性,即可成佛。 ②定:即禅定,是指精神高度集中于特定物象而获得悟解的思维习惯。慧:即智慧,是指以性空理论去认识一切物象的方法。顿悟:是指不经反复用功修炼突然觉悟而把握佛教的极致。僧祐《出三藏记集》卷十一释道安云:"世尊立教法,有三焉,一者戒律也,二者禅定也,三者智慧也。" ③是就学者本心日用事为间:其意谓是从学者的本心与日用事入手。

【132】来书云:"所喻知行并进,不宜分别前后,即《中庸》尊德性而道问学之功交养互发、内外本末一以贯之之道。然工夫次第不能无先后之差,如知食乃食,知汤乃饮,知衣乃服,知路乃行,未有不见是物,先有是事。此亦毫厘倏忽之间,非谓截然有等,今日知之而明日乃行也。"

既云"交养互发、内外本末一以贯之",则知行并进之说无复可疑矣。又云"工夫次第不能无先后之差",无乃自相矛盾已乎?"知食乃食"等说,此尤明白易见,但吾子为近闻障蔽①,自不察耳。夫人必有欲食之心然后知食。欲食之心即是意,即是行之始矣。食味之美恶必待入口而后知,岂有不待入口而已先知食味之美恶者邪?必有欲行之心,然后知路。欲行之心即是意,即是行之始矣。路岐之险夷必待身亲履历而后知,岂有不待身亲履历而已先知路岐之险夷者邪?"知汤乃饮","知衣乃服",以此例之,皆无可疑。若如吾子之喻,是乃所谓不见是物而先有是事者矣。吾子又谓"此亦毫厘倏忽之间,非谓截然有等,今日知之而明日乃行也",是亦察之尚有未精②。然就如吾子之说,则知行之为合一并进,亦自断无可疑矣。

[注释]①近闻障蔽:此指被朱熹的知先行后的观点所蒙蔽。 ②尚有未精:学业还有未精通的地方。

【133】来书云:"真知即所以为行,不行不足谓之知,此为学者吃紧立教①,俾务躬行则可②。若真谓行即是知,恐其专求本心,遂遗物理③,必有暗而不达之处。抑岂圣门知行并进之成法哉?"

知之真切笃实处,即是行;行之明觉精察处,即是知:知行工夫本不可离。只为后世学者分作两截用功,失却知行本体,故有合一并进之说。"真知即所以为行,不行不足谓之知",即如来书所云"知食乃食"等说可见,前已略言之矣。此虽吃紧救弊而发,然知行之体本来如是,非以己意抑扬其间④,姑为是说以苟一时之效者也。"专求本心,遂遗物理",此盖失其本心者也。夫物理不外于吾心,外吾心而求物理,无物理矣;遗物理而求吾心,吾心又何物邪?心之体,性也,性即理也。故有孝亲之心,即有孝之理;无孝亲之心,即无孝之理矣。有忠君之心,即有忠之理;无忠君之心,即无忠之理矣。理岂外于吾心邪?晦庵谓:"人之所以为学者,心与理而已。心虽主乎一身,而实管乎天下之理,理虽散在万事,而实不外乎一人之心。"⑤是其一分一合之间,而未免已启学者心理为二之弊。此后世所以有"专求本心,遂遗物理"之患,正由不知心即理耳。夫外心以求物理，是以有暗而不达之处,此告子"义外"之说,孟子所以谓之不知义也⑥。心一而已,以其全体恻怛而言谓之仁⑦,以其得宜而言谓之义,以其条理而言谓之理；不可外心以求仁,不可外心以求义,独可外心以求理乎？外心以求理,此知行之所以二也。求理于吾心,此圣门知行合一之教,吾子又何疑乎？

[注释]①吃紧：关键。　②俾务：必须。　③物理：万物之理。　④抑扬其间：抑此扬彼。　⑤"人之所以为学者"六句：出自朱熹《大学或问》第五《知本知至章》。　⑥告子"义外"之说：告子认为："仁,内也,非外也；义,外也,非内也。"(《孟子·告子上》)即仁是由人的内心产生而非由心之外得来,义是由人心之外得来而非由心之内产生。孟子反对告子义在心外的观点,认为仁与义皆在人之心中,因此评价告子"未尝知义,以其外之也"(《孟子·公孙丑上》)。　⑦恻怛(dá)：恻隐。

【134】来书云："所释《大学》古本,谓'致其本体之知'①,此固孟子尽心之旨。朱子亦以虚灵知觉为此心之量②。然尽心由于知性,致知在于格物。"

"尽心由于知性,致知在于格物",此语然矣。然而推本吾子之意,则其所以为是语者,尚有未明也。朱子以"尽心、知性、知天"为物格、知致,以"存心、养性、事天"为诚意、正心、修身,以"夭寿不贰、修身以俟"为知至仁、尽圣人之事,若鄙人之见,则与朱子正相反矣。夫"尽心、知性、知天"者,生知安行,圣人之事也；"存心、养性、事天"者,学知利行,贤人之事也；"夭寿不贰、修身以俟"者,困知勉行,学者之事也。岂可专以尽心、知性为知,存心、养性为行乎？吾子骤闻此言,必又以为大骇矣。然其间实无可疑者,一为吾子言之:夫心之体,性也;性之原,天也。能尽其心,是能尽其性矣。《中庸》云:"惟天下至诚为能尽其性。"③又云:"知天地之化育,质诸鬼神而无疑,知天也。"④此惟圣人而后能然,故曰"此生知安行,圣人之事也"。存其心者,未能尽其心者也,故须加存之之功。必存之既久,不待于存而自无不存,然后可以进而言尽。盖"知天"之"知",如"知州""知县"之"知",知州则一州之事皆已事也,知县则一县之事皆已事也,是与天为一者也;"事天"则如子之事父,臣之事君,犹与天为二也⑤。天之所以命于我者,心也,性也,吾但存之而不敢失,养之而不敢害,如"父母全而生之,子全而归之"者也⑥。故曰"此学知利行,贤人之事也"。至于"夭寿不贰",则与存其心者又有间矣⑦。存其心者虽未能尽其心,固已一心于为善,时有不存,则存之而已。今使之"夭寿不贰",是犹以夭寿贰其心者也。犹以夭寿贰其心,是其为善之心犹未能一也,存之尚有所未可,而何尽之可云乎?今且使之不以夭寿贰其为善之心,若曰死生夭寿皆有定命,吾但一心于为善,修吾之身,以俟天命而已,是其平日尚未知有天命也。"事天"虽与天为二,然已真知天命之所在,但惟恭敬奉承之而已耳。若俟之云者,则尚未能真知天命之所在,犹有所俟者也。故曰"所以立命"。"立"者,创立之立,如立德、立言、立功、立名之类⑧。凡言"立"者,皆是昔未尝有而今始建立之谓,孔子所谓"不知命,无以为君子"者也⑨,故曰"此困知勉行,学者之事也"。今以尽心、知性、知天为格物致知,使初学之士尚未能不贰其心者⑩,而遽责之以圣人生知安行之事,如捕风捉影,茫然莫知所措其心,几何而不至于"率天下而路"也⑪!今世致知格物之弊,亦居然可见矣。吾子所谓"务外遗内,博而寡要"者,无乃亦是过欤?此学问最紧要处,于此而差⑫,将无往而不差矣!此鄙人之所以冒天下之非笑,忘其身之陷于罪戮⑬,呶呶其言⑭,其不容已者也。

[注释]①致其本体之知:王阳明《大学古本序》云:"致其本体之知,而动无不善。"其意谓致知即致其本体之知,若此则可达到至善。 ②以虚灵知觉为此心之量:其意谓朱熹以虚灵知觉为心之本体。量:能容谓之量。朱熹《中庸章句序》云:"盖尝论之,心之虚灵知觉,一而已矣。"在《孟子集注·尽心章句上》云:"心者,人之神明……人有是心,莫非全体,然不穷理,则有所蔽而无以尽乎此心之量。" ③惟天下至诚为能尽其性:其意谓只有全天下最真诚的人,才能够充分实现自己本性的要求。语出《中庸》第二十二章。 ④质诸鬼神而无疑,知天也:其意谓卜问鬼神而没有怀疑是因为了解天的缘故。语出《中庸》第二十九章。 ⑤与天为二:没有与天合为一体。 ⑥父母全而生之,子全而归之:其意谓父母把子女完好无缺地生下来,子女要爱惜身体,且不使其蒙受恶名,及死之日完好地归还给父母。《礼记·祭义》云:"父母全而生之,子全而归之,可谓孝矣。不亏其体,不辱其身,可谓全矣。" ⑦有间:不同。 ⑧"立德"句:《左传·襄公二十四年》云:"太上有立德,其次有立功,其次有立言,虽久不废,此之谓不朽。" ⑨不知命,无以为君子:语出《论语·尧曰》。命:命运。 ⑩不贰其心:一心一意。 ⑪率天下而路:其意谓率领天下人疲于奔命。路:通"露",败露。《孟子·滕文公上》云:"有大人之事,有小人之事。且一人之身,而百工之所为备。如必自为而后用之,是率天下而路也。" ⑫于此而差:在此出错。 ⑬罪戮:罪诛。此指口诛笔伐。 ⑭呶呶(náo)其言:喋喋不休。

【135】来书云:"闻语学者乃谓'即物穷理'之说,亦是

玩物丧志；又取其'厌繁就约''涵养本原'数说标示学者①，指为'晚年定论'，此亦恐非。"

朱子所谓"格物"云者，在即物而穷其理也。即物穷理，是就事事物物上求其所谓定理者也，是以吾心而求理于事事物物之中，析"心"与"理"而为二矣。夫求理于事事物物者，如求孝之理于其亲之谓也。求孝之理于其亲，则孝之理其果在于吾之心邪？抑果在于亲之身邪？假而果在于亲之身，则亲没之后，吾心遂无孝之理欤？见孺子之入井，必有恻隐之理②，是恻隐之理果在于孺子之身欤？抑在于吾心之良知欤？其或不可以从之于井欤？其或可以手而援之欤？是皆所谓理也，是果在于孺子之身欤？抑果出于吾心之良知欤？以是例之③，万事万物之理，莫不皆然。是可以知析心与理为二之非矣。夫析心与理而为二，此告子"义外"之说，孟子之所深辟也。"务外遗内，博而寡要"，吾子既已知之矣。是果何谓而然哉？谓之玩物丧志，尚犹以为不可欤？若鄙人所谓致知格物者，致吾心之良知于事事物物也。吾心之良知，即所谓天理也。致吾心良知之天理于事事物物，则事事物物皆得其理矣。致吾心之良知者，致知也。事事物物皆得其理者，格物也。是合心与理而为一者也。合心与理而为一，则凡区区前之所云，与朱子晚年之论，皆可以不言而喻矣！

[注释]①厌繁就约：厌恶繁杂的文字功夫，从事简约的本心涵养。朱熹《与刘子澄》云："近觉向来为学，实有向外浮泛之弊；不惟自误，而误人亦不少。方别寻得一头绪，似差简约端，始知文字言语之外，真别有用心处，恨未得面论也。"《与刘子澄》被收入王阳明《朱子晚年定论》。涵养本原：涵养本

心。　②恻隐:对别人的不幸表示同情。《孟子·公孙丑上》云:"今人乍见孺子将入于井,皆有怵惕恻隐之心。"　③以是例之:以此类推。

【136】来书云:"人之心体本无不明,而气拘物蔽鲜有不昏,非学问思辨以明天下之理^①,则善恶之机,真妄之辨,不能自觉;任情恣意,其害有不可胜言者矣。"

　　此段大略似是而非,盖承沿旧说之弊^②,不可以不辨也。夫"学问思辨行"皆所以为学,未有学而不行者也。如言学孝,则必服劳奉养,躬行孝道,然后谓之学,岂徒悬空口耳讲说,而遂可以谓之学孝乎?学射则必张弓挟矢,引满中的;学书则必伸纸执笔,操觚染翰^③;尽天下之学无有不行而可以言学者,则学之始固已即是行矣。笃者,敦实笃厚之意,已行矣,而敦笃其行,不息其功之谓尔^④。盖学之不能以无疑,则有问,问即学也,即行也;又不能无疑,则有思,思即学也,即行也;又不能无疑,则有辨,辨即学也,即行也;辨既明矣,思既慎矣,问既审矣,学既能矣,又从而不息其功焉,斯之谓笃行,非谓学、问、思、辨之后而始措之于行也。是故以求能其事而言谓之学,以求解其惑而言谓之问,以求通其说而言谓之思,以求精其察而言谓之辨,以求履其实而言谓之行。盖析其功而言则有五^⑤,合其事而言则一而已。此区区心理合一之体,知行并进之功^⑥,所以异于后世之说者^⑦,正在于是。今吾子特举学、问、思、辨以穷天下之理,而不及笃行,是专以学、问、思、辨为知,而谓穷理为无行也已。天下岂有不行而学者邪?岂有不行而遂可谓之穷理者邪?明道云:"只穷理,便尽性至命。"⑧故必仁极仁,而后谓之能穷仁之理;义极义,而后谓之能穷义之理。仁极仁则尽仁之性矣⑨,义极义则尽义之性矣。学至于穷理至矣,而尚未措之于行,天下宁有是邪?是故知不行之不可以为学⑩,则知不行之不可以为穷理矣;知不行之不可以为穷理,则知知行之合一并进而不可以分为两节事矣。夫万事万物之理不外于吾心,而必曰穷天下之理,是殆以吾心之良知为未足,而必外求于天下之广以裨补增益之,是犹析心与理而为二也。夫学、问、思、辨、笃行之功,虽其困勉至于人一己百,而扩充之极,至于尽性知天,亦不过致吾心之良知而已。良知之外,岂复有加于毫末乎?今必曰穷天下之理,而不知反求诸其心,则凡所谓善恶之机,真妄之辨者,舍吾心之良知,亦将何所致其体察乎?吾子所谓"气拘物蔽"者,拘此蔽此而已⑪。今欲去此之蔽,不知致力于此,而欲以外求,是犹目之不明者,不务服药调理以治其目,而徒怅怅然求明于其外⑫,明岂可以自外而得哉?任情恣意之害,亦以不能精察天理于此心之良知而已。此诚毫厘千里之谬者,不容于不辨,吾子毋谓其论之太刻也⑬。

[注释]①学问思辨:学习、请教、思考、分辨。《中庸》第二十章云:"博学之,审问之,慎思之,明辨之,笃行之。" ②旧说:朱熹之学说。 ③操觚染翰:其意谓提笔作文。觚:木简。翰:笔。 ④不息其功:连续不断用功。 ⑤析其功而言则有五:其意谓综上所述,学的过程包含五个方面。 ⑥知行并进之功:知行合一之功。 ⑦后世之说:朱熹之学说。 ⑧明道:理学家程颢,世称明道先生。《程氏遗书》卷二程颢云:"穷理尽性以至于命,三事一时并了,元无次序。不可将穷理作知之事,若实穷得理,即性命亦可了。" ⑨仁极仁:达到仁的最高境界。仁之性:仁之本源。 ⑩知不行:知而不行。

⑪拘此蔽此:受上述观点的拘束与蒙骗。　⑫伥伥然:无所适从的样子。
⑬太刻:太尖刻。

【137】来书云:"教人以致知明德,而戒其即物穷理,诚使昏暗之士深居端坐①,不闻教告②,遂能至于致知而德明乎?纵令静而有觉,稍悟本性,则亦定慧无用之见,果能知古今,达事变,而致用于天下国家之实否乎?其曰'知者意之体,物者意之用,格物如格君心之非'之格③,语虽超悟独得,不踵陈见④,抑恐于道未相吻合。"

区区论致知格物,正所以穷理,未尝戒人穷理,使之深居端坐而一无所事也。若谓即物穷理,如前所云"务外而遗内"者,则有所不可耳。昏暗之士,果能随事随物精察此心之天理,以致其本然之良知,则虽愚必明,虽柔必强,大本立而达道行,九经之属可一以贯之而无遗矣。尚何患其无致用之实乎?彼顽空虚静之徒,正惟不能随事随物精察此心之天理,以致其本然之良知,而遗弃伦理,寂灭虚无以为常,是以要之不可以治家国天下。孰谓圣人穷理尽性之学而亦有是弊哉?心者身之主也,而心之虚灵明觉,即所谓本然之良知也。其虚灵明觉之良知,应感而动者谓之意。有知而后有意,无知则无意矣。知非意之体乎?意之所用,必有其物,物即事也。如意用于事亲,既事亲为一物;意用于治民,即治民为一物;意用于读书,即读书为一物;意用于听讼,即听讼为一物:凡意之所用无有无物者,有是意即有是物,无是意即无是物矣。物非意之用乎?"格"字之义,有以"至"字训者,如"格于文祖"⑤、"有苗来格"⑥,是以"至"训者也。然"格于文祖",必纯孝诚敬,幽明之间,无一不得其理,而后谓之"格";有苗之顽,实以文德诞敷而后格⑦,则亦兼有"正"字之义在其间,未可专以"至"字尽之也。如"格其非心"⑧、"大臣格君心之非"之类⑨,是则一皆"正其不正以归于正"之义,而不可以"至"字为训矣。且《大学》"格物"之训,又安知其不以"正"字为训,而必以"至"字为义乎?如以"至"字为义者,必曰"穷至事物之理",而后其说始通。是其用功之要全在一"穷"字,用力之地全在一"理"字也。若上去一"穷"、下去一"理"字,而直曰"致知在至物",其可通乎?夫"穷理尽性",圣人之成训,见于《系辞》者也。⑩苟"格物"之说而果即"穷理"之义,则圣人何不直曰"致知在穷理",而必为此转折不完之语,以启后世之弊邪?盖《大学》"格物"之说,自与《系辞》穷理大旨虽同,而微有分辨。"穷理"者,兼格、致、诚、正而为功也。故言"穷理",则格、致、诚、正之功皆在其中;言"格物",则必兼举致知、诚意、正心,而后其功始备而密。今偏举格物而遂谓之穷理,此所以专以穷理属知,而谓格物未常有行,非惟不得"格物"之旨,并"穷理"之义而失之矣。此后世之学所以析知行为先后两截,日以支离决裂,而圣学益以残晦者,其端实始于此。吾子盖亦未免承沿积习见,则以为"于道未相吻合"不为过矣。

[注释]①昏暗:昏庸。 ②教告:教诲与告诫。 ③知者意之体,物者意之用:其意谓良知为意念的本体,事物为意之作用。此语不见于《王阳明全集》,可能出自已散佚的《大学古本旁释》。体:本体,本源。用:功用,作用。

④不蹈陈见：不落俗套。 ⑤格于文祖：其意谓到尧的太庙祭祀。格：即来，至。《尚书·舜典》云："格于艺祖。"艺祖：有才艺文德的祖先，后用以开国帝王的通称。 ⑥有苗来格：有苗人归附。《尚书·大禹谟》云："七旬，有苗格。" ⑦诞敷：教化。 ⑧格其非心：《尚书·冏命》云："绳愆纠谬，格其非心。"其意谓纠正过失与错误，端正不正确的思想。绳愆：纠正。 ⑨大臣格君心之非：《孟子·离娄上》："惟大人为能格君心之非。"格：纠正。 ⑩穷理尽性：《周易·说卦》云："穷理尽性以至于命。"其意谓穷尽事理与人的本性而达到与天命的统一。此处以为此句出自《周易·系辞》，当误。

【138】来书云：谓致知之功，将如何为温凊、如何为奉养？即是诚意，非别有所谓格物，此亦恐非。

此乃吾子自以己意揣度鄙见而为是说，非鄙人之所以告吾子者矣。若果如吾子之言，宁复有可通乎？盖鄙人之见，则谓意欲温凊，意欲奉养者，所谓"意"也，而未可谓之"诚意"。必实行其温凊奉养之意，务求自慊而无自欺①，然后谓之"诚意"。知如何而为温凊之节，知如何而为奉养之宜者，所谓"知"也，而未可谓之"致知"。必致其知如何为温凊之节者之知，而实以之温凊，致其知如何为奉养之宜者之知，而实以之奉养，然后谓之"致知"。温凊之事，奉养之事，所谓"物"也，而未可谓之"格物"。必其于温凊之事也，一如其良知之所知，当如何为温凊之节者而为之，无一毫之不尽；于奉养之事也，一如其良知之所知，当如何为奉养之宜者而为之，无一毫之不尽，然后谓之"格物"。温凊之物格，然后知温凊之良知始致；奉养之物格，然后知奉养之良知始致，故曰"物格而后知至"。致其知温凊之良知，而后温凊之意始诚，致其知奉养之良知,而后奉养之意始诚,故曰"知至而后意诚"。此区区诚意、致知、格物之说盖如此。吾子更熟思之,将亦无可疑者矣。

[注释]①慊(qiàn):不满,怨恨。

【139】来书云:"道之大端易于明白,所谓'良知良能,愚夫愚妇可与及者'①。至于节目时变之详,毫厘千里之谬,必待学而后知。今语孝于温凊定省,孰不知之?至于舜之不告而娶②,武之不葬而兴师③,养志养口④,小杖大杖⑤,割股庐墓等事⑥,处常处变⑦,过与不及之间,必须讨论是非,以为制事之本,然后心体无蔽,临事无失。"

"道之大端易于明白",此语诚然。顾后之学者⑧,忽其易于明白者而弗由,而求其难于明白者以为学,此其所以"道在迩而求诸远,事在易而求诸难"也⑨。孟子云:"夫道若大路然,岂难知哉?人病不由耳!"⑩良知良能,愚夫愚妇与圣人同。但惟圣人能致其良知,而愚夫愚妇不能致,此圣愚之所由分也。"节目时变"⑪,圣人夫岂不知?但不专以此为学。而其所谓学者,正惟致其良知,以精察此心之天理,而与后世之学不同耳。吾子未暇良知之致,而汲汲焉顾是之忧⑫,此正求其难于明白者以为学之弊也。夫良知之于节目时变,犹规矩尺度之于方圆长短也。节目时变之不可预定,犹方圆长短之不可胜穷也。故规矩诚立,则不可欺以方圆,而天下之方圆不可胜用矣;尺度诚陈,则不可欺以长短,而天下之长短不可胜用矣;良知诚致,则不可欺以节目时变,而天下之节目时变不可胜应矣。毫厘千里之谬,不于吾心良知一念之微而察之,亦将何所用其学乎?是不以规矩而欲定天下之方圆,不以尺度而欲尽天下之长短。吾见其乖张谬戾⑬,日劳而无成也已。吾子谓"语孝于温清定省,孰不知之",然而能致其知者鲜矣。若谓粗知温清定省之仪节,而遂谓之能致其知,则凡知君之当仁者皆可谓之能致其仁之知,知臣之当忠者皆可谓之能致其忠之知,则天下孰非致知者邪?以是而言,可以知"致知"之必在于行,而不行之不可以为"致知"也明矣。知行合一之体,不益较然矣乎?夫舜之不告而娶,岂舜之前已有不告而娶者为之准则,故舜得以考之何典,问诸何人而为此邪?抑亦求诸其心一念之良知,权轻重之宜,不得已而为此邪?武之不葬而兴师,岂武之前已有不葬而兴师者为之准则,故武得以考之何典,问诸何人而为此邪?抑亦求诸其心一念之良知,权轻重之宜,不得已而为此邪?使舜之心而非诚于为无后⑭,武之心而非诚于为救民,则其不告而娶与不葬而兴师,乃不孝不忠之大者。而后之人不务致其良知,以精察义理于此心感应酬酢之间⑮,顾欲悬空讨论此等变常之事⑯,执之以为制事之本,以求临事之无失,其亦远矣!其余数端,皆可类推,则古人致知之学,从可知矣。

[注释]①愚夫愚妇:普通男女。《中庸》第十二章云:"君子之道,费而隐。夫妇之愚,可以与知焉。"费而隐:指道的广大无涯与精微。 ②舜之不告而娶:舜没有告知父母而娶妻。《孟子·万章上》云:"舜之不告而娶,何也?孟子曰:告则不得娶,男女居室,人之大伦也。如告,则废人之大伦,以怼父母。是以不告也。"怼:怨恨。 ③武之不葬而兴师:《史记》卷六十一《伯夷列

传》载,周武王未葬其父周文王,就讨伐商纣王。 ④养志养口:《孟子·离娄上》云:"曾子养曾晳,必有酒肉。将彻,必请所与,问有余,必曰'有'。曾晳死,曾元养曾子,必有酒肉。将彻,不请所与,问有余,曰'亡矣',将以复进也。此所谓养口体者也。若曾子,则可谓养志也。事亲若曾子者,可也。"曾元:曾子之子,曾晳之孙。在孟子看来,孝顺父母不仅要侍奉其饮食起居,还要如曾子一样顺从父母之意志。 ⑤小杖大杖:《孔子家语·六本》记载:曾子在瓜地除草时,不小心除掉瓜苗。其父曾晳怒,用大杖击曾子背,曾子倒地而不省人事。而曾子醒后先给父亲请安,而后回房间援琴而歌,使父亲知道自己安然无恙。孔子闻之而怒,教育曾子应该像舜那样侍奉父亲:"小棰则待过,大杖则逃走。"即父亲动用小杖教训自己时就承受,用大杖打时就逃跑,以免自己受伤而陷父于不义之地。 ⑥割股:指割下股肉以治父母疾病。庐墓:指古人于父母或师长故去后,服丧期间在墓旁搭盖小屋居住,守护坟墓。 ⑦处常处变:正常与不正常。 ⑧顾后之学者:环顾后世学者。 ⑨"道在迩而求诸远"二句:《孟子·离娄上》云:"道在迩而求诸远,事在易而求诸难:人人亲其亲,长其长,而天下平。"迩:近。 ⑩夫道若大路然,岂难知哉？人病不由耳:《孟子·告子下》:"夫道若大路然,岂难知哉？人病不求耳!"人病不由耳:其意谓人们的问题在于不去探求罢了。 ⑪节目时变:细节项目的应用变化。 ⑫顾是之忧:忧虑细节项目。 ⑬乖张谬戾:偏执荒谬。 ⑭为无后:为的是怕没有子孙。《孟子·离娄上》:"不孝有三,无后为大。舜不告而娶,为无后也,君子以为犹告也。" ⑮感应酬酢:在交往处事中体察。 ⑯变常之事:偶然发生的事。

【140】来书云:"谓《大学》格物之说专求本心,犹可牵合①;至于'六经''四书'所载'多闻多见'②、'前言往行'③、'好古敏求'④、'博学审问'⑤、'温故知新'⑥、'博学详说'⑦、'好问好察'⑧,是皆明白求于事为之际,资于论说之间者,用功节目固不容紊矣。"

格物之义,前已详悉;牵合之疑,想已不俟复解矣。至于"多闻多见",乃孔子因子张之务外好高,徒欲以多闻多见为学,而不能求诸其心,以阙疑殆,此其言行所以不免于尤悔,而所谓见闻者,适以资其务外好高而已。盖所以救子张多闻多见之病,而非以是教之为学也。夫子尝曰:"盖有不知而作之者,我无是也。"⑨是犹孟子"是非之心,人皆有之"之义也。此言正所以明德性之良知,非由于闻见耳。若曰"多闻择其善者而从之,多见而识之",则是专求诸见闻之末,而已落在第二义矣,故曰"知之次也"。夫以见闻之知为次,则所谓知之上者果安所指乎?是可以窥圣门致知用力之地矣。夫子谓子贡曰:"赐也,汝以予为多学而识之者欤?非也,予一以贯之。"⑩使诚在于"多学而识",则夫子胡乃谬为是说以欺子贡者邪?"一以贯之",非致其良知而何?《易》曰:"君子多识前言往行,以畜其德。"夫以畜其德为心,则凡多识前言往行者,孰非畜德之事?此正知行合一之功矣。"好古敏求"者,好古人之学而敏求此心之理耳。心即理也。学者,学此心也;求者,求此心也。孟子云:"学问之道无他,求其放心而已矣。"⑪非若后世广记博诵古人之言词以为好古,而汲汲然惟以求功名利达之具于其外者也。"博学审问",前言已尽。"温故知新",朱子亦以"温故"属之"尊德性"矣⑫。德性岂可以外求哉?惟夫"知新"必由于"温故",而"温故"乃所以"知新",则亦可以验知行之非两节矣。"博学而详说之"者,将以反说约也,若无"反约"之云,则"博学详说"者果何事邪?舜之"好问好察",惟以用中而致其精一于道心耳⑬。道心者,良知之谓也。君子之学,何尝离去事为而废论说？但其从事于事为论说者，要皆知行合一之功，正所以致其本心之良知；而非若世之徒事口耳谈说以为知者，分知行为两事，而果有节目先后之可言也。

[注释]①牵合：勉强说得过去。 ②多闻多见：语出《论语·为政》。③前言往行：前人的言论及行为。《周易·大畜》云："君子以多识前言往行，以畜其德。" ④好古敏求：喜欢古代的典章制度，勤奋敏捷地追求知识。《论语·述而》云："子曰：'我非生而知之者，好古，敏以求之者也。'" ⑤博学审问：学问广博且详细探究。《中庸》第二十章云："博学之，审问之。" ⑥温故知新：既温习过去所学知识，又不断汲取新的知识。《论语·为政》云："温故而知新，可以为师矣。" ⑦博学详说：广博地学习，详细地阐说。《孟子·离娄下》云："博学而详说之，将以反说约也。"以反说约：其意谓用通俗的语言表达高深的道理，即厚积薄发。 ⑧好问好察：《中庸》第六章云："舜其大知也与！舜好问而好察迩言。"好问：喜欢请教别人。好察：善于审察。迩言：浅近平易的话语。 ⑨"盖有不知而作之者"二句：语出《论语·述而》。不知而作：自己不懂却去创作。 ⑩"赐也"四句：出自《论语·卫灵公》。 ⑪学问之道无他，求其放心而已矣：其意谓学问之道没有别的，就是把丧失的良知找回来罢了。语出《孟子·告子上》。 ⑫朱子亦以"温故"属之"尊德性"：朱熹也认为"温故"属于"尊德性"。《朱子语类》卷六十四云："温故只是存得这道理在，便是尊德性。" ⑬致其精一于道心：使其道心达到至精至纯天理之境界。

【141】来书云："杨、墨之为仁义①，乡愿之辞忠信②，尧、舜、子之之禅让③，汤、武、楚项之放伐④，周公、莽、操之摄辅⑤，谩无印正，又焉适从？且于古今事变，礼乐名物，未尝考识，使国家欲兴明堂⑥，建辟雍⑦，制历律⑧，草封禅⑨，又将何所致其用乎？故《论语》曰'生而知之'者，义理耳。若夫礼乐名物，古今事变，亦必待学而后有以验

其行事之实。⑩此则可谓定论矣。"

所喻杨、墨、乡愿,尧、舜、子之、汤、武、楚项、周公、莽、操之辨,与前舜、武之论,大略可以类推。古今事变之疑,前于良知之说,已有规矩尺度之喻,当亦无俟多赘矣。至于明堂、辟雍诸事,似尚未容于无言者⑪。然其说甚长,姑就吾子之言而取正焉,则吾子之惑将亦可少释矣。夫明堂、辟雍之制,始见于吕氏之《月令》⑫,汉儒之训疏,"六经""四书"之中未尝详及也。岂吕氏、汉儒之知,乃贤于三代之贤圣乎?齐宣之时,明堂尚有未毁,则幽、厉之世,周之明堂皆无恙也。尧、舜茅茨土阶⑬,明堂之制未必备,而不害其为治;幽、厉之明堂,固犹文、武、成、康之旧,而无救于其乱。何邪?岂能以不忍人之心而行不忍人之政⑭,则虽茅茨土阶,固亦明堂也,以幽、厉之心而行幽、厉之政,则虽明堂,亦暴政所自出之地邪?武帝肇讲于汉⑮,而武后盛作于唐⑯,其治乱何如邪?天子之学曰辟雍,诸侯之学曰泮宫⑰,皆象地形而为之名耳。然三代之学,其要皆所以明人伦,非以辟不辟、泮不泮为重轻也。孔子云:"人而不仁,如礼何?人而不仁,如乐何?"⑱制礼作乐,必具中和之德,声为律而身为度者⑲,然后可以语此。若夫器数之末,乐工之事,祝史之守⑳,故曾子曰"君子所贵乎道者三,笾豆之事,则有司存也"㉑。尧命羲、和,"钦若昊天,历象日月星辰"㉒,其重在于"敬授人时"也。舜"在璇玑玉衡",其重在于"以齐七政"也㉓。是皆汲汲然以仁民之心,而行其养民之政,治历明时之本,固在于此也。羲、和历数之学,皋、契未必能之也㉔,禹、稷未必能之也;

"尧、舜之知而不遍物",虽尧、舜亦未必能之也。然至于今,循羲、和之法而世修之,虽曲知小慧之人、星术浅陋之士,亦能推步占候而无所忒㉕,则是后世曲知小慧之人,反贤于禹、稷、尧、舜者邪?"封禅"之说,尤为不经,是乃后世佞人谀士,所以求媚于其上,倡为夸侈,以荡君心,而靡国费。盖欺天罔人,无耻之大者,君子之所不道,司马相如之所以见讥于天下后世也。吾子乃以是为儒者所宜学,殆亦未之思邪?夫圣人之所以为圣者,以其生而知之也。而释《论语》者曰:"生而知之者,义理耳。若夫礼乐名物,古今事变,亦必待学而后有以验其行事之实。"夫礼乐名物之类,果有关于作圣之功也,而圣人亦必待学而后能知焉,则是圣人亦不可以谓之生知矣!谓圣人为生知者,专指义理而言,而不以礼乐名物之类,则是礼乐名物之类无关于作圣之功矣。圣人之所以谓之生知者,专指义理而不以礼乐名物之类,则是学而知之者,亦惟当学知此义理而已,困而知之者亦惟当困知此义理而已。今学者之学圣人,于圣人之所能知者,未能学而知之,而顾汲汲焉求知圣人之所不能知者以为学,无乃失其所以希圣之方欤㉖?凡此皆就吾子之所惑者,而稍为之分释,未及乎"拔本塞源"之论也㉗。

[注释]①杨、墨之为仁义:杨:即杨朱,字子居,战国时魏国人,哲学家。又称杨子、阳生。主张"为我""贵生"。墨:即墨翟,墨家的创始人,战国时宋国人。提倡兼爱、非攻。 ②乡愿:指貌似谨厚而实与流俗合污的伪善者。《论语·阳货》云:"乡原,德之贼也。"贼:残害。 ③尧、舜、子之之禅让:传说三代之前的帝位传贤不传子,即禅让。尧禅让于舜,舜禅让于禹,战国燕王哙

禅让于其相子之。　④汤、武、楚项之放伐：商汤消灭夏朝，放逐夏朝最后一个君主夏桀。周武王讨伐商纣王，灭亡商朝，建立周朝。项羽起兵反秦，秦亡后自立为西楚霸王，后与刘邦争天下而败走乌江，自杀身亡。　⑤周公、莽、操之摄辅：周成王年幼，周公摄政，成王成年后还其政，为后世摄政之典范，《史记·周本纪》记其事。王莽以外戚居高位，汉平帝时为大司马。而平帝死后，立孺子婴，自摄其政，篡位称帝，改国号为新，《汉书·王莽传》记其事。曹操起兵讨伐董卓，迎汉献帝，逐步统一北方，任丞相，挟天子以令诸侯，及其子曹丕，废汉献帝，建魏国，《三国志·魏志》记其事。　⑥明堂：古代帝王宣布政教的地方，朝会、祭祀、庆赏等大典礼均在此举行。⑦辟雍：周天子为贵族子弟设的学校，形如圆璧，围以深沟，故名。东汉以后历代皆有辟雍，多为祭祀之所。　⑧历律：历法与律吕。　⑨封禅：古代帝王祭祀天地的大型典礼。天子登上泰山筑坛祭天，称为"封"，在山南梁父山上辟基祭地，称为"禅"，故名封禅。司马迁《史记·封禅书》有载。　⑩"生而"五句：朱熹《论语集注·述而》引尹焞语。　⑪未容于无言者：不能不说。　⑫吕氏之《月令》：吕氏：指吕不韦，战国卫庄襄王时任相国，秦始皇执政时为相国，称"仲父"。门客众多，曾令门客编著《吕氏春秋》，其中《月令》在其十二纪中。　⑬茅茨土阶：用茅草盖房屋，用泥土砌台阶，形容房屋简陋。　⑭"以不忍"句：《孟子·公孙丑上》云："以不忍人之心，行不忍人之政，治天下可运之掌上。"意即以仁心行仁政，可得心应手地治理天下。　⑮武帝肇讲于汉：汉武帝曾经与大臣谈论过立明堂之事。　⑯武后盛作于唐：武则天曾毁乾元殿而立明堂。　⑰泮(pàn)宫：西周时诸侯设立的大学。　⑱"人而不仁"四句：出自《论语·八佾》。　⑲声为律而身为度：其意谓一举一动皆合于法度。《史记·夏本纪》云："禹为人敏给克勤；其德不违，其仁可亲，其言可信；声为律，身为度，称以出。"　⑳祝史之守：其意谓祝史的职责。祝史：古代掌管祭祀活动的人。㉑"君子"三句：《论语·泰伯》云："曾子言曰：'……君子所贵乎道者三：动容貌，斯远暴慢矣；正颜色，斯近信矣；出辞气，斯远鄙倍矣。笾豆之事，则有司存。'"笾豆之事：指祭祀礼仪中的具体小事。笾为竹制器皿，豆为木制器皿。㉒命羲、和，"钦若昊天，历象日月星辰"：其意谓命令羲氏与和氏，遵循天道，制定历法。语出《尚书·尧典》。钦若：尊敬顺从。昊：广阔苍茫。　㉓"在璇玑玉衡"二句：天璇、天玑、玉衡为北斗七星中的三颗。七政：指日月星辰的运行轨道。《尚书·舜典》云："在璇玑玉衡，以齐七政。"意为舜观测北斗星的运行，以排列七种政事。　㉔皋、契：皋：指皋陶，相传为舜的刑法官。契：帝尧之弟，商族部落的祖先。　㉕推步占候而无所忒：其意谓推算历法、观察天象变化以测吉凶而不出现差错。忒：差错。　㉖所以希圣之方：希望成为圣人的方向。　㉗拔本塞源：其意谓正本清源，从根本上解决问题。语出《左传·昭公九年》。拔本：拔除树根。塞源：堵塞水源。

【142】夫"拔本塞源"之论不明于天下，则天下之学圣人者将日繁日难，斯人沦于禽兽夷狄，而犹自以为圣人之学；吾之说虽或暂明于一时，终将冻解于西而冰坚于东，雾释于前而云滃于后①，呶呶焉危困以死，而卒无救于天下之分毫也已！夫圣人之心，以天地万物为一体，其视天下之人，无外内远近，凡有血气，皆其昆弟赤子之亲，莫不欲安全而教养之，以遂其万物一体之念。天下之人心，其始亦非有异于圣人也，特其间于有我之私，隔于物欲之蔽，大者以小，通者以塞，人各有心，至有视其父子兄弟如仇雠者。圣人有忧之，是以推其天地万物一体之仁以教天下，使之皆有以克其私，去其蔽，以复其心体之同然②。其教之大端，则尧、舜、禹之相授受，所谓"道心惟微，惟精惟一，允执厥中"。而其节目则舜之命契③，所谓"父子有亲，君臣有义，夫妇有别，长幼有序，朋友有信"五者而已④。唐、虞、三代之世，教者惟以此为教，而学者惟以此为学。当是之时，人无异见，家无异习，安此者谓之圣，勉此者谓之贤，而背此者虽其启明如朱⑤，亦谓之不肖。下至闾井、田野、农、工、商、贾之贱，莫不皆有是学，而惟以

成其德行为务。何者？无有闻见之杂，记诵之烦，辞章之靡滥，功利之驰逐，而但使之孝其亲，弟其长，信其朋友，以复其心体之同然。是盖性分之所固有⑥，而非有假于外者，则人亦孰不能之乎？学校之中，惟以成德为事，而才能之异或有长于礼乐，长于政教，长于水土播植者，则就其成德，而因使益精其能于学校之中。迨夫举德而任，则使之终身居其职而不易。用之者惟知同心一德，以共安天下之民，视才之称否，而不以崇卑为轻重，劳逸为美恶；效用者亦惟知同心一德，以共安天下之民，苟当其能⑦，则终身处于烦剧而不以为劳⑧，安于卑琐而不以为贱。当是之时，天下之人熙熙皞皞⑨，皆相视如一家之亲。其才质之下者，则安其农、工、商、贾之分，各勤其业以相生相养，而无有乎希高慕外之心。其才能之异若皋、夔、稷、契者，则出而各效其能，若一家之务，或营其衣食，或通其有无，或备其器用，集谋并力，以求遂其仰事俯育之愿⑩，惟恐当其事者之或怠而重己之累也。故稷勤其稼，而不耻其不知教，视契之善教，即己之善教也；夔司其乐，而不耻于不明礼，视夷之通礼，即己之通礼也。盖其心学纯明，而有以全其万物一体之仁，故其精神流贯，志气通达，而无有乎人己之分，物我之间⑪。譬之一人之身，目视、耳听、手持、足行，以济一身之用。目不耻其无聪，而耳之所涉，目必营焉；足不耻其无执，而手之所探，足必前焉；盖其元气充周，血脉条畅，是以痒疴呼吸，感触神应，有不言而喻之妙。此圣人之学所以至易至简，易知易从，学易能而才易成者，正以大端惟在复心体之同然，而知识技能非所与论也。

[注释]①云滃(wěng)：云气四起。滃：形容云起。 ②心体之同然：心体的本然状态。《孟子·告子上》：“心之所同然者何也？谓理也，义也，圣人先得我心之所同然耳。”其意谓心相同的地方是理义，圣人早就了解到我们心相同的理义。 ③舜之命契：舜帝让契（制定教化民众的具体内容）。契：舜帝的臣子，为司徒官，掌管教育。 ④"父子有亲"五句：语出《孟子·滕文公上》。 ⑤启明如朱：启明：聪明。朱：丹朱，尧的儿子。《尚书·尧典》载，尧欲选继位者，臣子放齐举荐尧的儿子丹朱，并夸其聪明，而尧则认为丹朱说话虚妄，且好争辩，故而禅位于舜。 ⑥性分之所固有：人性中所固有的。 ⑦苟当其能：如果胜任。 ⑧烦剧：繁重的事务。 ⑨熙熙皞皞(hào)：怡然自得。 ⑩仰事俯育：《孟子·梁惠王上》云："明君制民之产，必使仰足以事父母，俯足以畜妻子。"意即英明的君主规定人之产业，必使上可足以赡养父母，下可足以抚养子女。 ⑪物我之间：人和物之分。

【143】三代之衰，王道熄而霸术猖；孔、孟既没，圣学晦而邪说横。教者不复以此为教，而学者不复以此为学。霸者之徒，窃取先王之近似者，假之于外，以内济其私己之欲，天下靡然而宗之，圣人之道遂以芜塞，相仿相效，日求所以富强之说，倾诈之谋，攻伐之计，一切欺天罔人，苟一时之得，以猎取声利之术，若管、商、苏、张之属者①，至不可名数。既其久也，斗争劫夺，不胜其祸，斯人沦于禽兽夷狄，而霸术亦有所不能行矣。世之儒者，慨然悲伤，搜猎先圣王之典章法制，而掇拾修补于煨烬之余②；盖其为心，良亦欲以挽回先王之道。圣学既远，霸术之传积渍已深，虽在贤知，皆不免于习染，其所以讲明修饰，以求宣畅光复于世者，仅足以增霸者之藩篱，而圣学之门墙遂不

复可睹。于是乎有训诂之学，而传之以为名；有记诵之学，而言之以为博；有词章之学，而侈之以为丽。若是者纷纷籍籍，群起角立于天下，又不知其几家，万径千蹊，莫知所适。世之学者，如入百戏之场，欢谑跳踉，骋奇斗巧，献笑争妍者，四面而竞出，前瞻后盼，应接不遑，而耳目眩瞀③，精神恍惑，日夜遨游淹息其间，如病狂丧心之人，莫自知其家业之所归。时君世主亦皆昏迷颠倒于其说，而终身从事于无用之虚文，莫自知其所谓。间有觉其空疏谬妄，支离牵滞，而卓然自奋，欲以见诸行事之实者，极其所抵，亦不过为富强功利五霸之事业而止④。圣人之学日远日晦，而功利之习愈趣愈下。其间虽尝瞽惑于佛、老，而佛、老之说卒亦未能有以胜其功利之心；虽又尝折衷于群儒，而群儒之论终亦未能有以破其功利之见。盖至于今，功利之毒沦浃于人之心髓而习以成性也几千年矣⑤，相矜以知，相轧以势，相争以利，相高以技能，相取以声誉。其出而仕也，理钱谷者则欲兼夫兵刑，典礼乐者又欲与于铨轴⑥，处郡县则思藩臬之高⑦，居台谏则望宰执之要。故不能其事，则不得以兼其官；不通其说，则不可以要其誉；记诵之广，适以长其敖也；知识之多，适以行其恶也；闻见之博，适以肆其辨也；辞章之富，适以饰其伪也。是以皋、夔、稷、契所不能兼之事，而今之初学小生皆欲通其说，究其术。其称名僭号，未尝不曰"吾欲以共成天下之务"，而其诚心实意之所在，以为不如是则无以济其私而满其欲也。呜呼！以若是之积染，以若是之心志，而又讲之以若是之学术，宜其闻吾圣人之教，而视之以为赘疣枘凿⑧,则其以良知为未足,而谓圣人之学为无所用,亦其势有所必至矣! 呜呼! 士生斯世,而尚何以求圣人之学乎! 尚何以论圣人之学乎! 士生斯世而欲以为学者,不亦劳苦而繁难乎? 不亦拘滞而险艰乎? 呜呼,可悲也已! 所幸天理之在人心,终有所不可泯,而良知之明,万古一日,则其闻吾"拔本塞源"之论,必有恻然而悲,戚然而痛,愤然而起,沛然若决江河而有所不可御者矣! 非夫豪杰之士,无所待而兴起者,吾谁与望乎⑨?

[注释]①管、商、苏、张:即管仲、商鞅、苏秦、张仪四位春秋战国时著名的政治家。 ②煨烬:灰烬。 ③眩瞀(xuànmào):昏聩,迷乱。 ④五霸:春秋时期五个争霸诸侯齐桓公、晋文公、秦穆公、楚庄王与宋襄公之合称。 ⑤沦浃:深入,渗透。 ⑥铨轴:指中枢要职。 ⑦藩臬:即藩司和臬司,明清两代布政使和按察使的并称。藩司主管一省的民政,臬司主管一省的司法。 ⑧赘疣枘凿:赘疣(zhuìyóu),比喻多余无用。疣:皮肤上长的肉瘤。枘凿(ruìzáo):"方枘圆凿"的省略语。枘:榫头。凿:榫眼。方榫头与圆榫眼二者不合,比喻事物格格不入。 ⑨"吾谁"句:意谓我还能把希望寄托在谁身上呢?

启问道通书①

【144】吴、曾两生至②,备道道通恳切为道之意,殊慰相念! 若道通,真可谓笃信好学者矣。忧病中会,不能与两生细论,然两生亦自有志向肯用功者,每见辄觉有进,在区区诚不能无负于两生之远来,在两生则亦庶几无负其远来之意矣。临别以此册致道通意,请书数语,荒愦无可言者③,辄以道通来书中所问数节,略下转语奉酬。草

草殊不详细,两生当亦自能口悉也。

来书云:日用工夫只是立志。近来于先生诲言时时体验,愈益明白。然于朋友不能一时相离。若得朋友讲习,则此志才精健阔大,才有生意。若三五日不得朋友相讲,便觉微弱,遇事便会困,亦时会忘。乃今无朋友相讲之日,还只静坐,或看书,或游衍经行④,凡寓目措身⑤,悉取以培养此志,颇觉意思和适。然终不如朋友讲聚,精神流动,生意更多也⑥。离群索居之人,当更有何法以处之?

此段足验道通日用工夫所得,工夫大略亦只是如此用,只要无间断,到得纯熟后,意思又自不同矣。大抵吾人为学紧要大头脑,只是立志,所谓困忘之病,亦只是志欠真切。今好色之人未尝病于困忘,只是一真切耳。自家痛痒,自家须会知得,自家须会搔摩得,既自知得痛痒,自家须不能不搔摩得。佛家谓之"方便法门",须是自家调停斟酌,他人总难与力,亦更无别法可设也。

[注释]①道通:周冲,字道通,号静庵,江苏宜兴人。明正德五年(1510)举人,曾任江西高安训导、唐府纪善等职。先受业于王阳明,后师从湛若水,力图协调王、湛两家的学说。　②吴、曾两生:王阳明弟子,其事迹皆不详。③荒愦:混乱,糊涂。　④游衍:浏览。　⑤寓目措身:举手投足之间。⑥生意更多:更有生机。

【145】来书云:"上蔡尝问:'天下何思何虑①?'伊川云:'有此理,只是发得太早。'②在学者工夫,固是'必有事焉而勿忘',然亦须识得'何思何虑'底气象,一并看为是。若不识得这气象,便有正与助长之病。若认得'何思何

虑'而忘'必有事焉'工夫,恐又堕于无也。须是不滞于有,不堕于无③。然乎否也?"

所论亦相去不远矣,只是契悟未尽④。上蔡之问与伊川之答,亦只是上蔡、伊川之意,与孔子《系辞》原旨稍有不同。《系》言"何思何虑",是言所思所虑只是一个天理,更无别思别虑耳,非谓无思无虑也。故曰"同归而殊途,一致而百虑,天下何思何虑"。云"殊途",云"百虑",则岂谓无思无虑邪?心之本体即是天理,天理只是一个,更有何可思虑得?天理原自寂然不动,原自感而遂通。学者用功虽千思万虑,只是要复他本来体用而已,不是以私意去安排思索出来;故明道云:"君子之学莫若廓然而大公,物来而顺应。"⑤若以私意去安排思索,便是用智自私矣⑥。"何思何虑"正是工夫,在圣人分上便是自然的,在学者分上便是勉然的。伊川却是把作效验看了,所以有"发得太早"之说。既而云"却好用功",则已自觉其前言之有未尽矣。濂溪"主静"之论⑦,亦是此意。今道通之言虽已不为无见,然亦未免尚有两事也。

[注释]①上蔡:谢良佐(1050—1103),字显道,河南上蔡人,程门四大弟子之一,世称上蔡先生。著有《上蔡语录》。天下何思何虑:《周易·系辞》云:"天下同归而殊途,一致而百虑,天下何思何虑。"其意谓天下之人可以走不同的道路到达一个地方,可以通过不同的思考取得相同的成果,天下人有什么可思虑的。 ②"有此理"二句:《河南程氏外书·上蔡语录》载谢氏与程颐的对话,伊川曰:"近日事如何?"某对曰:"天下何思何虑?"伊川曰:"是则是有此理,贤却发得太早。" ③不滞于有,不堕于无:既不凝滞于有,也不拘执于无。④契悟:领悟。 ⑤"君子之学"二句:语出《二程文集》卷三《答横渠先生定性书》。 ⑥用智自私:意谓以一己之意进行思考。程颐《答横渠先生定性书》

云：“人之情各有所蔽，故不能适道，大率患在于自私而用智。自私则不能以有为为应迹，用智则不能以明觉为自然。”用智：进行认识、思考。自私：以一己之意。　⑦濂溪"主静"之论：周敦颐号濂溪先生，"主静"是其涵养道德从而达到"纯粹至善"之最高境界的基本修养方法。周敦颐《太极图说》云："五性感动而善恶分，万事出矣。圣人定之以中正仁义而主静，立人极焉。"

【146】来书云："凡学者才晓得做工夫，便要识认得圣人气象①。盖认得圣人气象，把做准的，乃就实地做工夫去，才不会差，才是作圣工夫。未知是否？"

"先认圣人气象"，昔人尝有是言矣，然亦欠有头脑。圣人气象自是圣人的，我从何处识认？若不就自己良知上真切体认，如以无星之称而权轻重②，未开之镜而照妍媸③，真所谓以小人之腹而度君子之心矣。圣人气象何由认得？自己良知原与圣人一般，若体认得自己良知明白，即圣人气象不在圣人而在我矣。程子尝云："觑着尧学他行事，无他许多聪明睿智，安能如彼之动容周旋中礼？"④又云："心通于道⑤，然后能辨是非。"今且说通于道在何处？聪明睿智从何处出来？

[注释]①圣人气象：圣人具有的精神境界。《河南程氏遗书》卷二十二："凡看文字，非只是要理会语言，要识得圣贤气象。"　②星：秤杆上的刻度。③妍媸(chī)：美丑。　④"觑着尧"三句：语出《河南程氏遗书》卷十八。动容周旋中礼：一举一动都符合礼仪。　⑤心通于道：心与道相通。

【147】来书云："事上磨炼，一日之内不管有事无事，只一意培养本原。若遇事来感，或自己有感，心上既有觉，安可谓无事？但因事凝心一会，大段觉得事理当如此①，

只如无事处之,尽吾心而已。然乃有处得善与未善②,何也? 又或事来得多,须要次第与处,每因才力不足,辄为所困,虽极力扶起,而精神已觉衰弱。遇此未免要十分退省③,宁不了事,不可不加培养。如何?"

所说工夫,就道通分上也只是如此用,然未免有出入在④。凡人为学,终身只为这一事,自少至老,自朝至暮,不论有事无事,只是做得这一件,所谓"必有事焉"者也。若说"宁不了事,不可不加培养",却是尚为两事也。"必有事焉而勿忘勿助",事物之来,但尽吾心之良知以应之,所谓"忠恕违道不远"矣⑤。凡处得有善有未善,及有困顿失次之患者,皆是牵于毁誉得丧,不能实致其良知耳。若能实致其良知,然后见得平日所谓善者未必是善,所谓未善者却恐正是牵于毁誉得丧,自贼其良知者也。

[注释]①大段:大略。 ②处得善与未善:处理得好与不好。 ③退省:放下事情,反省自己。《论语·为政》云:"吾与回言终日,不违,如愚。退而省其私,亦足以发。回也不愚。" ④有出入在:有缺陷。 ⑤忠恕违道不远:做到尽心尽力的忠与推己及人的恕,距离道就不远了。《中庸》第十三章云:"忠恕,违道不远,施诸己而不愿,亦勿施于人。"

【148】来书云:"致知之说,春间再承诲益①,已颇知用力,觉得比旧尤为简易。但鄙心则谓与初学言之,还须带格物意思,使之知下手处。本来致知格物一并下,但在初学,未知下手用功,还说与格物,方晓得致知。"云云。

格物是致知工夫,知得致知,便已知得格物。若是未知格物,则是致知工夫亦未尝知也。近有一书与友人论此颇悉,今往一通②,细观之当自见矣。

[注释]①诲益:教益。 ②一通:一封。通:此为量词。

【149】来书云:"今之为朱、陆之辨者尚未已,每对朋友言正学不明已久,且不须枉费心力为朱、陆争是非;只依先生'立志'二字点化人,若其人果能辨得此志来,决意要知此学,已是大段明白了。朱、陆虽不辨,彼自能觉得。又尝见朋友中见有人议先生之言者,辄为动气。昔在朱、陆二先生所以遗后世纷纷之议者,亦见二先生工夫有未纯熟,分明亦有动气之病,若明道则无此矣。观其与吴涉礼论介甫之学①,云:'为我尽达诸介甫,不有益于他,必有益于我也。'气象何等从容!尝见先生与人书中亦引此言,愿朋友皆如此。如何?"

此节议论得极是极是,愿道通遍以告于同志,各自且论自己是非,莫论朱、陆是非也。以言语谤人,其谤浅②,若自己不能身体实践,而徒入耳出口,呶呶度日③,是以身谤也④,其谤深矣。凡今天下之论议我者,苟能取以为善,皆是砥砺切磋我也⑤,则在我无非警惕修省进德之地矣⑥。昔人谓:"攻吾之短者是吾师。"⑦师又可恶乎?

[注释]①吴涉礼:当为吴师礼之误。吴师礼,字安仲,杭州人。工翰墨。北宋时期的官员,历官右司员外郎、知县等。介甫:王安石,字介甫,北宋著名政治家、思想家、文学家。 ②其谤浅:这种诽谤还不算严重。 ③呶呶(náo):喋喋不休。 ④身谤:诽谤自己。 ⑤砥砺切磋我:与我切磋琢磨。 ⑥进德:增进品德。 ⑦攻吾之短者是吾师:其意谓批评我缺点的人是我的老师。《荀子·修身篇》云:"故非我而当者,吾师也;是我而当者,吾友也;谄

诔我者,吾贼也。"

【150】来书云"有引程子'人生而静以上不容说,才说性,便已不是性'①,何故不容说?何故不是性?晦庵答云:'不容说者,未有性之可言;不是性者,已不能无气质之杂矣。'②二先生之言皆未能晓,每看书至此,辄为一惑,请问。"

"生之谓性"③,"生"字即是"气"字,犹言"气即是性"也。气即是性,"人生而静以上不容说",才说"气即是性",即已落在一边,不是性之本原矣。孟子"性善",是从本原上说。然性善之端须在气上始见得,若无气亦无可见矣。恻隐、羞恶、辞让、是非即是气,程子谓:"论性不论气,不备;论气不论性,不明。"④亦是为学者各认一边⑤,只得如此说。若见得自性明白时,气即是性,性即是气,原无性气之可分也。

[注释]①"人生而静"三句:程颢语,见《河南程氏遗书》卷一。朱熹门人严时亨引用程颢此语向朱熹请教,见《晦庵先生朱文公文集》卷六十一《答严时亨》。《礼记·乐记》云:"人生而静,天之性也;感于物而动,性之欲也。"意谓人初生时是平静的,这是天赋予的本性;后感受外物而心有所动,这是本性中的欲念所致。 ②"不容说者"四句:出自《朱子文集》卷六十一《答严时亨》。 ③生之谓性:意谓天生的本来状态即是性。语出《孟子·告子上》。 ④"论性不论气"四句:其意谓论性不论气,不全面;而论气不论性,则不明白。出自《程氏遗书》卷六。 ⑤各认一边:各执一词。

答陆原静书①

【151】来书云;"下手工夫,觉此心无时宁静。妄心固

动也,照心亦动也;心既恒动,则无刻暂停也。"

是有意于求宁静,是以愈不宁静耳。夫妄心则动也,照心非动也;恒照则恒动恒静,天地之所以恒久而不已也。照心固照也,妄心亦照也;其为物不贰,则其生物不息②,有刻暂停则息矣,非至诚无息之学矣③。

[注释]①陆原静:即陆澄,字原静。　②其为物不贰,则其生物不息:《中庸》第二十六章云:"天地之道,可一言而尽也;其为物不贰,则其生物不测。"其意谓天地的运作规律可以用一句话概括,它表现为纯一无二,而产生的万物却难以测度。　③至诚无息:真诚到极点的人,为善则不会止息。《中庸》第二十六章云:"至诚无息,不息则久。"

【152】来书云,"良知亦有起处"云云。

此或听之未审①。良知者,心之本体,即前所谓恒照者也②。心之本体,无起无不起,虽妄念之发③,而良知未尝不在,但人不知存,则有时而或放耳。虽昏塞之极,而良知未尝不明,但人不知察,则有时而或蔽耳。虽有时而或放,其体实未尝不在也,存之而已耳;虽有时而或蔽,其体实未尝不明也,察之而已耳。若谓良知亦有起处,则是有时而不在也,非其本体之谓矣。

[注释]①未审:没有仔细思考。　②恒照:照心,即天理。　③妄念:妄心,即私欲。

【153】来书云:"前日精一之论,即作圣之功否?①"

"精一"之"精"以理言,"精神"之"精"以气言。理者气之条理,气者理之运用;无条理则不能运用,无运用则亦无以见其所谓条理者矣。精则精,精则明,精则一,精则神,精则诚;一则精,一则明,一则神,一则诚:原非有二事也。后世儒者之说与养生之说各滞于一偏②,是以不相为用。前日"精一"之论,虽为原静爱养精神而发,然而作圣之功实亦不外是矣。

[注释]①作圣之功:做圣人的功夫。 ②养生之说:指道家的长生之说。

【154】来书云:"元神、元气、元精,必各有寄藏发生之处,又有真阴之精、真阳之气。"云云。

夫良知,一也。以其妙用而言谓之神,以其流行而言谓之气,以其凝聚而言谓之精,安可以形象方所求哉①?真阴之精,即真阳之气之母;真阳之气,即真阴之精之父;阴根阳,阳根阴②,亦非有二也。苟吾良知之说明,即凡若此类皆可以不言而喻。不然,则如来书所云"三关、七返、九还"之属③,尚有无穷可疑者也。

[注释]①形象方所:形象、方位、处所。 ②阴根阳,阳根阴:阴的根是阳,阳的根是阴。周敦颐《太极图说》云:"无极而太极。太极动而生阳,动极而静。静而生阴,静极复动。一动一静,互为其根。" ③三关、七返、九还:三关:道教以头为天关,足为地关,手为人关。七返、九还:道家修炼过程中之术语。内丹派认为七为火的成数,心属火,降心火于丹田下,使先天真气得到涵养,而后复返于心田,即为七返之功;九是金的成数,情属金,摄情归性,使先天真性浑然无碍,即为九还之功。

又①

【155】来书云:"良知,心之本体,即所谓性善也,未发

之中也,寂然不动之体也,廓然大公也。何常人皆不能而必待于学邪?中也,寂也,公也,既以属心之体,则良知是矣。今验之于心,知无不良,而中、寂、大公实未有也。岂良知复超然于体用之外乎?"

性无不善,故知无不良,良知即是未发之中,即是廓然大公,寂然不动之本体,人人之所同具者也。但不能不昏蔽于物欲,故须学以去其昏蔽,然于良知之本体,初不能有加损于毫末也。知无不良,而中、寂、大公未能全者,是昏蔽之未尽去,而存之未纯耳。体即良知之体,用即良知之用,宁复有超然于体用之外者乎?

[注释]①又:指另一封书信,此指与陆澄的第二封信。

【156】来书云:"周子曰'主静',程子曰'动亦定,静亦定',先生曰'定者,心之本体',是静定也,决非不睹不闻、无思无为之谓,必常知、常存、常主于理之谓也。夫常知、常存、常主于理,明是动也,已发也,何以谓之静?何以谓之本体?岂是静定也,又有以贯乎心之动静者邪?"

理无动者也。"常知、常存、常主于理",即"不睹不闻、无思无为"之谓也。"不睹不闻、无思无为",非槁木死灰之谓也。睹、闻、思、为一于理,而未尝有所睹、闻、思、为,即是动而未尝动也。所谓"动亦定,静亦定""体用一原"者也。

【157】来书云:"此心未发之体,其在已发之前乎?其在已发之中而为之主乎?其无前后内外而浑然之体者

乎？今谓心之动静者，其主有事无事而言乎？其主寂然感通而言乎①？其主循理从欲而言乎？若以循理为静，从欲为动，则于所谓'动中有静，静中有动②，动极而静，静极而动'者③，不可通矣。若以有事而感通为动，无事而寂然为静，则于所谓'动而无动，静而无静'者④，不可通矣。若谓未发在已发之先，静而生动，是至诚有息也，圣人有复也⑤，又不可矣。若谓未发在已发之中，则不知未发已发俱当主静乎？抑未发为静而已发为动乎？抑未发已发俱无动无静乎？俱有动有静乎？幸教。"

"未发之中"即良知也，无前后内外而浑然一体者也。有事无事，可以言动静，而良知无分于有事无事也。寂然感通，可以言动静，而良知无分于寂然感通也。动静者，所遇之时，心之本体固无分于动静也。理无动者也，动即为欲，循理则虽酬酢万变而未尝动也；从欲则虽槁心一念而未尝静也。"动中有静，静中有动"，又何疑乎？有事而感通，固可以言动，然而寂然者未尝有增也。无事而寂然，固可以言静，然而感通者未尝有减也。"动而无动，静而无静"，又何疑乎？无前后内外而浑然一体，则至诚有息之疑，不待解矣。未发在已发之中，而已发之中未尝别有未发者在；已发在未发之中，而未发之中未尝别有已发者存；是未尝无动静，而不可以动静分者也。凡观古人言语，在以意逆志而得其大旨，若必拘滞于文义，则"靡有孑遗"者⑥，是周果无遗民也。周子"静极而动"之说，苟不善观，亦未免有病。盖其意从"太极动而生阳，静而生阴"说来。太极生生之理⑦，妙用无息，而常体不易。太极之生生,即阴阳之生生。就其生生之中,指其妙用无息者而谓之动,谓之阳之生,非谓动而后生阳也。就其生生之中,指其常体不易者而谓之静,谓之阴之生,非谓静而后生阴也。若果静而后生阴,动而后生阳,则是阴阳动静截然各自为一物矣。阴阳一气也,一气屈伸而为阴阳;动静一理也,一理隐显而为动静。春夏可以为阳为动,而未尝无阴与静也;秋冬可以为阴为静,而未尝无阳与动也。春夏此不息,秋冬此不息,皆可谓之阳、谓之动也;春夏此常体,秋冬此常体,皆可谓之阴、谓之静也。自元、会、运、世、岁、月、日、时,以至刻、秒、忽、微⑧,莫不皆然,所谓动静无端,阴阳无始,在知道者默而识之,非可以言语穷也。若只牵文泥句,比拟仿像⑨,则所谓心从法华转,非是转法华矣⑩。

[注释]①寂然感通:静默不动,感而遂通。　②动中有静,静中有动:《河南程氏遗书》卷七云:"静中便有动,动中自有静。"　③动极而静,静极而动:周敦颐《太极图说》云:"太极动而生阳,动极而静;静而生阴,静极而动。一动一静,互为其根。"　④动而无动,静而无静:周敦颐《通书·动静》云:"动而无静,静而无动,物也。动而无动,静而无静,神也。动而无动,静而无静,非不动不静也。"　⑤圣人有复也:圣人也要复归本性。周敦颐《通书》云:"性焉安焉之谓圣,复焉执焉之谓贤。"周敦颐认为圣人已经能够安住于本性上而不动摇,所以不存在复性的问题。　⑥靡有孑遗:其意谓剩余的百姓没有不遭受灾害摧残的。语出《诗经·大雅·云汉》。《孟子·万章上》云:"故说《诗》者,不以文害辞,不以辞害志。以意逆志,是为得之。如以辞而已矣,《云汉》之诗曰:'周余黎民,靡有孑遗。'信斯言也,是周无遗民也。"靡有:没有。孑遗:剩余。　⑦太极生生之理:太极的生生不息之理。　⑧元、会、运、世:邵雍《皇极经世书》卷十一《观物内篇》云:"日经天之元,月经天之会,星经天

之运,辰经天之世。"并以三十年为一世,十二世为一运,三十运为一会,十二会为一元。刻、杪、忽、微:古代较小的计时单位。 ⑨比拟仿像:比拟模仿。 ⑩"心从法华转"二句:法华即《法华经》,全称为《妙法莲华经》。意谓心随《法华经》转,而不是心支配着《法华经》转。《六祖法宝坛经·机缘品》云:"心迷《法华》转,心悟转《法华》。诵经久不明,与义作仇家。"

【158】来书云:"尝试于心,喜、怒、忧、惧之感发也,虽动气之极,而吾心良知一觉,即罔然消阻①,或遏于初②,或制于中③,或悔于后④。然则良知常若居优闲无事之地而为之主,于喜、怒、忧、惧若不与焉者,何欤?"

知此则知"未发之中","寂然不动"之体,而有"发而中节"之和,"感而遂通"之妙矣。然谓"良知常若居于优闲无事之地",语尚有病。盖良知虽不滞于喜、怒、忧、惧,而喜、怒、忧、惧亦不外于良知也。

[注释]①罔然消阻:其意谓消散消释。罔然:空无所有,消散。消阻:消释,消失。 ②遏:遏制。 ③制:制止。 ④悔:悔悟。

【159】来书云:"夫子昨以良知为照心。窃谓:良知,心之本体也;照心,人所用功,乃戒慎恐惧之心也,犹思也。而遂以戒慎恐惧为良知,何欤?"

能戒慎恐惧者,是良知也。

【160】来书云:"先生又曰'照心非动也',岂以其循理而谓之静欤?'妄心亦照也',岂以其良知未尝不在于其中,未尝不明于其中,而视听言动之不过则者皆天理欤?且既曰妄心,则在妄心可谓之照,而在照心则谓之妄矣。

妄与息何异？今假妄之照以续至诚之无息，窃所未明，幸再启蒙。"

"照心非动"者，以其发于本体明觉之自然，而未尝有所动也。有所动即妄矣。"妄心亦照"者，以其本体明觉之自然者，未尝不在于其中，但有所动耳。无所动即照矣。无妄无照，非以妄为照，以照为妄也。照心为照，妄心为妄，是犹有妄有照也。有妄有照则犹贰也，贰则息矣。无妄无照则不贰，不贰则不息矣。

【161】来书云："养生以清心寡欲为要。夫清心寡欲，作圣之功毕矣。然欲寡则心自清，清心非舍弃人事而独居求静之谓也。盖欲使此心纯乎天理，而无一毫人欲之私耳。今欲为此之功，而随人欲生而克之，则病根常在，未免灭于东而生于西。若欲刊剥洗荡于众欲未萌之先，则又无所用其力，徒使此心之不清。且欲未萌而搜剔以求去之，是犹引犬上堂而逐之也①，愈不可矣。"

必欲此心纯乎天理，而无一毫人欲之私，此作圣之功也。必欲此心纯乎天理，而无一毫人欲之私，非防于未萌之先，而克于方萌之际不能也。防于未萌之先，而克于方萌之际，此正《中庸》"戒慎恐惧"、《大学》"致知格物"之功，舍此之外，无别功矣。夫谓"灭于东而生于西""引犬上堂而逐之"者，是自私自利，将迎意必之为累②，而非克治洗荡之为患也。今曰"养生以清心寡欲为要"，只"养生"二字，便是自私自利，将迎意必之根。有此病根潜伏于中，宜其有"灭于东而生于西""引犬上堂而逐之"之患也。

[注释]①引犬上堂而逐之：意谓把狗牵到堂上再把它赶下去。《河南程氏遗书》卷二云："勿谓小儿无记性，所历事皆能不忘。故善养子者，当其婴孩，鞠之使得所养，全其和气，乃至长而性美。教之，示以好恶有常。至如养犬者，不欲其升堂，则时其升堂而扑之。若既扑其升堂，又复食之于堂，则使孰从？虽日挞而求其不升，不可得也。养异类且尔，况人乎？故养正者，圣人也。" ②将迎：送迎，意谓刻意安排。《庄子·知北游》云："无有所将，无有所迎。"将：送。意：凭空臆测。必：绝对肯定。《论语·子罕》云："子绝四：'毋意，毋必，毋固，毋我。'"意谓孔子杜绝了四种弊病，即不凭空臆测，不绝对肯定，不固执拘泥，不自以为是。

【162】来书云："佛氏'于不思善不思恶时认本来面目'①，与吾儒'随物而格'之功不同。吾若于不思善不思恶时用致知之功，则已涉于思善矣。欲善恶不思，而心之良知清静自在，惟有寐而方醒之时耳。斯正孟子'夜气'之说②。但于斯光景不能久，倏忽之际，思虑已生。不知用功久者，其常寐初醒而思未起之时否乎？今澄欲求宁静，愈不宁静，欲念无生，则念愈生，如之何而能使此心前念易灭，后念不生，良知独显，而与造物者游乎③？"

"不思善不思恶时认本来面目"，此佛氏为未识本来面目者设此方便。"本来面目"即吾圣门所谓"良知"。今既认得良知明白，即已不消如此说矣。"随物而格"是"致知"之功，即佛氏之"常惺惺"④，亦是常存他本来面目耳。体段工夫，大略相似，但佛氏有个自私自利之心，所以便有不同耳。今欲"善恶不思，而心之良知清静自在"，此便有自私自利、将迎意必之心，所以有"不思善、不思恶时用致知之功,则已涉于思善"之患。孟子说"夜气",亦只是为失其良心之人指出个良心萌动处,使他从此培养将去。今已知得良知明白,常用致知之功,即已不消说"夜气";却是得兔后不知守兔,而仍去守株,兔将复失之矣。欲求宁静,欲念无生,此正是自私自利、将迎意必之病,是以念愈生而愈不宁静。良知只是一个良知,而善恶自辨,更有何善何恶可思?良知之体本自宁静,今却又添一个求宁静;本自生生,今却又添一个欲无生;非独圣门致知之功不如此,虽佛氏之学亦未如此将迎意必也。只是一念良知,彻头彻尾,无始无终,即是前念不灭,后念不生。今却欲前念易灭,而后念不生,是佛氏所谓断灭种性,入于槁木死灰之谓矣⑤。

[注释]①不思善不思恶:其意谓在宁静状态下体认心的本来面目,不刻意去善避恶。《六祖法宝坛经·行由品》云:"慧能云:'不思善,不思恶,正与么时,那个是明上座本来面目。" ②夜气:指夜间远离环境羁绊静思而产生的善念良知。《孟子·告子上》云:"夜气不足以存,则其违禽兽不远矣。" ③与造物者游:意谓与天理大道相合。《庄子·天下》云:"上与造物者游,而下与外死生、无终始者为友。"其意谓在上与造物者同游,在下与超脱生死、不念终始的人为友。 ④常惺惺:禅语,意谓经常保持清醒状态。 ⑤"断灭种性"二句:佛教术语。意谓处于身如槁木、心如死灰的状态。语出自玄奘《成唯识论》卷五。断灭:佛教认为诸法皆有因果,且因果相续,若没有因果相续之理,则谓之断灭之见。

【163】来书云:"佛氏又有'常提念头'之说,其犹孟子所谓'必有事',夫子所谓'致良知'之说乎?其即'常惺惺,常记得,常知得,常存得'者乎?于此念头提在之时,

而事至物来，应之必有其道。但恐此念头提起时少，放下时多，则工夫间断耳。且念头放失，多因私欲客气之动而始①，忽然惊醒而后提。其放而未提之间，心之昏杂多不自觉。今欲日精日明，常提不放，以何道乎②？只此常提不放，即全功乎？抑于常提不放之中，更宜加省克之功乎？虽曰常提不放，而不加戒惧克治之功，恐私欲不去；若加戒惧克治之功焉，又为'思善'之事，而于'本来面目'又未达一间也。如之何则可？"

"戒惧克治"，即是"常提不放"之功，即是"必有事焉"，岂有两事邪？此节所问，前一段已自说得分晓；末后却是自生迷惑，说得支离，及有"本来面目，未达一间"之疑，都是自私自利将迎意必之为病。去此病，自无此疑矣。

[注释]①客气：指人们受外界影响而产生的骄傲、名誉、情欲等生理之性。　②以何道：有什么方法。

【164】来书云："质美者明得尽，渣滓便浑化①。如何谓'明得尽'？如何而能'便浑化'？"

良知本来自明。气质不美者，渣滓多，障蔽厚，不易开明。质美者渣滓原少，无多障蔽，略加致知之功，此良知便自莹彻，些少渣滓如汤中浮雪，如何能作障蔽？此本不甚难晓，原静所以致疑于此，想是因一"明"字不明白，亦是稍有欲速之心②。向曾面论"明善"之义，明则诚矣③，非若后儒所谓明善之浅也。

[注释]①"质美"二句：其意谓天资优秀之人善德尽显，缺点便融化消失。渣滓：私欲，缺点。语出《程氏遗书》卷十一。　②欲速：急于求成。

③明则诚:不断彰显善德就会达到真诚的境界。《中庸》第二十一章云:"自诚明,谓之性。自明诚,谓之教。诚则明矣,明则诚矣。"

【165】来书云:"聪明睿知果质乎①?仁义礼智果性乎?喜怒哀乐果情乎?私欲客气果一物乎?二物乎?古之英才若子房、仲舒、叔度、孔明、文中、韩、范诸公②,德业表著,皆良知中所发也,而不得谓之闻道者③,果何在乎?苟曰此特生质之美耳,则生知安行者,不愈于学知困勉者乎④?愚意窃云,谓诸公见道偏则可,谓全无闻,则恐后儒崇尚记诵训诂之过也。然乎?否乎?"

性一而已,仁、义、礼、智,性之性也⑤;聪、明、睿、知,性之质也⑥;喜、怒、哀、乐,性之情也;私欲、客气,性之蔽也。质有清浊,故情有过不及,而蔽有浅深也。私欲、客气,一病两痛,非二物也。张、黄、诸葛及韩、范诸公,皆天质之美,自多暗合道妙,虽未可尽谓之知学,尽谓之闻道,然亦自有其学,违道不远者也⑦。使其闻学知道,即伊、傅、周、召矣⑧。若文中子则又不可谓之不知学者,其书虽多出于其徒,亦多有未是处,然其大略则亦居然可见,但今相去辽远⑨,无有的然凭证,不可悬断其所至矣⑩。夫良知即是道,良知之在人心,不但圣贤,虽常人亦无不如此。若无有物欲牵蔽,但循着良知发用流行将去⑪,即无不是道。但在常人多为物欲牵蔽,不能循得良知。如数公者,天质既自清明,自少物欲为之牵蔽,则其良知之发用流行处,自然是多,自然违道不远。学者学循此良知而已,谓之知学,只是知得专在学循良知。数公虽未知专在良知上用功，而或泛滥于多岐，疑迷于影响⑫，是以或离或合而未纯。若知得时，便是圣人矣。后儒尝以数子者尚皆是气质用事，未免于行不著，习不察，此亦未为过论。但后儒之所谓著、察者，亦是狃于闻见之狭，蔽于沿习之非，而依拟仿象于影响形迹之间⑬，尚非圣门之所谓著、察者也，则亦安得以己之昏昏，而求人之昭昭也乎？所谓"生知安行"，"知行"二字亦是就用功上说；若是知行本体，即是良知良能，虽在困勉之人，亦皆可谓之"生知安行"矣。"知行"二字更宜精察。

[注释]①聪明睿知：耳聪目明，聪慧明智。《中庸》第三十一章云："惟天下至圣，为能聪明睿知。"果质乎《中庸》第三十一章朱熹注云："聪明睿知，生知之质。"意谓聪明睿智是与生俱来的禀赋。　②子房：张良，字子房。汉初三杰之一。辅佐刘邦消灭项羽，建立西汉，被封为留侯。仲舒：即董仲舒。西汉经学家，提出"天人感应""罢黜百家，独尊儒术"等观点，被汉武帝采纳，儒学自此成为官方哲学，对后世产生了极大的影响。著有《春秋繁露》等。叔度：即黄宪，字叔度，东汉名士。家贫好学，有颜回之称，终身不仕。其言论无存。孔明：即诸葛亮，字孔明。三国蜀汉政治家、军事家，助刘备联吴灭曹，建立蜀汉政权，任丞相。文中：即王通。韩：指韩琦，北宋名臣，仁宗时进士，与范仲淹一同防御西夏，时人有韩范之称。著有《安阳集》。范：即范仲淹，北宋政治家、文学家。少贫力学，宋真宗大中祥符进士，官至参知政事。政治敢言，政绩卓著。工于诗词、散文，著有《范文正公集》。　③闻道者：知道圣道之人。　④学知困勉者：学知利行、困知勉行之人。　⑤性之性也：人性之本质。　⑥性之质也：人性之禀赋。　⑦违道不远：离道不远。　⑧伊：即尹伊。傅：即傅悦。周：即周公。召：召公，文王的儿子。　⑨辽远：久远。⑩悬断：凭空臆断。　⑪发用流行将去：发扬光大，传播开来。　⑫疑迷于影响：被疑虑、是非所影响。　⑬仿象于影响形迹之间：模拟、仿照圣人的影响和事迹。

【166】来书云:"昔周茂叔每令伯淳寻仲尼、颜子乐处①。敢问是乐也,与七情之乐同乎?否乎?若同,则常人之一遂所欲,皆能乐矣,何必圣贤?若别有真乐,则圣贤之遇大忧、大怒、大惊、大惧之事,此乐亦在否乎?且君子之心常存戒惧,是盖终身之忧也②,恶得乐?澄平生多闷,未常见真乐之趣,今切愿寻之。"

乐是心之本体,虽不同于七情之乐,而亦不外于七情之乐。虽则圣贤别有真乐,而亦常人之所同有。但常人有之而不自知,反自求许多忧苦,自加迷弃。虽在忧苦迷弃之中,而此乐又未尝不存。但一念开明,反身而诚③,则即此而在矣。每与原静论,无非此意。而原静尚有"何道可得"之问,是犹未免于"骑驴觅驴"之蔽也。

[注释]①周茂叔:即周敦颐,字茂叔。伯淳:即程颢,字伯淳。此句意谓从前周敦颐常常要程颢寻找孔子与颜回快乐的原因。《程氏遗书》卷二云:"昔受学于周茂叔,每令寻颜子、仲尼乐处,所乐何事。" ②终身之忧:意谓终身皆怀有忧虑。《孟子·离娄下》云:"君子有终身之忧,无一朝之患也。" ③反身而诚:反躬内求而感到诚意。《孟子·尽心上》:"孟子曰:'万物皆备于我矣。反身而诚,乐莫大焉。'"

【167】来书云:"《大学》以'心有好乐、忿懥、忧患、恐惧'为'不得其正',而程子亦谓'圣人情顺万事而无情'①。所谓有者,《传习录》②中以病疟譬之,极精切矣。若程子之言,则是圣人之情不生于心而生于物也,何谓耶?且事感而情应,则是是非非可以就格。事或未感时,谓之有则未形也,谓之无则病根在,有无之间,何以致吾知乎?学

务无情，累虽轻，而出儒入佛矣，可乎？"

圣人致知之功至诚无息，其良知之体皦如明镜③，略无纤翳④。妍媸之来，随物见形，而明镜曾无留染，所谓"情顺万事而无情"也。"无所住而生其心"⑤，佛氏曾有是言，未为非也。明镜之应物，妍者妍，媸者媸，一照而皆真，即是生其心处。妍者妍，媸者媸，一过而不留，即是无所住处。病疟之喻，既已见其精切，则此节所问可以释然。病疟之人，疟虽未发，而病根自在，则亦安可以其疟之未发而遂忘其服药调理之功乎？若必待疟发而后服药调理，则既晚矣。致知之功无间于有事无事，而岂论于病之已发、未发邪？大抵原静所疑，前后虽若不一，然皆起于自私自利，将迎意必之为祟。此根一去，则前后所疑自将冰消雾释，有不待于问辨者矣⑥。

[注释]①圣人情顺万事而无情：其意谓圣人的感情顺应万事万物自然而然生发而不掩饰真情。《二程文集》卷三《答横渠先生定性书》云："天地之常，以其心普万物而无心。圣人之常，以其情顺万事而无情。" ②《传习录》：此指今本《传习录》上卷。 ③皦(jiǎo)：清晰明亮。 ④纤翳(yì)：细微的遮蔽。 ⑤无所住而生其心：情感生发处宁静自然而不染尘埃。《金刚经》第十品云："不应住色生心，不应住声、香、味、触、法生心，应无所住而生其心。" ⑥有不待于问辨：用不着再去问辨了。

钱德洪跋①

《答原静书》出，读者皆喜。澄善问，师善答，皆得闻所未闻。师曰："原静所问，只是知解上转，不得已与之逐节分疏。若信得良知，只在良知上用功，虽千经万典，无不吻合,异端曲学②,一勘尽破矣,何必如此节节分解?佛家有'扑人逐块'之喻③,见块扑人则得人矣,见块逐块,于块奚得哉?"在座诸友闻之,惕然皆有惺悟④。此学贵反求,非知解可入也。

[注释]①此为钱德洪为《答原静书》所作跋语。　②异端曲学:指不符合儒家正统思想的学派与言论。　③扑人逐块:《涅槃经》第六十二品云:"凡一切凡夫,虽观于果,不观姻缘,如犬逐块而不逐人,亦复如此。"《祖庭事苑》卷八"狮子咬人"条载:"《大般若》论云:'有掷块于犬,犬逐块也,块终不止。有掷于狮子,狮子逐人,其块自止。'"　④惕然:戒惧的样子。

答欧阳崇一

【168】崇一来书云①:"师云:'德性之良知,非由于闻见,若曰多闻择其善者而从之,多见而识之,则是专求之见闻之末,而已落在第二义。'②窃意良知虽不由见闻而有,然学者之知未尝不由见闻而发;滞于见闻固非,而见闻亦良知之用也。今曰'落在第二义',恐为专以见闻为学者而言。若致其良知而求之见闻,似亦知行合一之功矣。如何?"

良知不由见闻而有,而见闻莫非良知之用,故良知不滞于见闻,而亦不离于见闻。孔子云:"吾有知乎哉?无知也。"③良知之外,别无知矣。故"致良知"是学问大头脑,是圣人教人第一义。今云专求之见闻之末,则是失却头脑,而已落在第二义矣。近时同志中盖已莫不知有致良知之说,然其功夫尚多鹘突者④,正是欠此一问。大抵学问功夫只要主意头脑是当，若主意头脑专以致良知为事，则凡多闻多见，莫非致良知之功。盖日用之间，见闻酬酢，虽千头万绪，莫非良知之发用流行，除却见闻酬酢，亦无良知可致矣。故只是一事。若曰致其良知而求之见闻，则语意之间未免为二，此与专求之见闻之末者虽稍不同，其为未得精一之旨，则一而已。"多闻，择其善者而从之，多见而识之"⑤，既云"择"，又云"识"，其良知亦未尝不行于其间，但其用意乃专在多闻多见上去择识，则已失却头脑矣。崇一于此等处见得当已分晓，今日之问，正为发明此学，于同志中极有益。但语意未莹⑥，则毫厘千里，亦不容不精察之也。

[注释]①崇一：即欧阳德，字崇一。 ②"德性之良知"六句：见《传习录》卷中《答顾东桥书》。 ③"吾有知"二句：语出《论语·子罕》。知：知识。 ④鹘突：模糊。 ⑤"多闻"三句：《论语·述而》云："多闻，择其善者而从之，多见而识之，知之次也。"其意谓多听，选择其中好的而接受；多看，并且记在心中。这样的知仅次于生而知之者。 ⑥莹：透彻。

【169】来书云："师云：'《系》言何思何虑①，是言所思所虑只是天理，更无别思别虑耳，非谓无思无虑也。心之本体即是天理，有何可思虑得？学者用功，虽千思万虑，只是要复他本体，不是以私意去安排思索出来。若安排思索，便是自私用智矣。学者之蔽，大率非沉空守寂，则安排思索。'②德辛壬之岁着前一病③，近又着后一病。但思索亦是良知发用，其与私意安排者何所取别？恐认贼作子，惑而不知也。"

"思曰睿,睿作圣。"④ "心之官则思,思则得之。"⑤思其可少乎?沉空守寂与安排思索,正是自私用智,其为丧失良知,一也。良知是天理之昭明灵觉处,故良知即是天理。思是良知之发用⑥。若是良知发用之思,则所思莫非天理矣。良知发用之思,自然明白简易,良知亦自能知得。若是私意安排之思,自是纷纭劳扰,良知亦自会分别得。盖思之是非邪正,良知无有不自知者。所以认贼作子,正为致知之学不明,不知在良知上体认之耳。

[注释]①《系》:指《周易·系辞》。何思何虑:指孔子在《系辞》注中所说的"何思何虑"。 ②此段话见《传习录》卷中《启问道通书》。 ③德:指欧阳崇德。辛壬:指明正德十六年辛巳、嘉靖元年壬午,即1521、1522年。 ④思曰睿,睿作圣:其意为思维要深明通达,即可达到圣人之境。《尚书·洪范》云:"五事:一曰貌,二曰言,三曰视,四曰听,五曰思。貌曰恭,言曰从,视曰明,听曰聪,思曰睿。恭作肃,从作乂,明作哲,聪作谋,睿作圣。"恭:恭敬。从:合乎道理。明:明晰。聪:聪敏。睿:通达。乂:治理。 ⑤心之官则思,思则得之:《孟子·告子上》云:"心之官则思,思则得之,不思则不得也。"意谓心的功能是思虑,从而能体认天道和人性,否则难以认识天理。 ⑥发用:发挥运用。

【170】来书又云:"师云:'为学终身只是一事,不论有事无事,只是这一件。若说宁不了事①,不可不加培养,却是分为两事也。'②窃意觉精力衰弱,不足以终事者,良知也。宁不了事,且加休养,致知也。如何却为两事?若事变之来,有事势不容不了,而精力虽衰,稍鼓舞亦能支持,则持志以帅气可矣③。然言动终无气力,毕事则困惫已甚,不几于暴其气已乎?此其轻重缓急,良知固未尝不

知,然或迫于事势,安能顾精力?或因于精力,安能顾事势?如之何则可?"

"宁不了事,不可不加培养"之意,且与初学如此说,亦不为无益。但作两事看了,便有病痛。在孟子言"必有事焉",则君子之学终身只是"集义"一事。义者宜也。心得其宜之谓义。能致良知,则心得其宜矣,故"集义"亦只是致良知。君子之酬酢万变,当行则行,当止则止,当生则生,当死则死,斟酌调停,无非是致其良知,以求自慊而已。故"君子素其位而行"④,"思不出其位"⑤凡谋其力之所不及而强其知之所不能者,皆不得为致良知;而凡"劳其筋骨,饿其体肤,空乏其身,行拂乱其所为,动心忍性以增益其所不能"⑥者,皆所以致其良知也。若云"宁不了事,不可不加培养"者,亦是先有功利之心,计较成败利钝而爱憎取舍于其间,是以将了事自作一事,而培养又别作一事,此便有是内非外之意,便是自私用智,便是"义外",便有"不得于心,勿求于气"之病,便不是致良知以求自慊之功矣。所云"鼓舞支持,毕事则困惫已甚",又云"迫于事势,困于精力",皆是把作两事做了,所以有此。凡学问之功,一则诚,二则伪,凡此皆是致良知之意欠诚一真切之故。《大学》言:"诚其意者,如恶恶臭,如好好色,此之谓自慊。"曾见有恶恶臭、好好色而须鼓舞支持者乎?曾见毕事则困惫已甚者乎?曾有迫于事势、困于精力者乎?此可以知其受病之所从来矣。

[注释]①宁不了事:宁可不做事。　②此段话见《传习录》卷中《启问道通书》。　③持志以帅气:《孟子·公孙丑上》云:"夫志,气之帅也;气,体之充

也。夫志至焉,气次焉。故曰:'持其志,无暴其气。'"暴:放任。 ④君子素其位而行:其意谓君子就现在所处位置做好本分之事。语出《中庸》第十四章。素其位:现在所处位置。 ⑤思不出其位:君子所思虑者不超出其工作职责。语出《论语·宪问》。 ⑥"劳其筋骨"五句:《孟子·告子下》云:"故天将降大任于是人也,必先苦其心志,劳其筋骨,饿其体肤,空乏其身,行拂乱其所为,所以动心忍性,曾益其所不能。"

【171】来书又有云:"人情机诈百出,御之以不疑,往往为所欺;觉则自入于逆亿①。夫逆诈即诈也,亿不信即非信也,为人欺又非觉也。不逆不亿而常先觉,其惟良知莹彻乎?然而出入毫忽之间,背觉合诈者多矣②。"

"不逆不亿而先觉",此孔子因当时人专以逆诈亿不信为心,而自陷于诈与不信,又有不逆不亿者,然不知致良知之功,而往往又为人所欺诈,故有是言。非教人以是存心而专欲先觉人之诈与不信也。以是存心,即是后世猜忌险薄者之事,而只此一念,已不可与入尧、舜之道矣。不逆不亿而为人所欺者,尚亦不失为善,但不如能致其良知而自然先觉者之尤为贤耳。崇一谓其惟良知莹彻者,盖已得其旨矣。然亦颖悟所及,恐未实际也。盖良知之在人心,亘万古,塞宇宙,而无不同。"不虑而知","恒易以知险"③,"不学而能","恒简以知阻","先天而天不违","天且不违,而况于人乎?况于鬼神乎?"④夫谓"背觉合诈"者,是虽不逆人,而或未能无自欺也;虽不亿人,而或未能果自信也。是或常有求先觉之心,而未能常自觉也。常有求先觉之心,即已流于逆、亿,而足以自蔽其良知矣。此"背觉合诈"之所以未免也。君子学以为己⑤,未尝虞人之欺己也,恒不自欺其良知而已;未尝虞人之不信己也,恒自信其良知而已;未尝求先觉人之诈与不信也,恒务自觉其良知而已。是故不欺则良知无所伪而诚,诚则明矣;自信则良知无所惑而明,明则诚矣。明诚相生,是故良知常觉常照。常觉常照,则如明镜之悬,而物之来者自不能遁其妍媸矣。何者?不欺而诚则无所容其欺,苟有欺焉,而觉矣;自信而明则无所容其不信,苟不信焉,而觉矣。是谓易以知险,简以知阻,子思所谓"至诚如神,可以前知"⑥者也。然子思谓"如神",谓"可以前知",犹二而言之。是盖推言思诚者之功效,是犹为不能先觉者说也。若就至诚而言,则至诚之妙用即谓之"神",不必言"如神",至诚则"无知而无不知",不必言"可以前知"矣。

[注释]①逆亿:《论语·宪问》云:"子曰:'不逆诈,不亿不信,抑亦先觉者,是贤乎。'"逆诈:预先怀疑别人的欺诈。不亿不信:不主观猜测别人的不诚实。亿:通"臆"。 ②背觉合诈:背离知觉而暗合欺诈。 ③恒易以知险:《周易·系辞》云:"夫乾,天下之至健也,德行恒易以知险;夫坤,天下之至顺也,德行恒简以知阻。"其意谓乾是天下最刚健的象征,其德行常常平易,而又能在平易的运行之道中预知危险所在。坤是天下最柔顺的象征,其德行常常简易,而又能在简易中预知阻碍所在。 ④"先天而天不违"四句:其意谓掌握了天道之人,在天象出现之前行事,天不会违背他,天尚且不违背他,何况人和鬼神呢?《周易·乾卦》云:"夫大人者与天地合其德,与日月合其明,与四时合其序,与鬼神合其吉凶。先天而天弗违,后天而奉天时。天且弗违,而况于人乎?况于鬼神乎?" ⑤为己:《论语·宪问》云:"子曰:'古之学者为己,今之学者为人。'"其意谓古代的学者是为了提高自己的道德文章涵养做学问,今之学者却是为了装潢门面给人看而做学问。 ⑥至诚如神,可以前知:其意谓达到至诚的境界则玄妙如神,可以预知未来。《中庸》第二十四章云:"至诚之道,可以前知……至善,必先知之。不善,必先知之。故至诚如神。"

答罗整庵少宰书①

【172】某顿首启②：昨承教及《大学》，发舟匆匆，未能奉答。晓来江行稍暇，复取手教而读之③。恐至赣后人事复纷沓④，先具其略以请。

来教云："见道固难，而体道尤难。道诚未易明，而学诚不可不讲。恐未可安于所见而遂以为极则也⑤。"幸甚幸甚！何以得闻斯言乎？其敢自以为极则而安之乎？正思就天下之有道以讲明之耳。而数年以来，闻其说而非笑之者有矣，诟訾之者有矣⑥，置之不足较量辨议之者有矣⑦，其肯遂以教我乎？其肯遂以教我，而反复晓谕，恻然惟恐不及救正之乎？然则天下之爱我者，固莫有如执事之心深且至矣⑧！感激当何如哉！

夫"德之不修，学之不讲"⑨，孔子以为忧。而世之学者稍能传习训诂，即皆自以为知学，不复有所谓讲学之求，可悲矣！夫道必体而后见，非已见道而后加体道之功也；道必学而后明，非外讲学而复有所谓明道之事也。然世之讲学者有二：有讲之以身心者；有讲之以口耳者。讲之以口耳，揣摸测度，求之影响者也；讲之以身心，行著习察，实有诸己者也，知此则知孔门之学矣。

[注释]①罗整庵：罗钦顺（1465－1547），字允升，号整庵，江西泰和人。弘治六年（1493）进士，官至南京吏部尚书。明代哲学家，其潜心格物致知之学，批判王阳明的心学，对程朱理学进行改造接受，为明代程朱学派之代表。著有《困知记》等。少宰：官职名。正德十五年（1520）夏，罗钦顺告假居老家

泰和,闻说时任江西巡抚的王阳明将由赣江至赣州,六月王阳明经泰和时,罗钦顺把写就的《与王阳明书》交付之。此封书信即是王阳明的回信。　②顿首:旧时书信表示恭敬之用语。　③手教:亲笔信。　④赣:江西赣州。　⑤极则:最高标准。　⑥诟訾:责骂诋毁。　⑦不足较量辩议:不屑一顾,懒得辩论。　⑧执事:对对方的敬称。　⑨德之不修,学之不讲:意谓不修养品德,不钻研学问。《论语·述而》云:"子曰:'德之不修,学之不讲,闻义不能徙,不善不能改,是吾忧也。'"

【173】来教谓某"《大学》古本之复,以人之为学但当求之于内,而程、朱格物之说不免求之于外,遂去朱子之分章而削其所补之传①"。非敢然也。学岂有内外乎?《大学》古本乃孔门相传旧本耳。朱子疑其有所脱误,而改正补缉之。在某则谓其本无脱误,悉从其旧而已矣。失在于过信孔子则有之,非故去朱子之分章而削其传也。夫学贵得之心,求之于心而非也,虽其言之出于孔子,不敢以为是也,而况其未及孔子者乎?求之于心而是也,虽其言之出于庸常②,不敢以为非也,而况其出于孔子者乎?且旧本之传数千载矣,今读其文词,既明白而可通;论其工夫,又易简而可入。亦何所按据而断其此段之必在于彼,彼段之必在于此,与此之如何而缺,彼之如何而补?而遂改正补缉之,无乃重于背朱而轻于叛孔已乎?

[注释]①朱子之分章:朱熹改动《大学》旧本为经一章,传十章。所补:朱熹在《大学古本》"此为知本,此为知之至也"之后"窃取程子之意以补之",作了补传,增加了一百三十四个字。　②庸常:普通人。

【174】来教谓:"如必以学不资于外求,但当反观内省

以为务,则'正心诚意'四字亦何不尽之有？何必于入门之际,便困以格物一段工夫也？"诚然诚然。若语其要,则"修身"二字亦足矣,何必又言"正心"？"正心"二字亦足矣,何必又言"诚意"？"诚意"二字亦足矣,何必又言"致知",又言"格物"？惟其工夫之详密,而要之只是一事,此所以为精一之学,此正不可不思者也。夫理无内外,性无内外,故学无内外；讲习讨论,未尝非内也；反观内省,未尝遗外也。夫谓学必资于外求,是以己性为有外也,是义外也,用智者也；谓反观内省为求之于内,是以己性为有内也,是有我也,自私者也：是皆不知性之无内外也。故曰："精义入神,以致用也；利用安身,以崇德也。"①"性之德也,合内外之道也。"②此可以知格物之学矣。格物者,《大学》之实下手处,彻首彻尾,自始学至圣人,只此工夫而已。非但入门之际有此一段也。夫正心、诚意、致知、格物,皆所以修身,而格物者,其所用力日可见之地。故格物者,格其心之物也,格其意之物也,格其知之物也；正心者,正其物之心也；诚意者,诚其物之意也；致知者,致其物之知也：此岂有内外彼此之分哉？理一而已。以其理之凝聚而言,则谓之性；以其凝聚之主宰而言,则谓之心；以其主宰之发动而言,则谓之意；以其发动之明觉而言,则谓之知；以其明觉之感应而言,则谓之物。故就物而言谓之格,就知而言谓之致,就意而言谓之诚,就心而言谓之正。正者,正此也；诚者,诚此也；致者,致此也；格者,格此也。皆所谓穷理以尽性也。天下无性外之理,无性外之物。学之不明,皆由世之儒者认理为外,认物为外，而不知义外之说，孟子盖尝辟之，乃至袭陷其内而不觉，岂非亦有似是而难明者欤？不可以不察也。

[注释]①"精义入神"四句：意谓精研义理而达神妙之境，是为了更好地运用它；以此安身，是为了提升道德修养。《周易·系辞》云："尺蠖之屈，以求信也；龙蛇之蛰，以存身也。精义入神，以致用也；利用安身，以崇德也。"②性之德也，合内外之道也：意谓这是天赋的德性，符合内心和外物各自的规律。语出《中庸》第二十五章。

【175】凡执事所以致疑于格物之说者①，必谓其是内而非外也②；必谓其专事于反观内省之为，而遗弃其讲习讨论之功也；必谓其一意于纲领本原之约，而脱略于支条节目之详也；必谓其沉溺于枯槁虚寂之偏，而不尽于物理人事之变也。审如是，岂但获罪于圣门，获罪于朱子？是邪说诬民，叛道乱正，人得而诛之也，而况于执事之正直哉？审如是，世之稍明训诂，闻先哲之绪论者，皆知其非也，而况执事之高明哉？凡某之所谓格物，其于朱子"九条"之说③，皆包罗统括于其中；但为之有要，作用不同，正所谓毫厘之差耳。然毫厘之差，而千里之谬实起于此，不可不辨。

[注释]①致疑：质疑，怀疑。 ②是内而非：肯定内求而否定外求。③朱子"九条"：指朱熹在《大学或问》中提出格物致知功夫的九种方法：其一，或读书讲道义，或论古今人物而别其是非，或应接事物而处其当。今日格物，明日又格一物。其二，自一身之中，以至万物之理，多多理会。其三，非穷尽天下之理，亦非止穷得一理，但须多积累。其四，于一事上穷尽，可以类推。一事上穷不得，且别穷一事。或先其易，或先其难，各随人深浅。其五，物必有理，皆所当穷。其六，如欲为孝，当知所以为孝之道。其七，物我一理，才明

彼,即晓此。一草一木皆有理,不可不察。其八,知至善之所在。其九,察之于身。

【176】孟子辟杨、墨,至于"无父,无君"。二子亦当时之贤者,使与孟子并世而生,未必不以之为贤。墨子"兼爱",行仁而过耳;杨子"为我",行义而过耳。此其为说,亦岂灭理乱常之甚而足以眩天下哉?而其流之弊,孟子至比于禽兽夷狄,所谓"以学术杀天下后世"也①。今世学术之弊,其谓之学仁而过者乎?谓之学义而过者乎?抑谓之学不仁不义而过者乎?吾不知其于洪水猛兽何如也!孟子云:"予岂好辨哉?予不得已也!"②杨、墨之道塞天下,孟子之时,天下之尊信杨、墨,当不下于今日之崇尚朱说,而孟子独以一人呶呶于其间,噫,可哀矣!韩氏云:"佛、老之害甚于杨、墨。"③韩愈之贤不及孟子,孟子不能救之于未坏之先,而韩愈乃欲全之于已坏之后,其亦不量其力,且见其身之危,莫之救以死也矣!呜呼!若某者其尤不量其力,果见其身之危,莫之救以死也矣!夫众方嘻嘻之中,而独出涕嗟若④,举世恬然以趋,而独疾首蹙额以为忧,此其非病狂丧心,殆必诚有大苦者隐于其中,而非天下之至仁,其孰能察之?某为《朱子晚年定论》⑤,盖亦不得已而然。中间年岁早晚,诚有所未考,虽不必尽出于晚年,固多出于晚年者矣。然大意在委曲调停以明此学为重,平生于朱子之说如神明蓍龟,一旦与之背驰,心诚有所未忍,故不得已而为此。"知我者,谓我心忧;不知我者,谓我何求"⑥,盖不忍抵牾朱子者⑦,其本心也;不得已

而与之抵牾者,道固如是,不直则道不见也⑧。执事所谓决与朱子异者,仆敢自欺其心哉?夫道,天下之公道也;学,天下之公学也。非朱子可得而私也,非孔子可得而私也。天下之公也,公言之而已矣。故言之而是,虽异于己,乃益于己也;言之而非,虽同于己,适损于己也。益于己者,己必喜之;损于己者,己必恶之。然则某今日之论,虽或于朱子异,未必非其所喜也。君子之过,如日月之食,其更也,人皆仰之⑨,而小人之过也必文⑩。某虽不肖,固不敢以小人之心事朱子也。

[注释]①以学术杀天下后世:陆九渊《象山先生全集》卷一《与曾宅之书》云:"此岂非以学术杀天下哉?" ②语出《孟子·滕文公下》。 ③佛、老之害甚于杨、墨:《昌黎先生文集》卷十八《与孟简尚书书》曰:"释、老之害过于杨、墨。" ④出涕嗟若:痛哭流涕、悲戚哀叹的样子。《周易·离卦·爻辞》云"出涕沱若,戚嗟若,吉。" ⑤《朱子晚年定论》:王阳明摘录朱熹晚年信札内容而编辑之,故命此名。其意在论证朱熹晚年之思想逐渐向心学转化。 ⑥"知我者,谓我心忧"四句:其意谓了解我的人知道我是在担忧,而不了解我的人则认为我有所要求。此语出自《诗经·王风·黍离》。 ⑦抵牾(dǐwǔ):抵触,矛盾。此指冒犯。 ⑧不直则道不见:意谓心如不直,大道则不会显现。语出《孟子·滕文公上》。 ⑨"君子之过"四句:《论语·子张》云:"君子之过也,如日月之食焉。过也,人皆见之;更也,人皆仰之。"过:过错。更:改正。 ⑩"小人之过"句:意谓小人犯错误一定会掩饰。《论语·子张》云:"子夏曰:'小人之过也必文。'"

【177】执事所以教,反复数百言,皆以未悉鄙人格物之说。若鄙说一明,则此数百言皆可以不待辨说而释然无滞①。故今不敢缕缕以滋琐屑之渎②。然鄙说非面陈口

析,断亦未能了了于纸笔间也。嗟乎!执事所以开导启迪于我者,可谓恳到详切矣!人之爱我,宁有如执事者乎?仆虽甚愚下,宁不知所感刻佩服?然而不敢遽舍其中心之诚然而姑以听受云者,正不敢有负于深爱,亦思有以报之耳。秋尽东还,必求一面,以卒所请,千万终教!

[注释]①释然无滞:疑虑消除,毫无困惑。 ②缕缕:啰唆。渎(dú):不恭敬。

答聂文蔚①

【178】春间远劳迁途,枉顾问证②,惓惓此情③,何可当也!已期二三同志,更处静地,扳留旬日④,少效其鄙见,以求切劘之益⑤;而公期俗绊⑥,势有不能,别去极怏怏,如有所失。忽承笺惠,反复千余言,读之无甚浣慰⑦。中间推许太过,盖亦奖掖之盛心,而规砺真切,思欲纳之于贤圣之域;又托诸崇一以致其勤勤恳恳之怀⑧,此非深交笃爱,何以及是!知感知愧,且惧其无以堪之也⑨。虽然,仆亦何敢不自鞭勉,而徒以感愧辞让为乎哉?其谓"思、孟、周、程无意相遭于千载之下⑩,与其尽信于天下,不若真信于一人。道固自在,学亦自在,天下信之不为多,一人信之不为少"者,斯固君子"不见是而无闷"之心⑪,岂世之谝谝屑屑者知足以及之乎?⑫乃仆之情则有大不得已者存乎其间,而非以计人之信与不信也。

[注释]①聂文蔚:聂豹(1487—1563),字文蔚,号双江,江西永丰人。正德十二年(1517)进士,官至兵部尚书,是明代著名的廉正之吏。王阳明的得

意弟子。著有《困辨录》《双江集》等。　②枉顾：屈尊看望。用于对方来访的敬辞。　③惓惓（quán）：恳切诚挚。　④扳留：挽留。　⑤切劘（mó）：切磋相正。　⑥公期俗绊：公务缠身。　⑦浣慰：宽慰，快慰。　⑧崇一：欧阳德，字崇一。勤勤恳恳：指诚恳。　⑨无以堪：承受不起，辜负。　⑩思、孟、周、程：子思、孟子、周敦颐、程颐、程颢。　⑪不见是而无闷：其意谓尽管还不被肯定，但心中没有烦恼。语出《周易·乾卦·文言》。　⑫谫（jiǎn）谫屑屑：浅薄猥琐。

【179】夫人者，天地之心，天地万物，本吾一体者也①。生民之困苦荼毒②，孰非疾痛之切于吾身者乎？不知吾身之疾痛，无是非之心者也。是非之心，不虑而知，不学而能，所谓良知也。良知之在人心，无间于圣愚，天下古今之所同也。世之君子惟务致其良知，则自能公是非，同好恶，视人犹己，视国犹家，而以天地万物为一体，求天下无治，不可得矣。古之人所以能见善不啻若己出③，见恶不啻若己入，视民之饥溺犹己之饥溺④，而一夫不获⑤，若己推而纳诸沟中者⑥，非故为是而以蕲天下之信己也⑦，务致其良知，求自慊而已矣。尧、舜、三王之圣，言而民莫不信者，致其良知而言之也；行而民莫不说者，致其良知而行之也。是以其民熙熙皞皞⑧，杀之不怨⑨，利之不庸，施及蛮貊⑩，而凡有血气者莫不尊亲，为其良知之同也。呜呼！圣人之治天下，何其简且易哉！

[注释]①天地万物，本吾一体者也：意谓天地万物本与我一体。《河南程氏遗书》云："仁者天地万物为一体。"　②荼（tú）毒：毒害，残害。　③不啻（chì）：如同。　④视民之饥溺犹己之饥溺：其意谓把百姓的饥饿灾难视如自己的饥饿灾难。《孟子·离娄下》云："禹思天下有溺者，由己溺之也；稷思

天下有饥者,由己饥之也。"溺:水淹。　⑤一夫不获:《尚书·说命》云:"一夫不获,则曰:'时予之辜。'"其意谓一个人没有过上好生活,(伊尹)就说这是我的罪过。不获:不得其所。辜:罪过。　⑥若己推而纳诸沟中者:《孟子·万章上》云:"(伊尹)思天下之民,匹夫匹妇有不被尧舜之泽者,若己推而内之沟中。"伊尹认为天下的百姓中只要有一人没有被尧舜之道的恩泽所沾溉,就好像自己把他推进山沟中一样。内:通"纳"。　⑦蕲:求。　⑧熙熙皞皞(xīhàoxīhào):和乐,怡然自得。　⑨杀之不怨:被杀头而不会怨恨。《孟子·尽心上》:"王者之民,皞皞如也。杀之而不怨,利之而不庸,民日迁善而不知为之者。"其意谓圣王统治下的百姓心情舒畅,被杀也没有怨恨,给予其好处也不认为应该酬谢,天天向好的方面发展而不知谁使其这样。　⑩蛮貊:古代对南方和北方落后部落的称呼。

【180】后世良知之学不明,天下之人用其私智以相比轧①,是以人各有心,而偏琐僻陋之见,狡伪阴邪之术,至于不可胜说;外假仁义之名,而内以行其自私自利之实,诡辞以阿俗②,矫行以干誉,掩人之善而袭以为己长,讦人之私而窃以为己直③,忿以相胜而犹谓之徇义,险以相倾而犹谓之疾恶,妒贤忌能而犹自以为公是非,恣情纵欲而犹自以为同好恶,相陵相贼④,自其一家骨肉之亲,已不能无尔我胜负之意,彼此藩篱之形,而况于天下之大,民物之众,又何能一体而视之?则无怪于纷纷籍籍,而祸乱相寻于无穷矣⑤!

[注释]①比轧:攀比倾轧。　②阿俗:迎合世俗。　③讦(jié):揭发别人之隐私或攻击别人之短处。　④相陵相贼:相互欺凌侵害。　⑤相寻:相继,接连不断。

【181】仆诚赖天之灵,偶有见于良知之学,以为必由此

而后天下可得而治。是以每念斯民之陷溺，则为之戚然痛心，忘其身之不肖，而思以此救之，亦不自知其量者。天下之人见其若是，遂相与非笑而诋斥之①，以为是病狂丧心之人耳。呜呼！是奚足恤哉②？吾方疾痛之切体，而暇计人之非笑乎！人固有见其父子兄弟之坠溺于深渊者，呼号匍匐，裸跣颠顿③，扳悬崖壁而下拯之。士之见者方相与揖让谈笑于其傍，以为是弃其礼貌衣冠而呼号颠顿若此，是病狂丧心者也。故夫揖让谈笑于溺人之傍而不知救，此惟行路之人，无亲戚骨肉之情者能之，然已谓之无恻隐之心，非人矣。若夫在父子兄弟之爱者，则固未有不痛心疾首，狂奔尽气，匍匐而拯之。彼将陷溺之祸有不顾，而况于病狂丧心之讥乎？而又况于蕲人信与不信乎？

呜呼！今之人虽谓仆为病狂丧心之人，亦无不可矣。天下之人心皆吾之心也，天下之人犹有病狂者矣，吾安得而非病狂乎？犹有丧心者矣，吾安得而非丧心乎？

[注释]①诋斥：谴责，呵斥。 ②恤：忧虑。 ③裸跣颠顿：露体赤脚，颠沛困顿。

【182】昔者孔子之在当时，有议其为谄者①，有讥其为佞者②，有毁其未贤③，诋其为不知礼④，而侮之以为东家丘者⑤，有嫉而沮之者⑥，有恶而欲杀之者⑦；晨门、荷蒉之徒，皆当时之贤士，且曰："是知其不可而为之者欤？""鄙哉！硁硁乎！莫己知也，斯己而已矣。"⑧虽子路在升堂之列⑨，尚不能无疑于其所见⑩，不悦于其所欲往⑪，而

且以之为迂⑫,则当时之不信夫子者,岂特十之二三而已乎?然而夫子汲汲遑遑,若求亡子于道路,而不暇于暖席者,宁以蕲人之知我信我而已哉?盖其天地万物一体之仁,疾痛迫切,虽欲已之而自有所不容已。故其言曰:"吾非斯人之徒与而谁与⑬!""欲洁其身而乱大伦⑭。""果哉,末之难矣!⑮"呜呼!此非诚以天地万物为一体者,孰能以知夫子之心乎?若其"遁世无闷⑯","乐天知命"者,则固"无入而不自得","道并行而不相悖"也。

[注释]①谄者:献媚讨好的人。《论语·八佾》云:"子曰:'事君尽礼。人以为谄也。'" ②佞者:花言巧语的人。此处指逞其口才而取悦于人。《论语·宪问》云:"微生亩谓孔子曰:'丘何为是栖栖者与?无乃为佞乎?'"栖栖:忙忙碌碌。 ③未贤:不够贤能。《论语·子张》云:"仲尼不可毁也。他人之贤者,丘陵也,犹可逾也;仲尼,日月也,无得而逾焉。"毁:毁谤。逾:超越。 ④不知礼:《论语·八佾》载,孔子入太庙,每件事情都要问。于是就有人诽谤其不知礼。孔子听说后就说:"是礼也。" ⑤东家丘:《孔子家语》载,孔子西邻居家有一愚人,不知孔子是圣人,称孔子为东家丘。 ⑥有嫉而沮之者:其意谓有嫉妒而阻止其振兴鲁国的人。嫉:嫉妒。沮:阻止。《史记·孔子世家》载,鲁定公十四年(前496),孔子年五十六,摄行相事,鲁国大治。"齐人闻而惧",于是赠女乐给鲁国国君与当权者季氏,鲁国君"怠于政事",孔子不得已离开鲁国。《论语·微子》云:"齐人归女乐,季桓子受之,三日不朝。孔子行。" ⑦欲杀之:《史记·宋微子世家》云:"孔子过宋,宋司马桓魋恶之,欲杀孔子。" ⑧晨门:司门人,早晨掌管城门启闭之人。荷蒉:担着筐子。鄙:可鄙。硁硁:击磬的声音。《论语·宪问》载,司门人对子路说孔子是"知其不可而为之者"。又载,孔子在卫国敲击着乐器磬,一个挑着草筐子的人说击磬的声音挺可鄙的,又说:"莫己知也,斯己而已矣。"其意谓没有人懂你,也就别有所追求了。 ⑨升堂:进入正堂。此比喻学问做得不错。《论语·先进》云:"由也,升堂矣,未入于室也。"此指学问做得精深。其意谓子由学问已经

做得不错了,但还不够精深。室:指内室。 ⑩不能无疑于其所见:《论语·雍也》载,孔子准备见卫灵公夫人南子,因为南子把持朝政且名声不好,子路不高兴。此句意谓子路对于圣学已经非常明白了,还对孔子的行为有所怀疑。 ⑪不悦于其所欲往:《论语·阳货》载,鲁国权要公孙氏的家臣公山弗扰盘踞在费邑准备造反,招孔子前往,孔子将往,子路不高兴,并且认为不应该去公山弗扰处。 ⑫以之为迂:认为孔子迂腐。《论语·子路》载,卫国国君等着孔子治理国家,子路问孔子准备先做什么。孔子回答说要先正君君、臣臣、父父、子子之名分,而子路曰:"子之迂也。"认为孔子太迂腐了。 ⑬吾非斯人之徒与而谁与:其意谓我不与这些人打交道还能和谁在一起呢!《论语·微子》载,长沮、桀溺二隐士相对而耕,孔子让子路去打听渡口。桀溺则劝子路不要跟随孔子去妄图改变礼崩乐坏的世道,认为没有谁能够改易过来。子路回来告诉了孔子,孔子怅然若失地叹道:"鸟兽不可与同群。吾非斯人之徒与而谁与?天下有道,丘不与易也。" ⑭大伦:最大的伦常。《论语·微子》云:"欲洁其身,而乱大伦。" ⑮果哉,末之难矣:这么坚决!没有办法说服他了。语出《论语·宪问》。 ⑯遁世无闷:隐居于世而无烦闷。语出《周易·乾卦·文言》。

【183】仆之不肖,何敢以夫子之道为己任?顾其心亦已稍加疾痛之在身,是以彷徨四顾,将求其有助于我者,相与讲去其病耳。今诚得豪杰同志之士扶持匡翼①,共明良知之学于天下,使天下之人皆知自致其良知,以相安相养,去其自私自利之蔽,一洗谗妒胜忿之习,以济于大同②,则仆之狂病,固将脱然以愈③,而终免于丧心之患矣,岂不快哉!

嗟乎!今诚欲求豪杰同志之士于天下,非如吾文蔚者而谁望之乎?如吾文蔚之才与志,诚足以援天下之溺者。今又既知其具之在我而无假于外求矣,循是而充,若决河注海,孰得而御哉?文蔚所谓"一人信之不为少",其又能逊以委之何人乎④?

[注释]①匡翼:匡正辅佐。 ②大同:即大同社会,儒家所推崇的理想社会。《礼记·礼运》云:"谋闭而不兴,盗窃乱贼而不作,故外户而不闭,是谓大同。"其意谓阴谋被堵住而不兴,盗窃乱贼都不会发生,家家户户的大门都可以不关闭,这就是大同社会。 ③脱然:不经意的样子。 ④逊以委之何人:谦虚地把重担交给谁。

【184】会稽素号山水之区①,深林长谷,信步皆是,寒暑晦明,无时不宜,安居饱食,尘嚣无扰,良朋四集,道义日新,优哉游哉,天地之间宁复有乐于是者!孔子云:"不怨天,不尤人,下学而上达。"②仆与二三同志,方将请事斯语③,奚暇外慕?独其切肤之痛,乃有未能恝然者④,辄复云云尔。

咳疾暑毒,书札绝懒。盛使远来,迟留经月,临歧执笔,又不觉累纸⑤。盖于相知之深,虽已缕缕至此,殊觉有所未能尽也。

[注释]①会稽:即今浙江绍兴。 ②"不怨天"三句:意谓不怨恨上天,不责怪别人,通过学习知识而通晓天理。语出《论语·宪问》。 ③请事斯语:按照孔子之语行事。 ④恝(jiá)然:漠不关心的样子。 ⑤累纸:写得很多。

二①

【185】得书见近来所学之骤进,喜慰不可言。谛视数过②,其间虽亦有一二未莹彻处,却是致良知之功尚未纯

熟。到纯熟时,自无此矣。譬之驱车,既已由于康庄大道之中③,或时横斜迂曲者,乃马性未调,衔勒不齐之故,然已只在康庄大道中,决不赚入傍蹊曲径矣。近时海内同志,到此地位者曾未多见,喜慰不可言,斯道之幸也!

贱躯旧有咳嗽畏热之病,近入炎方④,辄复大作。主上圣明洞察,责付甚重,不敢遽辞。地方军务冗沓,皆舆疾从事⑤。今却幸已平定,已具本乞回养病。得在林下稍就清凉,或可瘳耳⑥。人还,伏枕草草,不尽倾企⑦。外惟濬一简⑧,幸达致之!

[注释]①此书写于嘉靖七年(1528)十月,是王阳明写给聂豹的第二封信,亦是王阳明的绝笔信。嘉靖六年(1527),王阳明总督两广军务,平定了广西少数民族地方武装力量。之后,阳明肺病有所加重,上疏乞归。嘉靖七年十一月二十九日,阳明病逝于归途中的江西南安舟中。在临终之际,身边弟子问其有何遗言,他说:"此心光明,亦复何言!"欣慰而逝。 ②谛视:仔细阅读。 ③康庄大道:意谓四通八达的大道。《尔雅·释官》云:"五达谓之康,六达谓之庄。" ④炎方:泛指南方炎热地区。 ⑤舆疾从事:带病处理事务。 ⑥瘳(chōu):病愈。 ⑦倾企:倾慕与企盼。 ⑧惟濬:即陈九川(1494—1562),字惟濬,号明水,江西临川人。官至礼部郎中。王阳明弟子,是江右王门的代表人物。

【186】来书所询,草草奉复一二:

近岁来山中讲学者往往多说"勿忘勿助"工夫甚难,问之则云:"才着意便是助,才不着意便是忘,所以甚难。"区区因问之云:"忘是忘个甚么?助是助个甚么?"其人默然无对。始请问。区区因与说我此间讲学,却只说个"必有事焉",不说"勿忘勿助"。"必有事焉"者,只是时时去"集义"。若时时去用"必有事"的工夫,而或有时间断,此便是忘了,即须"勿忘"。时时去用"必有事"的工夫,而或有时欲速求效,此便是助了,即须"勿助"。其工夫全在"必有事焉"上用,"勿忘勿助"只就其间提撕警觉而已①。若是工夫原不间断,即不须更说"勿忘";原不欲速求效,即不须更说"勿助"。此其工夫何等明白简易!何等洒脱自在!今却不去"必有事"上用工,而乃悬空守着一个"勿忘勿助",此正如烧锅煮饭,锅内不曾渍水下米,而乃专去添柴放火,不知毕竟煮出个甚么物来。吾恐火候未及调停,而锅已先破裂矣。近日一种专在"勿忘勿助"上用工者,其病正是如此。终日悬空去做个"勿忘",又悬空去做个"勿助",漭漭荡荡②,全无实落下手处;究竟工夫只做得个沉空守寂,学成一个痴騃汉③,才遇些子事来,即便牵滞纷扰,不复能经纶宰制④。此皆有志之士,而乃使之劳苦缠缚,担阁一生,皆由学术误人之故,甚可悯矣!

[注释]①提撕警觉:提醒警觉。 ②漭漭荡荡:渺渺茫茫。 ③痴騃:痴呆。騃:痴愚。 ④经纶宰制:制定安邦定国的方针政策。

【187】夫"必有事焉",只是"集义"。"集义"只是"致良知"。说"集义"则一时未见头脑,说"致良知"即当下便有实地步可用功①。故区区专说致良知,随时就事上致其良知,便是"格物";着实去致良知,便是"诚意";着实致其良知而无一毫意必固我,便是"正心"。着实致良知,则自无忘之病;无一毫意必固我,则自无助之病:故说格、致、诚、正则不必更说个忘助。孟子说忘助,亦就告子得病处立

方。告子强制其心，是助的病痛，故孟子专说助长之害。告子助长，亦是他以义为外，不知就自心上"集义"，在"必有事焉"上用功，是以如此。若时时刻刻就自心上"集义"，则良知之体洞然明白，自然是是非非纤毫莫遁，又焉有"不得于言，勿求于心，不得于心，勿求于气"之弊乎？孟子"集义""养气"之说，固大有功于后学，然亦是因病立方，说得大段，不若《大学》格、致、诚、正之功，尤极精一简易，为彻上彻下②，万世无弊者也。

[注释]①当下：当时。　②彻上彻下：上下贯通。

【188】圣贤论学，多是随时就事，虽言若人殊，而要其工夫头脑若合符节。缘天地之间，原只有此性，只有此理，只有此良知，只有此一件事耳。故凡就古人论学处说工夫，更不必搀和兼搭而说①，自然无不吻合贯通者。才须搀和兼搭而说，即是自己工夫未明彻也。近时有谓"集义"之功，必须兼搭个致良知而后备者，则是"集义"之功尚未了彻也。"集义"之功尚未了彻，适足以为致良知之累而已矣。谓致良知之功必须兼搭一个"勿忘勿助"而后明者，则是致良知之功尚未了彻也。致良知之功尚未了彻，适足以为"勿忘勿助"之累而已矣。若此者，皆是就文义上解释牵附，以求混融凑泊②，而不曾就自己实工夫上体验，是以论之愈精，而去之愈远。文蔚之论③，其于大本达道既已沛然无疑④，至于"致知""穷理"及"忘助"等说，时亦有搀和兼搭处，却是区区所谓康庄大道之中，或时横斜迂曲者。到得工夫熟后，自将释然矣。

[注释]①搀和兼搭:掺杂牵和。　②凑泊:拼凑。　③文蔚:即聂豹,字文蔚。　④沛然:充盛的样子。

【189】文蔚谓"致知之说,求之事亲从兄之间,便觉有所持循"者,此段最见近来真切笃实之功。但以此自为不妨,自有得力处;以此遂为定说教人,却未免又有因药发病之患①,亦不可不一讲也。盖良知只是一个天理自然明觉发见处,只是一个真诚恻怛②,便是他本体。故致此良知之真诚恻怛以事亲便是孝,致此良知之真诚恻怛以从兄便是弟,致此良知之真诚恻怛以事君便是忠。只是一个良知,一个真诚恻怛。若是从兄的良知不能致其真诚恻怛,即是事亲的良知不能致其真诚恻怛矣,事君的良知不能致其真诚恻怛,即是从兄的良知不能致其真诚恻怛矣。故致得事君的良知,便是致却从兄的良知;致得从兄的良知,便是致却事亲的良知。不是事君的良知不能致,却须又从事亲的良知上去扩充将来,如此又是脱却本原,着在支节上求了。良知只是一个,随他发见流行处,当下具足,更无去求,不须假借。然其发见流行处,却自有轻重厚薄,毫发不容增减者,所谓"天然自有之中"也③。虽则轻重厚薄毫发不容增减,而原又只是一个;虽则只是一个,而其间轻重厚薄又毫发不容增减,若可得增减,若须假借,即已非其真诚恻怛之本体矣。此良知之妙用,所以无方体④,无穷尽,"语大天下莫能载,语小天下莫能破"⑤者也。

[注释]①因药发病:用药不当,导致病痛。　②恻怛(cèdá):恳切。

③天然自有之中:《河南程氏遗书》卷十七程颐云:"事事物物上皆天然有个中在那上,不待人安排也。" ④无方体:无形体。 ⑤"语大天下莫能载"二句:意谓君子讲的道之广大,即使无边无际的天地也承载不了它;道之精微,天下任何东西也不能再分解它。语出《中庸》。

【190】孟氏"尧、舜之道,孝弟而已"者,是就人之良知发见得最真切笃厚、不容蔽昧处提省人,使人于事君处友仁民爱物,与凡动静语默间,皆只是致他那一念事亲从兄真诚恻怛的良知,即自然无不是道。盖天下之事虽千变万化,至于不可穷诘,而但惟致此事亲从兄、一念真诚恻怛之良知以应之,则更无有遗缺渗漏者,正谓其只有此一个良知故也。事亲从兄一念良知之外更无有良知可致得者,故曰:"尧、舜之道,孝弟而已矣。"此所以为"惟精惟一"之学,放之四海而皆准、施诸后世而无朝夕者也①。

文蔚云:"欲于事亲从兄之间,而求所谓良知之学。"就自己用工得力处如此说,亦无不可;若曰致其良知之真诚恻怛,以求尽夫事亲从兄之道焉,亦无不可也。明道云②:"行仁自孝弟始,孝弟是仁之一事,谓之行仁之本则可,谓是仁之本则不可。"③其说是矣。

[注释]①施诸后世而无朝夕:施行(孝)于后世而不能有一朝一夕片刻的停止。语出《礼记·祭义》。 ②明道:理学家程颢,世称明道先生。③"谓之行仁"二句:其意谓可以说孝悌是行仁的根本,但不能说它是仁的根本。出自《河南程氏遗书》卷十八。

【191】"亿""逆""先觉"之说①,文蔚谓"诚则旁行曲防②,皆良知之用",甚善甚善! 间有揿搭处,则前已言之

矣。惟濬之言亦未为不是③,在文蔚须有取于惟濬之言而后尽,在惟濬又须有取于文蔚之言而后明;不然,则亦未免各有倚着之病也。"舜察迩言而询刍荛"④,非是以迩言当察、刍荛当询而后如此⑤。乃良知之发见流行,光明圆莹,更无挂碍遮隔处,此所以谓之大知;才有执着意必,其知便小矣。讲学中自有去取分辨,然就心地上着实用工夫,却须如此方是。

[注释]①"亿""逆":亿,通"臆",主观猜测。逆:预先。 ②旁行曲防:旁门左道,委曲防御。 ③惟濬:陈九川,字惟濬。 ④舜察迩言而询刍荛:其意谓舜帝思考浅近之言,并向樵夫请教。《中庸》第六章云:"舜好问,而好察迩言。"迩言:浅近之言。询刍荛:《诗经·大雅·生民之什》云:"先民有言,询于刍荛。"阳明取二事之意,说明问题。刍荛:采薪者。 ⑤如此:这样做。

【192】"尽心"三节,区区曾有生知、学知、困知之说,颇已明白,无可疑者。盖尽心、知性、知天者,不必说存心、养性、事天,不必说"夭寿不贰,修身以俟",而"存心养性"与"修身以俟"之功已在其中矣。"存心、养性、事天"者,虽未到得尽心知天的地位,然已是在那里做个求到尽心知天的工夫,更不必说"夭寿不贰,修身以俟",而"夭寿不贰,修身己俟"之功已在其中矣。譬之行路,尽心知天者,如年力壮健之人,既能奔走往来于数千百里之间者也;存心事天者,如童稚之年,使之学习步趋于庭除之间者也;"夭寿不贰,修身以俟"者,如襁褓之孩,方使之扶墙傍壁而渐学起立移步者也。既已能奔走往来于数千里之间者,则不必更使之于庭除之间而学步趋,而步趋于庭除之

间自无弗能矣①；既已能步趋于庭除之间,则不必更使之扶墙傍壁而学起立移步,而起立移步自无弗能矣。然学起立移步,便是学步趋庭除之始；学步趋庭除,便是学奔走往来于数千里之基,固非有二事。但其工夫之难易,则相去悬绝矣。心也,性也,天也,一也。故及其知之成功则一②；然而三者人品力量自有阶级③,不可躐等而能也④。细观文蔚之论,其意以恐尽心知天者废却存心修身之功⑤,而反为尽心知天之病。是盖为圣人忧工夫之或间断,而不知为自己忧工夫之未真切也。吾侪用功⑥,却须专心致志在"夭寿不贰,修身以俟"上做,只此便是做尽心知天功夫之始。正如学起立移步,便是学奔走千里之始。吾方自虑其不能起立移步,而岂遽虑其不能奔走千里⑦,又况为奔走千里者而虑其或遗忘于起立移步之习哉？

　　文蔚识见,本自超绝迈往,而所论云然者,亦是未能脱去旧时解说文义之习。是为此三段书分疏比合⑧,以求融会贯通,而自添许多意见缠绕,反使用工不专一也。近时悬空去做"勿忘勿助"者,其意见正有此病,最能担误人⑨,不可不涤除耳。

[注释]①无弗能:没有不能,即没有问题。 ②及其知之成功则一:等到致良知成功时,结果是相同的。 ③自有阶级:自然有等级差别。 ④躐(liè):超越。 ⑤废却:废弃。 ⑥侪:同辈,同类之人。 ⑦遽(jù):突然。 ⑧分疏比合:分析、综合、比较。 ⑨担误:耽误。

【193】所谓"尊德性而道问学"一节,至当归一,更无可疑。此便是文蔚曾着实用工,然后能为此言。此本不是

险僻难见的道理,人或意见不同者,还是良知尚有纤翳潜伏。若除去此纤翳,即自无不洞然①矣。

[**注释**]①洞然:豁然开朗。

【194】已作书后,移卧檐间,偶遇无事,遂复答此。文蔚之学既已得其大者①,此等处久当释然自解,本不必屑屑如此分疏②。但承相爱之厚,千里差人远及,谆谆下问,而竟虚来意③,又自不能已于言也。然直戆烦缕已甚④,恃在信爱,当不为罪。惟濬处及谦之、崇一处⑤,各得转录一通,寄视之,尤承一体之好也。

右南大吉录⑥

[**注释**]①得其大者:抓住了关键问题。 ②屑屑如此分疏:分析解释得如此琐细。 ③竟虚来意:竟辜负了来意。 ④直戆烦缕:愚直琐碎。 ⑤谦之:邹守益,字谦之,号东郭,江西安福人,王阳明弟子。 ⑥南大吉:南元善,名大吉,王阳明弟子。

训蒙大意示教读刘伯颂等①

【195】古之教者,教以人伦。后世记诵词章之习起,而先王之教亡。今教童子,惟当以孝、弟、忠、信、礼、义、廉、耻为专务②。其栽培涵养之方,则宜诱之歌诗以发其志意,导之习礼以肃其威仪③,讽之读书以开其知觉④。今人往往以歌诗习礼为不切时务,此皆末俗庸鄙之见,乌足以知古人立教之意哉!大抵童子之情,乐嬉游而惮拘检⑤,如草木之始萌芽,舒畅之则条达,摧挠之则衰痿。今

教童子，必使其趋向鼓舞，中心喜悦，则其进自不能已。譬之时雨春风，沾被卉木，莫不萌动发越，自然日长月化；若冰霜剥落，则生意萧索，日就枯槁矣。故凡诱之歌诗者，非但发其志意而已，亦以泄其跳号呼啸于咏歌，宣其幽抑结滞于音节也；导之习礼者，非但肃其威仪而已，亦所以周旋揖让而动荡其血脉，拜起屈伸而固束其筋骸也；讽之读书者，非但开其知觉而已，亦所以沉潜反复而存其心，抑扬讽诵以宣其志也。凡此皆所以顺导其志意，调理其性情，潜消其鄙吝，默化其粗顽，日使之渐于礼义而不苦其难，入于中和而不知其故。是盖先王立教之微意也。

若近世之训蒙稚者，日惟督以句读课仿⑥，责其检束，而不知导之以礼；求其聪明，而不知养之以善；鞭挞绳缚，若待拘囚。彼视学舍如囹狱而不肯入，视师长如寇仇而不欲见，窥避掩覆以遂其嬉游，设诈饰诡以肆其顽鄙，偷薄庸劣⑦，日趋下流。是盖驱之于恶而求其为善也，何可得乎？

凡吾所以教，其意实在于此。恐时俗不察，视以为迂，且吾亦将去，故特叮咛以告。尔诸教读，其务体吾意，永以为训；毋辄因时俗之言，改废其绳墨，庶成"蒙以养正"之功矣⑧。念之念之！

[注释]①明正德十三年(1518)，王阳明任南赣巡抚，平定南赣(江西)相连四省边境之乱，四月班师。在南赣各地订立乡约，兴办社学，并颁布此文晓谕南赣所属各县父老。训蒙大意：儿童教育的基本原则。教读：社学的教师。刘伯颂：事迹不详，当为教读之一。 ②礼、义、廉、耻：《管子·牧民》云："何谓四维？一曰礼，二曰义，三曰廉，四曰耻。" ③肃其威仪：使其仪表威严。

④讽:引导。　⑤惮(dàn):害怕,畏惧。　⑥课仿:课业练习。　⑦偷薄庸劣:轻薄庸俗。　⑧蒙以养正:意谓培养儿童纯正的品质。《周易·蒙卦》云:"蒙以养正,圣功也。"

教　　约

【196】每日清晨,诸生参揖毕,教读以次。遍询诸生:在家所以爱亲敬长之心,得无懈忽,未能真切否?温凊定省之仪,得无亏缺,未能实践否?往来街衢,步趋礼节,得无放荡,未能谨饰否①?一应言行心术,得无欺妄非僻②,未能忠信笃敬否?诸童子务要各以实对,有则改之,无则加勉。教读复随时就事,曲加诲谕开发③。然后各退就席肄业④。

[注释]①谨饰:谨慎小心。　②非僻:邪恶。　③诲谕:教诲晓谕。④肄业:学习。

【197】凡歌诗,须要整容定气,清朗其声音,均审其节调;毋躁而急,毋荡而嚣①,毋馁而慑②。久则精神宣畅,心气和平矣。每学量童生多寡,分为四班。每日轮一班歌诗;其余皆就席,敛容肃听。每五日则总四班递歌于本学。每朔望③,集各学会歌于书院。

[注释]①荡而嚣:放纵而嚣张。　②馁而慑:没有勇气而害怕。　③朔望:农历每月的初一、十五。

【198】凡习礼,需要澄心肃虑,审其仪节,度其容止;毋

忽而惰,毋沮而怍①,毋径而野②;从容而不失之迂缓,修谨而不失之拘局。久则体貌习熟,德性坚定矣。童生班次,皆如歌诗。每间一日,则轮一班习礼。其余皆就席,敛容肃观。习礼之日,免其课仿。每十日则总四班递习于本学。每朔望,则集各学会习于书院。

[注释]①沮而怍:沮丧而愧怍。 ②径而野:任性而粗野。

【199】凡授书不在徒多,但贵精熟。量其资禀,能二百字者,止可授以一百字。常使精神力量有余,则无厌苦之患,而有自得之美。讽诵之际,务令专心一志,口诵心惟,字字句句,䌷绎反复①,抑扬其音节,宽虚其心意。久则义礼浃洽,聪明日开矣。

[注释]①䌷绎(chōuyì):整理出头绪。

【200】每日工夫,先考德,次背书诵书,次习礼,或作课仿,次复诵书讲书,次歌诗。凡习礼歌诗之数,皆所以常存童子之心,使其乐习不倦,而无暇及于邪僻。教者如此,则知所施矣。虽然,此其大略也;神而明之,则存乎其人①。

[注释]①"神而明之"二句:此处意谓要真正明白某一事物的奥妙,在于个人的领会。《周易·系辞》云:"神而明之,存乎其人。"其意谓使《易》道呈现出神奇而明显的作用则在于运用它的人。

卷　下
（《传习续录》）

以下门人陈九川录

【201】正德乙亥①，九川初见先生于龙江②，先生与甘泉先生论格物之说③，甘泉持旧说。先生曰："是求之于外了。"甘泉曰："若以格物理为外，是自小其心也。"九川甚喜旧说之是④。先生又论《尽心》一章⑤，九川一闻，却遂无疑。后家居，复以格物遗质⑥。先生答云："但能实地用功，久当自释。"山间乃自录《大学》旧本读之，觉朱子格物之说非是；然亦疑先生以意之所在为物，物字未明。己卯归自京师⑦，再见先生于洪都⑧。先生兵务倥偬，乘隙讲授，首问："近年用功何如？"九川曰："近年体验得'明明德'功夫只是'诚意'。自'明明德于天下'，步步推入根源，到'诚意'上再去不得，如何以前又有格致工夫？后又体验，觉得意之诚伪，必先知觉乃可，以颜子有'不善未尝不知，知之未尝复行'为证⑨，豁然若无疑；却又多了格物功夫。又思来，吾心之灵，何有不知意之善恶？只是物欲蔽了，须格去物欲，始能如颜子未尝不知耳。又自疑功夫颠倒，与'诚意'不成片段⑩。后问希颜⑪。希颜曰：'先生谓格物致知是诚意功夫，极好。'九川曰：'如何是诚意功夫？'希颜令再思体看，九川终不悟，请问。"先生曰："惜

哉！此可一言而悟！惟濬所举颜子事便是了，只要知身、心、意、知、物是一件。"九川疑曰："物在外，如何与身、心、意、知是一件？"先生曰："耳、目、口、鼻、四肢，身也，非心安能视、听、言、动？心欲视、听、言、动，无耳、目、口、鼻、四肢亦不能，故无心则无身，无身则无心。但指其充塞处言之谓之身⑫，指其主宰处言之谓之心，指心之发动处谓之意，指意之灵明处谓之知，指意之涉着处谓之物：只是一件。意未有悬空的，必着事物，故欲诚意则随意所在某事而格之，去其人欲而归于天理，则良知之在此事者无蔽而得致矣。此便是诚意的功夫。"九川乃释然，破数年之疑。又问："甘泉近亦信用《大学》古本，谓格物犹言造道⑬。又谓穷理如穷其巢穴之穷，以身至之也。故格物亦只是随处体认天理，似与先生之说渐同。"先生曰："甘泉用功，所以转得来。当时与说'亲民'字不须改⑭，他亦不信。今论'格物'亦近，但不须换'物'字作'理'字，只还他一'物'字便是。"后有人问九川曰："今何不疑'物'字？"曰："《中庸》曰'不诚无物'，程子曰'物来顺应'⑮，又如'物各付物''胸中无物'之类⑯，皆古人常用字也。"他日先生亦云然。

[注释]①乙亥：正德十年，即1515年，此年王阳明四十四岁。　②龙江：今南京市。　③甘泉：湛若水(1466－1560)，字元明，号甘泉，广东增城人。弘治十八年(1505)进士，历任南京礼部、吏部、兵部尚书。其早年与王阳明多有来往，思想相互影响，不完全同意阳明学说。著有《湛甘泉集》。④旧说：朱熹向外穷理的格物之说。　⑤《尽心》一章：指《孟子·尽心》篇。⑥遗质：再次请教。　⑦己卯：正德十四年，即1519年。　⑧洪都：今南昌

市。 ⑨不善未尝不知,知之未尝复行:其意谓颜回有不善都能知道,知道之后就不会再犯。语出《周易·系辞》。 ⑩与"诚意"不成片段:格物与诚意不能贯通。 ⑪希颜:事迹无考,或曰即阳明弟子希渊蔡宗兖者。 ⑫充塞处:所占空间。 ⑬格物犹言造道:其意谓格物犹如求道。湛若水《湛甘泉集》卷七《答阳明书》云:"格物者,即造道也。" ⑭当时与说"亲民"字不须改:此指《大学》古本"亲民",朱熹改为"新民"。 ⑮物来顺应:程颢《答横渠先生定性书》云:"君子之学,莫若廓然而大公,物来而顺应。" ⑯物各付物:出自《河南程氏遗书》卷十八。胸中无物:《河南程氏外书》卷十一云:"尧夫胸中无事如此。尧夫:邵雍,字尧夫,北宋哲学家,著有《皇极经世书》。

【202】九川问:"近年因厌泛滥之学,每要静坐,求屏息念虑,非惟不能,愈觉扰扰,如何?"先生曰:"念如何可息?只是要正。"曰:"当自有无念时否?"先生曰:"实无无念时。"曰:"如此,却如何言静?"曰:"静未尝不动,动未尝不静。戒谨恐惧即是念,何分动静?"曰:"周子何以言'定之以中正仁义而主静'①?"曰:"无欲故静②,是'静亦定,动亦定'的'定'字,主其本体也。戒惧之念是活泼泼地,此是天机不息处,所谓'维天之命,于穆不已'③,一息便是死。非本体之念,即是私念。"

[注释]①定之以中正仁义而主静:周敦颐《太极图说》云:"五性感动而善恶分,万事出矣。圣人定之以中正仁义而主静,立人极焉。" ②无欲故静:周敦颐《太极图说》云:"圣人定之以中正仁义而主静。"在"主静"后自注云:"无欲故静。"此语源自《老子》:"不欲以静,天下将自定。"其意谓不起欲望而趋于静止,天下将会自己稳定。 ③维天之命,于穆不已:意谓那是天命所归,何等庄严,没有止息。语出《诗经·周颂·维天之命》。

【203】又问:"用功收心时,有声有色在前,如常闻见,

恐不是专一。"曰:"如何欲不闻见?除是槁木死灰,耳聋目盲则可。只是虽闻见而不流去便是①。"曰:"昔有人静坐,其子隔壁读书,不知其勤惰。程子称其甚敬②。何如?"曰:"伊川恐亦是讥他。"

[注释]①不流去:心不跟随而去。　②程子称其甚敬:《河南程氏遗书》卷三云:"许渤与其子隔一窗而寝,乃不闻其子读书与不读书。先生谓:'此人持敬如此。'"

【204】又问:"静坐用功,颇觉此心收敛,遇事又断了。旋起个念头,去事上省察。事过又寻旧功,还觉有内外,打不作一片。"先生曰:"此格物之说未透。心何尝有内外?即如惟濬,今在此讲论,又岂有一心在内照管?这听讲说时专敬,即是那静坐时心,功夫一贯,何须更起念头?人须在事上磨炼做功夫乃有益,若只好静,遇事便乱,终无长进。那静时功夫亦差,似收敛而实放溺也①。"后在洪都,复与于中、国裳论内外之说②。渠皆云:"物自有内外,但要内外并着功夫,不可有间耳。"以质先生。曰:"功夫不离本体,本体原无内外。只为后来做功夫的分了内外,失其本体了。如今正要讲明功夫不要有内外,乃是本体功夫。"是日俱有省。

[注释]①放溺:放任自流。　②于中:事迹不详,或曰为夏良胜、字子中者。王阳明弟子。国裳:舒芬(1487－1531),字国裳,号梓溪,江西进贤人。正德十二年(1517)进士。后谏上南巡被杖三十,贬官。复官后又议大礼,杖如前。卒后谥文节。

【205】又问:"陆子之学何如?①"先生曰:"濂溪、明道之后②,还是象山,只是粗些③。"九川曰:"看他论学,篇篇说出骨髓,句句似针膏肓,却不见他粗。"先生曰:"然他心上用过功夫,与揣摹依仿,求之文义,自不同。但细看有粗处,用功久当见之。"

[注释]①陆子:指陆九渊,被称为象山先生。 ②濂溪、明道:即周敦颐、程颢。 ③粗:粗糙。

【206】庚辰往虔州①,再见先生,问:"近来功夫虽若稍知头脑,然难寻个稳当快乐处。"先生曰:"尔却去心上寻个天理,此正所谓理障②。此间有个诀窍。"曰:"请问如何?"曰:"只是致知。"曰:"如何致?"曰:"尔那一点良知,是尔自家底准则。尔意念着处,他是便知是,非便知非,更瞒他一些不得。尔只不要欺他,实实落落依着他做去,善便存,恶便去,他这里何等稳当快乐。此便是格物的真诀,致知的实功。若不靠着这些真机,如何去格物?我亦近年体贴出来如此分明,初犹疑只依他恐有不足,精细看无些小欠阙。"

[注释]①庚辰:正德十五年,即1520年。虔州:赣州。 ②理障:佛教用语。其意谓如果执着于求理,理会成为认识真理的障碍。《圆觉经》云:"若诸众生永舍贪欲,先除事障,未断理障,但能悟入声闻缘觉,未能显住菩萨境界。"

【207】在虔,与于中、谦之同侍①。先生曰:"人胸中各有个圣人,只自信不及,都自埋倒了。"因顾于中曰:"尔胸

中原是圣人。"于中起不敢当。先生曰:"此是尔自家有的,如何要推?"于中又曰:"不敢。"先生曰:"众人皆有之,况在于中?却何故谦起来?谦亦不得。"于中乃笑受。又论:"良知在人,随你如何,不能泯灭,虽盗贼亦自知不当为盗,唤他做贼,他还忸怩。"于中曰:"只是物欲遮蔽,良心在内,自不会失;如云自蔽日,日何尝失了!"先生曰:"于中如此聪明,他人见不及此。"

[注释]①谦之:即邹守益,字谦之,号东郭,江西安福人。正德六年(1511)进士,正德十四年(1519)往赣州见王守仁,为弟子。嘉靖六年(1527)任南京吏部侍郎,首次刻《阳明先生文录》。官至南京国子祭酒。晚年讲学,从者甚众。

【208】先生曰:"这些子看得透彻,随他千言万语,是非诚伪,到前便明。合得的便是,合不得的便非。如佛家说心印相似①,真是个试金石、指南针。"

[注释]①心印:佛教用语,又名佛心印。意谓禅之本意,不立文字,不依言语,直以心为印,故曰心印。《祖庭事苑》卷八"心印"条云:"达磨西来,不立文字,单传心印,直指人心,见性成佛。"

【209】先生曰:"人若知这良知诀窍,随他多少邪思枉念,这里一觉,都自消融。真个是灵丹一粒,点铁成金。"

[注释]①灵丹一粒,点铁成金:《景德传灯录》卷十八云:"还丹一粒,点铁成金;至理一言,点凡成圣。"

【210】崇一曰①:"先生致知之旨,发尽精蕴,看来这里

再去不得。"先生曰:"何言之易也!再用功半年看如何?又用功一年看如何?功夫愈久,愈觉不同,此难口说。"

[注释]①崇一:即欧阳德。

【211】先生问九川:"于'致知'之说体验如何?"九川曰:"自觉不同。往时操持常不得个恰好处,此乃是恰好处。"先生曰:"可知是体来与听讲不同。我初与讲时,知尔只是忽易,未有滋味。只这个要妙,再体到深处,日见不同,是无穷尽的。"又曰:"此'致知'二字,真是个千古圣传之秘,见到这里,'百世以俟圣人而不惑'!"

【212】九川问曰:"伊川说到'体用一原,显微无间'处,门人已说是泄天机①。先生致知之说,莫亦泄天机太甚否?"先生曰:"圣人已指以示人,只为后人掩匿,我发明耳②,何故说泄?此是人人自有的,觉来甚不打紧一般③。然与不用实功人说,亦甚轻忽可惜④,彼此无益。与实用功而不得其要者提撕之⑤,甚沛然得力⑥。"

[注释]①"伊川"三句:《河南程氏外书》卷十二云:"和靖尝以《易传序》请问,曰:'至微者,理也。至著者,象也。体用一原,显微无间。莫太泄露天机否?'伊川曰:'如此分明说破,犹自人不解悟。'" ②发明:使其显露。③甚不打紧:无关紧要。 ④轻忽:不屑一顾。 ⑤提撕:提醒,教导。⑥沛然得力:意谓受益良多。沛然:充盛、盛大的样子。

【213】又曰:"知来本无知,觉来本无觉,然不知则遂沦埋①。"

[注释]①沦埋:沦落埋没。

【214】先生曰:"大凡朋友,须箴规指摘处少①,诱掖奖劝意多②,方是。"后又戒九川云:"与朋友论学,须委曲谦下,宽以居之③。"

[注释]①箴规:劝诫规谏。 ②诱掖:引导扶植。 ③宽以居之:意谓宽厚待人。《周易·乾卦》云:"君子学以聚之,问以辩之,宽以居之,仁以行之。"

【215】九川卧病虔州。先生云:"病物亦难格,觉得如何?"对曰:"功夫甚难。"先生曰:"常快活便是功夫。"

【216】九川问:"自省念虑,或涉邪妄,或预料理天下事,思到极处,井井有味,便缱绻难屏。觉得早则易,觉迟则难,用力克治,愈觉扞格①。惟稍迁念他事,则随两忘。如此廓清,亦似无害。"先生曰:"何须如此!只要在良知上着功夫。"九川曰:"正谓那一时不知。"先生曰:"我这里自有功夫,何缘得他来?只为尔功夫断了,便蔽其知。既断了,则继续旧功便是,何必如此?"九川曰:"直是难鏖②,虽知丢他不去。"先生曰:"须是勇。用功久,自有勇。故曰'是集义所生者',胜得容易,便是大贤。"

[注释]①扞(hàn)格:互相抵触。 ②鏖:恶战。

【217】九川问:"此功夫却于心上体验明白,只解书不通。"先生曰:"只要解心。心明白,书自然融会。若心上

不通，只要书上文义通，却自生意见①。"

[注释]①意见：歧义。

【218】有一属官，因久听讲先生之学，曰："此学甚好。只是簿书讼狱繁难，不得为学。"先生闻之曰："我何尝教尔离了簿书讼狱，悬空去讲学？尔既有官司之事，便从官司的事上为学，才是真格物。如问一词讼，不可因其应对无状，起个怒心；不可因他言语圆转，生个喜心；不可恶其嘱托，加意治之；不可因其请求，屈意从之；不可因自己事务烦冗，随意苟且断之；不可因旁人谮毁罗织，随人意思处之：这许多意思皆私，只尔自知，须精细省察克治，惟恐此心有一毫偏倚，枉人是非，这便是格物致知。簿书讼狱之间，无非实学。若离了事物为学，却是着空。"

【219】虔州将归，有诗别先生云："良知何事系多闻，妙合当时已种根，好恶从之为圣学，将迎无处是乾元①。"先生曰："若未来讲此学，不知说'好恶从之'从个甚么？"敷英在座②，曰："诚然。尝读先生《大学古本序》，不知所说何事。及来听讲许时，乃稍知大意。"

[注释]①乾元：意谓天道伊始。《周易·乾卦》云："大哉乾元，万物资始，乃统天。" ②敷英：王阳明弟子。生平事迹不详。

【220】于中、国裳辈同侍食①。先生曰："凡饮食只是要养我身，食了要消化；若徒蓄积在肚里，便成痞了②，如何长得肌肤？后世学者博闻多识，留滞胸中，皆伤食之病

也。"

[注释]①侍食:陪同就餐。 ②痞:中医指胸腹间气塞而不舒服的一种自觉症状,称"痞块""痞积"。

【221】先生曰:"圣人亦是'学知',众人亦是'生知'。"问曰:"何如?"曰:"这良知人人皆有,圣人只是保全,无些障蔽,兢兢业业,亹亹翼翼①,自然不息,便也是学;只是生的分数多,所以谓之'生知安行'。众人自孩提之童,莫不完具此知②,只是障蔽多,然本体之知自难泯息③,虽问学克治也只凭他④;只是学的分数多,所以谓之'学知利行'。"

[注释]①亹亹(wěi):勤勉不倦的样子。翼翼:恭谨的样子。 ②完具此知:完全具备良知。 ③泯息:泯灭。 ④凭他:依循良知。

以下门人黄直录

【222】黄以方问①:"先生格致之说,随时格物以致其知,则知是一节之知,非全体之知也。何以到得'溥博如天,渊泉如渊'地位?②"先生曰:"人心是天、渊。心之本体无所不该③,原是一个天。只为私欲障碍,则天之本体失了。心之理无穷尽,原是一个渊。只为私欲窒塞,则渊之本体失了。如今念念致良知,将此障碍窒塞一齐去尽,则本体已复,便是天、渊了。"乃指天以示之曰:"比如面前见天,是昭昭之天;四外见天,也只是昭昭之天。只为许多房子墙壁遮蔽,便不见天之全体,若撤去房子墙壁,总是

一个天矣。不可道眼前天是昭昭之天,外面又不是昭昭之天也。于此便见一节之知即全体之知,全体之知,即一节之知:总是一个本体。"

[注释]①黄以方:即黄直,字以方,江西金溪人。嘉靖二年(1523)进士,除漳州(今福建龙溪)推官,因上疏请上早定储君而被贬。后又因直抗疏言而下狱,出狱后编戍雷州卫。赦还后甚贫,而谈笑自若。卒后赠光禄少卿。阳明弟子。 ②溥博如天,渊泉如渊:意谓智慧辽阔深邃,无所穷尽。《中庸》第三十一章云:"溥博渊泉,而时出之。溥博如天,渊泉如渊。见而民莫不敬,言而民莫不信,行而民莫不说。" ③该:同"赅",完备。

【223】先生曰:"圣贤非无功业气节,但其循着这天理,则便是道,不可以事功气节名矣。"

【224】"'发愤忘食'是圣人之志①,如此真无有已时;'乐以忘忧',是圣人之道,如此真无有戚时。恐不必云得不得也②。"

[注释]①发愤忘食:《论语·述而》云:"叶公问孔子于子路,子路不对。子曰:'女奚不曰,其为人也,发愤忘食,乐以忘忧,不知老之将至云尔。'" ②"恐不必"句:此句针对朱熹评注。朱熹《论语集注·述而》云:"未得,则发愤以忘食;已得,则乐之而忘忧。"

【225】先生曰:"我辈致知,只是各随分限所及。今日良知见在如此,只随今日所知扩充到底;明日良知又有开悟,便从明日所知扩充到底。如此方是精一功夫。与人论学,亦须随人分限所及。如树有这些萌芽,只把这些水去灌溉。萌芽再长,便又加水。自拱把以至合抱,灌溉之

功皆是随其分限所及。若些小萌芽,有一桶水在,尽要倾上,便浸坏他了。"

【226】问"知行合一"。先生曰:"此须识我立言宗旨。今人学问,只因知行分作两件,故有一念发动,虽是不善,然却未曾行,便不去禁止。我今说个'知行合一',正要人晓得一念发动处,便即是行了。发动处有不善,就将这不善的念克倒了。须要彻根彻底,不使那一念不善潜伏在胸中。此是我立言宗旨。"

【227】"圣人无所不知,只是知个天理;无所不能,只是能个天理。圣人本体明白,故事事知个天理所在,便去尽个天理。不是本体明后,却于天下事物都便知得,便做得来也。天下事物,如名物度数、草木鸟兽之类,不胜其烦。圣人须是本体明了,亦何缘能尽知得?但不必知的,圣人自不消求知;其所当知的,圣人自能问人,如'子入太庙,每事问'之类①。先儒谓'虽知亦问,敬谨之至'②,此说不可通。圣人于礼乐名物,不必尽知。然他知得一个天理,便自有许多节文度数出来。不知能问,亦即是天理节文所在。"

[注释]①子入太庙,每事问:其意谓孔子入太庙,每件事情都要问。《论语·八佾》云:"子入太庙,每事问。或曰:'孰谓鄹人之子知礼乎?入太庙,每事问。'子闻之,曰:'是礼也。'"鄹人:孔子之父。 ②虽知亦问,敬谨之至:其意谓虽然知道还要请教,是恭敬谨慎到了极点。朱熹《论语集注·八佾》引伊和靖语云:"礼者,敬而已矣。虽知亦问,谨之至也。"

【228】问:"先生尝谓'善恶只是一物'。善恶两端,如冰炭相反,如何谓只一物?"先生曰:"至善者,心之本体。本体上才过当些子,便是恶了。不是有一个善,却又有一个恶来相对也。故善恶只是一物。"直因闻先生之说①,则知程子所谓"善固性也,恶亦不可不谓之性"②。又曰:"善恶皆天理。谓之恶者本非恶,但于本性上过与不及之间耳。"③其说皆无可疑。

[注释]①直:黄以方名直。 ②善固性也,恶亦不可不谓之性:程颢语。《河南程氏遗书》卷一云:"人生气禀,理有善恶,然不是性中元有此两物相对而生也。有自幼而善,有自幼而恶,是气禀有然也。善固性也,恶亦不可不谓之性也。" ③"善恶皆天理"三句:程颢语。《河南程氏遗书》卷二云:"天下善恶皆天理,谓之恶者非本恶,但或过或不及,便如此。"其意谓善与恶皆天理,所谓的恶本身并不是恶,只是就天理而言表现得或过分或不足,如此而已。

【229】先生尝谓:"人但得好善如好好色,恶恶如恶恶臭,便是圣人。"直初时闻之,觉甚易,后体验得来,此个功夫着实是难。如一念虽知好善恶恶,然不知不觉,又夹杂去了。才有夹杂,便不是好善如好好色、恶恶如恶恶臭的心。善能实实的好,是无念不善矣;恶能实实的恶,是无念及恶矣:如何不是圣人?故圣人之学,只是一诚而已。

【230】问:"《修道说》言:'率性之谓道',属圣人分上事①;'修道之谓教',属贤人分上事。"先生曰:"众人亦率性也。但率性在圣人分上较多,故'率性之谓道'属圣人事。圣人亦修道也,但修道在贤人分上多,故'修道之谓

教'属贤人事。"又曰:"《中庸》一书,大抵皆是说修道的事。故后面凡说君子,说颜渊,说子路,皆是能修道的;说小人,说贤知愚不肖,说庶民,皆是不能修道的;其他言舜、文、周公、仲尼至诚至圣之类,则又圣人之自能修道者也。"

[注释]①《修道说》:见《王阳明全集》卷七。

【231】问:"儒者到三更时分①,扫荡胸中思虑,空空静静,与释氏之静只一般,两下皆不用②,此时何所分别?"先生曰:"动静只是一个。那三更时分,空空静静的,只是存天理,即是如今应事接物的心。如今应事接物的心,亦是循此天理,便是那三更时分空空静静的心。故动静只是一个,分别不得。知得动静合一,释氏毫厘差处亦自莫掩矣。"

[注释]①三更:子时,指夜半十一时至凌晨一时。 ②两下:指儒、释二家。

【232】门人在座,有动止甚矜持者①。先生曰:"人若矜持太过,终是有弊。"曰:"矜得太过,如何有弊?"曰:"人只有许多精神②,若专在容貌上用功,则于中心照管不及者多矣③。"有太直率者。先生曰:"如今讲此学,却外面全不检束,又分心与事为二矣。"

[注释]①矜:即矜持,指严肃、拘谨。 ②精神:此指精力。 ③中心:内心。

【233】门人作文送友行,问先生曰:"作文字不免费思,作了后又一二日,常记在怀。"曰:"文字思索亦无害。但作了常记在怀,则为文所累,心中有一物矣,此则未可也。"又作诗送人。先生看诗毕,谓曰:"凡作文字要随我分限所及。若说得太过了,亦非修辞立诚矣①。"

[注释]①修辞立诚:意谓做文章应以心诚为本。《周易·乾卦·文言》云:"君子进德修业。忠信,所以进德也;修辞立其诚,所以居业也。"修辞:修饰言辞。

【234】"文公格物之说,只是少头脑①,如所谓'察之于念虑之微',此一句不该与'求之文字之中','验之于事为之著','索之讲论之际'混作一例看②,是无轻重也。"

[注释]①"文公格物"二句:其意谓朱熹的格物之说,缺少主宰。文公:朱熹谥号。头脑:主宰。 ②"察之于念虑之微"及以下所引三句:见朱熹《大学或问》。此为朱熹格物的四个方面。察之于念虑之微:意谓在念虑的细微处体察。求之文字之中:意谓在文字之中探求,即考索文字。验之于事为之著:意谓在事物的显著之处验证。索之讲论之际:意谓在讲学讨论中求索。阳明认为朱熹之格物不应把"察之于念虑之微"与考索文字、验证事物、求索讲论等混在一起,应该轻重分明。

【235】问"有所忿懥"一条。先生曰:"忿懥几件①,人心怎能无得?只是不可有耳!凡人忿懥着了一分意思,便怒得过当,非廓然大公之体了。故'有所忿懥',便不得其正也。如今于凡忿懥等件,只是个物来顺应,不要着一分意思,便心体廓然大公,得其本体之正了。且如出外见人相斗,其不是的,我心亦怒。然虽怒,却此心廓然,不曾

动些子气。如今怒人,亦得如此,方才是正。"

[注释]①忿懥几件:指忿懥、恐惧、好乐、忧患。

【236】先生尝言:"佛氏不着相①,其实着了相。吾儒着相,其实不着相。"请问。曰:"佛怕父子累,却逃了父子;怕君臣累,却逃了君臣;怕夫妇累,却逃了夫妇:都是为个君臣、父子、夫妇着了相,便须逃避。如吾儒有个父子,还他以仁;有个君臣,还他以义;有个夫妇,还他以别:何曾着父子、君臣、夫妇的相?"

[注释]①着相:执着于事物的外在形态。相:佛教名词,相对"性"而言。佛教把一切事物的外在形态称之为"相"。

以下门人黄修易录

【237】黄勉叔问①:"心无恶念时,此心空空荡荡的,不知亦须存个善念否?"先生曰:"既去恶念,便是善念,便复心之本体矣。譬如日光,被云来遮蔽,云去,光已复矣。若恶念既去,又要存个善念,即是日光之中添燃一灯。"

[注释]①黄勉叔:黄修易,字勉叔,生平事迹不详。王阳明弟子。

【238】问:"近来用功,亦颇觉妄念不生。但腔子里黑窣窣的①,不知如何打得光明。"先生曰:"初下手用功,如何腔子里便得光明?譬如奔流浊水,才贮在缸里,初然虽定,也只是昏浊的。须俟澄定既久,自然渣滓尽去,复得清来。汝只要在良知上用功。良知存久,黑窣窣自能光

明矣。今便要责效②,却是助长,不成工夫。"

[注释]①黑窣窣:特别黑。越地俗语。　②责效:追求效果。

【239】先生曰:"吾教人致良知,在格物上用功,却是有根本的学问。日长进一日,愈久愈觉精明。世儒教人事事物物上去寻讨,却是无根本的学问。方其壮时,虽暂能外面修饰,不见有过,老则精神衰迈,终须放倒。譬如无根之树,移栽水边,虽暂时鲜好,终久要憔悴。"

【240】问"志于道"一章①。先生曰:"只'志道'一句,便含下面数句功夫,自住不得。譬如做此屋,'志于道'是念念要去择地鸠材②,经营成个区宅。'据德'却是经画已成③,有可据矣;'依仁'却是常常住在区宅内,更不离去。'游艺'却是加些画采,美此区宅。艺者,义也,理之所宜者也,如诵诗、读书、弹琴、习射之类,皆所以调习此心,使之熟于道也。苟不'志道'而'游艺',却如无状小子④;不先去置造区宅,只管要去买画挂做门面,不知将挂在何处?"

[注释]①"志于道"一章:指《论语·述而》篇相关内容:"子曰:'志于道,据于德,依于仁,游于艺。'"意谓以道为志向,以德为根据,以仁为依靠,再在礼、乐、射、御、书、数等六艺活动中涵养自己。　②鸠:聚集。　③经画:经营筹划。　④无状:行为失检,没有礼貌。

【241】问:"读书所以调摄此心①,不可缺的。但读之之时,一种科目意思牵引而来②,不知何以免此?"先生曰:

"只要良知真切,虽做举业,不为心累;总有累亦易觉,克之而已。且如读书时,良知知得强记之心不是③,即克去之;有欲速之心不是④,即克去之;有夸多斗靡之心不是⑤,即克去之。如此,亦只是终日与圣贤印对⑥,是个纯乎天理之心。任他读书,亦只是调摄此心而已,何累之有?"曰:"虽蒙开示,奈资质庸下,实难免累。窃闻穷通有命,上智之人恐不屑此。不肖为声利牵缠⑦,甘心为此,徒自苦耳。欲屏弃之,又制于亲,不能舍去,奈何?"先生曰:"此事归辞于亲者多矣,其实只是无志。志立得时,良知千事万为只是一事,读书作文安能累人?人自累于得失耳!"因叹曰:"此学不明,不知此处担阁了几多英雄汉!"

[注释]①调摄此心:调养本心。 ②科目:指科举考试分科取试的项目,如秀才、明经、进士等。 ③强记:此指死记硬背。 ④欲速:急于求成。 ⑤夸多斗靡:夸耀好胜。夸:夸耀。斗:竞争。靡:奢华。 ⑥印对:印证。 ⑦声利:声名利禄。

【242】问:"'生之谓性'①,告子亦说得是,孟子如何非之?"先生曰:"固是性,但告子认得一边去了,不晓得头脑,若晓得头脑,如此说亦是。孟子亦曰'形色天性也'②,这也是指气说。"又曰:"凡人信口说,任意行,皆说'此是依我心性出来',此是所谓'生之谓性',然却要有过差。若晓得头脑,依吾良知上说出来,行将去,便自是停当。然良知亦只是这口说,这身行,岂能外得气,别有个去行去说?故曰:'论性不论气,不备;论气不论性,不明。'③气亦性也,性亦气也,但须认得头脑是当。"

[注释]①生之谓性:天生的即是本性。语出《孟子·告子上》。 ②形色天性也:人的形体容貌是天生的。语出《孟子·尽心上》。 ③"论性不论气"四句:程颐语,出自《河南程氏遗书》卷六。不备:不完整。不明:不明晰。

【243】又曰:"诸君功夫最不可助长。上智绝少,学者无超入圣人之理。一起一伏,一进一退,自是功夫节次。不可以我前日用得功夫了,今却不济,便要矫强①,做出一个没破绽的模样,这便是助长,连前些子功夫都坏了。此非小过,譬如行路的人,遭一蹶跌,起来便走,不要欺人做那不曾跌倒的样子出来。诸君只要常常怀个'遁世无闷,不见是而无闷'之心,依此良知,忍耐做去,不管人非笑,不管人毁谤,不管人荣辱,任他功夫有进有退,我只是这致良知的主宰不息,久久自然有得力处,一切外事亦自能不动。"又曰:"人若着实用功,随人毁谤,随人欺慢,处处得益,处处是进德之资。若不用功,只是魔也②,终被累倒。"

[注释]①矫强:勉强,矫情。 ②魔:魔障。

【244】先生一日出游禹穴①,顾田间禾曰:"能几何时,又如此长了。"范兆期在傍曰②:"此只是有根。学问能自植根,亦不患无长。"先生曰:"人孰无根?良知即是天植灵根,自生生不息;但着了私累,把此根戕贼蔽塞③,不得发生耳。"

[注释]①禹穴:即大禹的陵墓。在浙江绍兴东的稽山山麓,传说为夏禹的陵墓所在。 ②范兆期:范引年,字兆期,号半野。王阳明弟子。 ③戕

(qiāng)戕蔽塞:残害堵塞。

【245】一友常易动气责人,先生警之曰:"学须反己。若徒责人,只见得人不是,不见自己非。若能反己,方见自己有许多未尽处,奚暇责人?舜能化得象的傲①,其机括只是不见象的不是②。若舜只要正他的奸恶,就见得象的不是矣。象是傲人,必不肯相下,如何感化得他?"是友感悔,曰:"你今后只不要去论人之是非,凡当责辩人时,就把做一件大己私克去,方可。"

[注释]①象:舜的同父异母弟。生性傲狠,对舜不满,常想伺机杀舜。②机括:关键。

【246】先生曰:"凡朋友问难,纵有浅近粗疏,或露才扬己,皆是病发。当因其病而药之可也;不可便怀鄙薄之心,非君子与人为善之心矣①。"

[注释]①与人为善:偕同别人一起行善。一说:帮助别人一起行善。《孟子·公孙丑上》云:"取诸人以为善,是与人为善者也。故君子莫大乎与人为善。"其意谓吸取别人的优点而行善,即如偕同别人一起行善。所以君子最大的善行就是偕同别人一起行善。

【247】问:"《易》,朱子主卜筮①,程传主理②,何如?"先生曰:"卜筮是理,理亦是卜筮。天下之理孰有大于卜筮者乎?只为后世将卜筮专主在占卦上看了,所以看得卜筮似小艺③。不知今之师友问答,博学、审问、慎思、明辨、笃行之类,皆是卜筮。卜筮者,不过求决狐疑,神明吾

心而已。《易》是问诸天,人有疑,自信不及,故以《易》问天;谓人心尚有所涉,惟天不容伪耳。"

[注释]①朱子主卜筮:朱熹《周易本义》《易学启蒙》皆认为《周易》本为卜筮而作。　②程传主理:程颐著《易传》四卷,其解释着重阐明天理。　③小艺:雕虫小技。

以下门人黄省曾录

【248】黄勉之问①:"'无适也,无莫也,义之与比'②,事事要如此否?"先生曰:"固是事事要如此,须是识得个头脑乃可。义即是良知,晓得良知是个头脑,方无执着③。且如受人馈送,也有今日当受的,他日不当受的;也有今日不当受的,他日当受的。你若执着了今日当受的,便一切受去,执着了今日不当受的,便一切不受去,便是'适''莫',便不是良知的本体,如何唤得做义?"

[注释]①黄勉之:黄省曾(1490-1540),字勉之,号五岳山人,吴县(今江苏苏州)人。嘉靖十年(1531)中举,后进士累不第,遂弃科举之路。工诗词绘画。著有《五岳山人集》。王阳明弟子。　②无适也,无莫也,义之与比:意谓君子对于天下一切事物,无可无不可,唯一的行事标准即义。语出《论语·里仁》。　③执着:执拗。

【249】问:"'思无邪'一言①,如何便盖得《三百篇》之义②?"先生曰:"岂特《三百篇》?'六经'只此一言,便可该贯③,以至穷古今天下圣贤的话,'思无邪'一言也可该贯。此外更有何说? 此是一了百当的功夫。"

[注释]①思无邪:思想纯正无邪念。《论语·为政》云:"子曰:'《诗》三百,一言以蔽之,曰:思无邪。'" ②盖得:概括。 ③该贯:贯通。

【250】问"道心""人心"。先生曰:"'率性之为道'便是'道心'。但着些人的意思在,便是'人心'。'道心'本是无声无臭,故曰'微'。依着'人心'行去,便有许多不安稳处,故曰'惟危'。"

【251】问:"'中人以下,不可以语上。'①愚的人,与之语上尚且不进,况不与之语,可乎?"先生曰:"不是圣人终不与语。圣人的心,忧不得人人都做圣人②。只是人的资质不同,施教不可躐等③。中人以下的人,便与他说性说命,他也不省得,也须慢慢琢磨他起来。"

[注释]①中人以下,不可以语上:意谓中等资质以下不可以告诉他高深的学问。语出《论语·雍也》。 ②忧不得:巴不得。 ③躐(liè)等:逾越等级,不按次序。

【252】一友问:"读书不记得如何?"先生曰:"只要晓得,如何要记得?要晓得已是落第二义了,只要明得自家本体。若徒要记得,便不晓得;若徒要晓得,便明不得自家的本体。"

【253】问:"'逝者如斯'①,是说自家心性活泼泼地否?"先生曰:"然。须要时时用致良知的功夫,方才活泼泼地,方才与他川水一般。若须臾间断,便与天地不相

似。此是学问极至处,圣人也只如此。"

[注释]①逝者如斯:时光的流逝如同东流的河水。语出《论语·子罕》:"子在川上曰:'逝者如斯夫,不舍昼夜。'"

【254】问"志士仁人"章①。先生曰:"只为世上人都把生身命子看得来太重,不问当死不当死,定要宛转委曲保全,以此把天理却丢去了。忍心害理,何者不为?若违了天理,便与禽兽无异,便偷生在世上百千年,也不过做了千百年的禽兽。学者要于此等处看得明白。比干、龙逢只为他看得分明②,所以能成就得他的仁。"

[注释]①志士仁人:《论语·卫灵公》云:"子曰:'志士仁人,无求生以害仁,有杀身以成仁。'" ②比干:殷纣王的叔父,进谏纣王不听,被剖心而死。龙逢:即关龙逢,夏桀时贤臣,直谏夏桀不听,被囚禁杀害。

【255】问:"叔孙武叔毁仲尼①,大圣人如何犹不免于毁谤?"先生曰:"毁谤自外来的,虽圣人如何免得?人只贵于自修,若自己实实落落是个圣贤,纵然人都毁他,也说他不着。却若浮云掩日,如何损得日的光明?若自己是个象恭色庄、不坚不介的②,纵然没一个人说他,他的恶慝终须一日发露③。所以孟子说:'有求全之毁,有不虞之誉。'④毁誉在外的,安能避得?只要自修何如尔!"

[注释]①叔孙武叔毁仲尼:《论语·子张》云:"叔孙武叔毁仲尼。子贡曰:'无以为也!仲尼不可毁也。他人之贤者,丘陵也,犹可逾也;仲尼,日月也,无得而逾焉。'"叔孙武叔:鲁国大夫,名州仇。毁:诽谤。 ②象恭色庄:指人的外貌谦恭庄重。不坚不介:指人的行为不正,意志不坚定。坚介:坚贞

正直。　③恶慝(tè)：邪恶。　④有求全之毁，有不虞之誉：意谓人有求全责备的诋毁，也有意料之外的称扬。《孟子·离娄上》云："有不虞之誉，有求全之毁。"毁：诽谤。虞：意料。

【256】刘君亮要在山中静坐①。先生曰："汝若以厌外物之心去求之静，是反养成一个骄惰之气了。汝若不厌外物，复于静处涵养，却好。"

[注释]①刘君亮：字元道。王阳明弟子。

【257】王汝中、省曾侍坐①。先生握扇命曰："你们用扇。"省曾起对曰："不敢。"先生曰："圣人之学，不是这等捆缚苦楚的，不是妆做道学的模样。"汝中曰："观'仲尼与曾点言志'一章略见。"先生曰："然。以此章观之，圣人何等宽洪包含气象！且为师者问志于群弟子，三子皆整顿以对。至于曾点，飘飘然不看那三子在眼，自去鼓起瑟来，何等狂态！及至言志，又不对师之问目，都是狂言。设在伊川，或斥骂起来了②。圣人乃复称许他，何等气象！圣人教人，不是个束缚他通做一般：只如狂者便从狂处成就他，狷者便从狷处成就他。人之才气如何同得？③"

[注释]①王汝中：即王畿(1498—1583)，字汝中，别号龙溪。山阴(今浙江绍兴)人。嘉靖壬辰(1532)进士，官至南京兵部郎中。乞休后，讲学四十余年，传播王学。著有《龙溪集》。阳明弟子。　②设在伊川，或斥骂起来了：程颐治学，重视日常行为中的"敬"，对不敬者往往疾言厉色。《河南程氏外书》卷十二云："韩持国与伊川善……暇日与持国同游西湖，命诸子侍行。行次，有言貌不庄敬者，伊川回视，厉声叱之曰：'汝辈从长者行，敢笑语如此，韩氏孝谨之风衰矣。'持国遂皆逐去之。"　③才气：才能气质。

【258】先生语陆元静曰①:"元静少年亦要解'五经',志亦好博②。但圣人教人,只怕人不简易,他说的皆是简易之规。以今人好博之心观之,却似圣人教人差了。"

[注释]①陆元静:即陆澄,字元静。 ②博:博学。

【259】先生曰:"孔子无不知而作①;颜子有不善,未尝不知②:此是圣学真血脉路。"

[注释]①不知而作:自己不懂却去创作。《论语·述而》云:"子曰:'盖有不知而作之者,我无是也。多闻,择其善者而从之,多见而识之,知之次也。'" ②未尝不知:没有不知道的。《周易·系辞》云:"颜氏之子,其殆庶几乎! 有不善未尝不知,知之未尝复行也。"

以下钱德洪录

【260】何廷仁、黄正之、李侯璧、汝中、德洪侍坐①,先生顾而言曰:"汝辈学问不得长进,只是未立志。"侯璧起而对曰:"琪亦愿立志。"先生曰:"难说不立,未是必为圣人之志耳。"对曰:"愿立必为圣人之志。"先生曰:"你真有圣人之志,良知上更无不尽②。良知上留得些子别念挂带③,便非必为圣人之志矣。"洪初闻时,心若未服,听说到此,不觉悚汗④。

[注释]①何廷仁:字性之,号善山,江西雩都县(今江西于都县)人。举嘉靖元年(1522)乡试,至二十年(1541)始选知县。王阳明弟子。黄正之:名宏纲,王阳明弟子。李侯璧:即李琪,字侯璧,浙江永康人。王阳明弟子。 ②良知上更无不尽:意谓要竭尽全力在良知上,即良知须纯洁明亮。 ③别

念挂带:此指私心欲念。 ④悚汗:惊醒汗下。

【261】先生曰:"良知是造化的精灵。这些精灵,生天生地,成鬼成帝,皆从此出,真是与物无对①。人若复得他完完全全,无少亏欠,自不觉手舞足蹈,不知天地间更有何乐可代。"

[注释]①与物无对:意谓良知为主宰,天地间无与匹敌者。《河南程氏遗书》卷二程颢《识仁篇》云:"此道与物无对。"

【262】一友静坐有见,驰问先生①。答曰:"吾昔居滁时②,见诸生多务知解③,口耳异同,无益于得,姑教之静坐。一时窥见光景,颇收近效。久之,渐有喜静厌动,流入枯槁之病,或务为玄解妙觉,动人听闻④。故迩来只说致良知⑤。良知明白,随你去静处体悟也好,随你去事上磨炼也好,良知本体原是无动无静的,此便是学问头脑。我这个话头,自滁州到今,亦较过几番,只是致良知三字无病。医经折肱,方能察人病理。⑥"

[注释]①驰问:跑去请教。 ②滁:指滁州(今安徽滁州)。 ③多务知解:多关注见闻方面的学问。 ④动人听闻:耸人听闻。 ⑤迩来:近来。 ⑥医经折肱,方能察人病理:意为医者久经磨炼,才能察知疾病的发生原理。《左传·定公十三年》云:"三折肱,知为良医。"肱:手臂。

【263】一友问:"功夫欲得此知时时接续,一切应感处反觉照管不及①。若去事上周旋,又觉不见了。如何则可?"先生曰:"此只认良知未真,尚有内外之间②。我这里

功夫,不由人急心认得。良知头脑是当,去朴实用功,自会透彻。到此便是内外两忘③,又何心事不合一?"

[注释]①应感处:应对处理具体事物时。 ②内外之间:意谓内外不一。 ③内外两忘:内外交融,物我两忘。

【264】又曰:"功夫不是透得这个真机①,如何得他充实光辉②?若能透得时,不由你聪明知解接得来③。须胸中渣滓浑化④,不使有毫发沾带⑤,始得。"

[注释]①"功夫不是"句:此句意谓功夫不能透彻了解良知的真谛。透得:透彻了解。真机:真谛。 ②充实光辉:满盈并光彩夺目地表现出来。《孟子·尽心下》云:"充实之谓美,充实而有光辉之谓大。" ③接得来:获得。④渣滓浑化:意谓私心欲念逐渐消除。朱熹《论语集注·泰伯》云:"八音之节,可以养人之性情而荡涤其邪秽,消融其查滓。" ⑤沾带:附着。

【265】先生曰:"'天命之谓性',命即是性。'率性之谓道',性即是道。'修道之谓教',道即是教。"问:"如何道即是教?"曰:"道即是良知。良知原是完完全全,是的还他是,非的还他非,是非只依着他,更无有不是处。这良知还是你的明师。"

【266】问:"'不睹不闻'是说本体,'戒慎恐惧'是说功夫否?"先生曰:"此处须信得本体原是'不睹不闻'的,亦原是'戒慎恐惧'的。'戒慎恐惧'不曾在'不睹不闻'上加得些子。见得真时,便谓'戒慎恐惧'是本体,'不睹不闻'是功夫亦得①。"

[**注释**]①亦得:也对。

【267】问:"通乎昼夜之道而知①。"先生曰:"良知原是知昼知夜的。"又问:"人睡熟时,良知亦不知了。"曰:"不知何以一叫便应?"曰:"良知常知,如何有睡熟时?"曰:"向晦宴息②,此亦造化常理。夜来天地混沌,形色俱泯,人亦耳目无所睹闻,众窍俱翕③,此即良知收敛凝一时。天地既开,庶物露生,人亦耳目有所睹闻,众窍俱辟,此即良知妙用发生时。可见人心与天地一体,故'上下与天地同流'④。今人不会宴息,夜来不是昏睡,即是妄思魇寐⑤。"曰:"睡时功夫如何用?"先生曰:"知昼即知夜矣。日间良知是顺应无滞的,夜间良知即是收敛凝一的,有梦即先兆。"

[**注释**]①通乎昼夜之道而知:此句意谓通晓昼夜阴阳变化的规律而充满智慧。语出《周易·系辞上》。知:通"智"。 ②向晦宴息:意谓到了晚上就应该休息。《周易·随卦·象传》云:"君子以向晦入宴息。" ③翕(xī):收敛。 ④上下与天地同流:意谓在上与天、在下与地同时运转。《孟子·尽心上》云:"夫君子所过者化,所存者神,上下与天地同流。" ⑤魇寐(yǎnmèi):做噩梦。

【268】又曰:"良知在'夜气'发的,方是本体,以其无物欲之杂也。学者要使事物纷扰之时,常如'夜气'一般,就是'通乎昼夜之道而知'。"

【269】先生曰:"仙家说到虚,圣人岂能虚上加得一毫实?佛氏说到无,圣人岂能无上加得一毫有?但仙家说

虚,从养生上来;佛氏说无,从出离生死苦海上来:却于本体上加却这些子意思在,便不是他虚无的本色了,便于本体有障碍。圣人只是还他良知的本色,更不着些子意在。良知之虚,便是天之太虚;良知之无,便是太虚之无形。日、月、风、雷、山、川、民、物,凡有貌象形色,皆在太虚无形中发用流行,未尝作得天的障碍。圣人只是顺其良知之发用,天地万物,俱在我良知的发用流行中,何尝又有一物超于良知之外,能作得障碍?"

【270】或问:"释氏亦务养心①,然要之不可以治天下,何也?"先生曰:"吾儒养心,未尝离却事物,只顺其天则自然②,就是功夫。释氏却要尽绝事物,把心看做幻相③,渐入虚寂去了。与世间若无些子交涉,所以不可治天下。"

[注释]①养心:《孟子·尽心下》云:"养心莫善于寡欲。" ②天则:自然法则。 ③幻相:虚幻的形象。

【271】或问异端。先生曰:"与愚夫愚妇同的,是谓同德。与愚夫愚妇异的,是谓异端。"

【272】先生曰:"孟子不动心,告子不动心,所异只在毫厘间。告子只在不动心上着功,孟子便直从此心原不动处分晓。心之本体原是不动的,只为所行有不合义①,便动了。孟子不论心之动与不动,只是'集义',所行无不是义,此心自然无可动处。若告子只要此心不动,便是把捉此心,将他生生不息之根反阻挠了。此非徒无益,而又害

之。孟子'集义'工夫,自是养得充满,并无馁歉②;自是纵横自在,活泼泼地:此便是浩然之气。"

[注释]①义:即道义。　②馁歉(něiqiàn):欠缺。

【273】又曰:"告子病源从'性无善无不善'上见来。性无善无不善,虽如此说,亦无大差①;但告子执定看了,便有个无善无不善的性在内。有善有恶又在物感上看②,便有个物在外,却做两边看了,便会差。无善无不善,性原是如此,悟得及时,只此一句便尽了,更无有内外之间。告子见一个性在内,见一个物在外,便见他于性有未透彻处。"

[注释]①大差:大毛病。　②物感:事物。

【274】朱本思问①:"人有虚灵②,方有良知。若草、木、瓦、石之类,亦有良知否?"先生曰:"人的良知,就是草、木、瓦、石的良知。若草、木、瓦、石无人的良知,不可以为草、木、瓦、石矣。岂惟草、木、瓦、石为然,天地无人的良知,亦不可为天地矣。盖天地万物与人原是一体,其发窍之最精处,是人心一点灵明。风、雨、露、雷、日、月、星、辰、禽、兽、草、木、山、川、土、石,与人原只一体。故五谷禽兽之类,皆可以养人;药石之类,皆可以疗疾:只为同此一气,故能相通耳。"

[注释]①朱本思:即朱得之,字本思,号近斋,江苏靖江人。尝为江西新城县丞,著有《列子通义》《庄子通义》。王阳明弟子。　②虚灵:空明的灵魂。

【275】先生游南镇①,一友指岩中花树问曰:"天下无心外之物,如此花树,在深山中自开自落,于我心亦何相关?"先生曰:"你未看此花时,此花与汝心同归于寂。你来看此花时,则此花颜色一时明白起来。便知此花不在你的心外。"

[注释]①南镇:绍兴会稽山的古称。

【276】问:"大人与物同体,如何《大学》又说个厚薄①?"先生曰:"惟是道理,自有厚薄。比如身是一体,把手足捍头目②,岂是偏要薄手足,其道理合如此。禽兽与草木同是爱的,把草木去养禽兽,又忍得？人与禽兽同是爱的,宰禽兽以养亲与供祭祀、燕宾客,心又忍得？至亲与路人同是爱的,如箪食豆羹,得则生,不得则死③,不能两全,宁救至亲,不救路人,心又忍得？这是道理合该如此。及至吾身与至亲,更不得分别彼此厚薄。盖以仁民爱物④,皆从此出;此处可忍,更无所不忍矣。《大学》所谓厚薄,是良知上自然的条理,不可逾越,此便谓之义;顺这个条理,便谓之礼;知此条理,便谓之智;终始是这条理,便谓之信。"

[注释]①如何《大学》又说个厚薄:《大学》云:"其所厚者薄,而其所薄者厚,未之有也。"意为一个人对重要者不在乎,而对不重要者很重视,(而能把事业做好)是没有的事情。这里的"所厚者"是指格物、致知、诚意、正心的涵养功夫,"所薄者"是指齐家、齐家、治国、平天下的事业。　②捍头目:保护脑袋。　③箪食豆羹:此语出自《孟子·告子》:"一箪食,一豆羹。得之则生,弗得则死。"箪:古代盛食物的竹器。豆:古代盛食物的器皿,形似高脚杯。

④仁民爱物：其意谓仁爱百姓，爱惜万物。《孟子·尽心上》云："亲亲而仁民，仁民而爱物。"

【277】又曰："目无体，以万物之色为体；耳无体，以万物之声为体；鼻无体，以万物之臭为体；口无体，以万物之味为体；心无体，以天地万物感应之是非为体。"

【278】问："夭寿不贰。"先生曰："学问功夫，于一切声利嗜好俱能脱落殆尽，尚有一种生死念头毫发挂带，便于全体有未融释处①。人于生死念头，本从生身命根上带来，故不易去。若于此处见得破，透得过，此心全体方是流行无碍，方是尽性至命之学②。"

[注释]①融释：融会贯通。　②尽性至命：《周易·说卦》云："穷理尽性，以至于命。"其意谓穷尽事物的道理与人的本性，从而达到与天命的统一。

【279】一友问："欲于静坐时，将好名、好色、好货等根逐一搜寻，扫除廓清，恐是剜肉做疮否？"先生正色曰："这是我医人的方子，真是去得人病根。更有大本事人，过了十数年，亦还用得着。你如不用，且放起，不要作坏我的方子。"是友愧谢①。少间曰："此量非你事，必吾门稍知意思者为此说以误汝②。"在坐者皆悚然。

[注释]①愧谢：惭愧地道歉。　②吾门：我的弟子。

【280】一友问功夫不切。先生曰："学问功夫，我已曾

一句道尽,如何今日转说转远,都不着根?"对曰:"致良知盖闻教矣,然亦须讲明。"先生曰:"既知致良知,又何可讲明?良知本是明白,实落用功便是。不肯用功,只在语言上转说转胡涂。"曰:"正求讲明致之之功。"先生曰:"此亦须你自家求,我亦无别法可道。昔有禅师,人来问法,只把麈尾提起①。一日,其徒将其麈尾藏过,试他如何设法。禅师寻麈尾不见,又只空手提起。我这个良知就是设法的麈尾,舍了这个,有何可提得?"少间,又一友请问功夫切要。先生旁顾曰:"我麈尾安在?"一时在坐者皆跃然。

[注释]①麈尾:修道人的一种法器,外形像扇子。

【281】或问"至诚""前知"①。先生曰:"诚是实理,只是一个良知。实理之妙用流行就是神②,其萌动处就是几③,诚、神、几曰圣人④。圣人不贵前知。祸福之来,虽圣人有所不免。圣人只是知几,遇变而通耳⑤。良知无前后,只知得见在的几,便是一了百了。若有个'前知'的心,就是私心,就有趋避利害的意。邵子必于前知⑥,终是利害心未尽处。"

[注释]①"至诚""前知":其意谓真诚达到了极致则可以预知未来。《中庸》第二十四章云:"至诚之道,可以前知。国家将兴,必有祯祥。国家将亡,必有妖孽。" ②流行:流畅运行。 ③几:预兆,苗头。 ④诚、神、几曰圣人:其意谓具备诚心之德,能感悟诚心的畅行,体悟到良知的萌发,这样的人就是圣人。周敦颐《通书》云:"寂然不动者,诚也。感而遂通者,神也。动而未形,有无之间者,几也。诚精故明,神应故妙,几微故幽,诚、神、几曰圣人。" ⑤遇变而通:遇到事物善于变通。 ⑥邵子:即北宋哲学家邵雍。

【282】先生曰:"无知无不知,本体原是如此。譬如日未尝有心照物,而自无物不照。无照无不照,原是日的本体。良知本无知,今却要有知;本无不知,今却疑有不知,只是信不及耳!"

【283】先生曰:"'惟天下至圣,为能聪明睿智'①,旧看何等玄妙,今看来原是人人自有的。耳原是聪,目原是明,心思原是睿智,圣人只是一能之尔。能处正是良知,众人不能,只是个不致知,何等明白简易!"

[注释]①惟天下至圣,为能聪明睿知:意谓只有天下极圣明的圣人才能做到聪明智慧。至圣:道德智能最高的人,即极圣明的人。《中庸》第三十一章云:"惟天下至圣为能聪明睿知,足以有临也。"有临:以上临下,即亲临百姓,治理百姓。

【284】问:"孔子所谓'远虑'①,周公'夜以继日'②,与'将迎'不同。何如?"先生曰:"'远虑'不是茫茫荡荡去思虑③,只是要存这天理。天理在人心,亘古亘今,无有终始;天理即是良知,千思万虑,只是要致良知。良知愈思愈精明,若不精思,漫然随事应去,良知便粗了。若只着在事上茫茫荡荡去思教做'远虑',便不免有毁誉、得丧、人欲搀入其中,就是'将迎'了。周公终夜以思,只是'戒慎不睹、恐惧不闻'的功夫,见得时,其气象与'将迎'自别。"

[注释]①远虑:长远的考虑。《论语·卫灵公》云:"子曰:'人无远虑,必有近忧。'" ②夜以继日:语出《孟子·离娄下》。 ③茫茫荡荡:空旷远大的

样子。

【285】问:"'一日克己复礼,天下归仁',朱子作效验说①,如何?"先生曰:"圣贤只是为己之学,重功夫不重效验。仁者以万物为体,不能一体,只是己私未忘。全得仁体,则天下皆归于吾,仁就是'八荒皆在我闼'意②,天下皆与其仁亦在其中。如'在邦无怨,在家无怨'③,亦只是自家不怨,如'不怨天,不尤人'之意。然家邦无怨于我亦在其中,但所重不在此。"

[注释]①一日克己复礼,天下归仁:意谓一旦约束自己,使言语行动都合乎礼,天下人皆称之为仁人。语出《论语·颜渊》。一日:一旦。克己:克制,约束。归:属于,称许。朱熹在《论语集注·颜渊》中注曰:"极言其效之甚速而至大也。" ②八荒皆在我闼:吕大临(1040—1092)《克己铭》云:"亦既克之,皇皇四达。洞然八荒,皆在我闼。"其意谓克去私心,我即与万物成为一体,而天地万物皆在我心中。八荒:亦称八方,指东、西、南、北、东南、西南、东北、西北等八个方向,往往代指天下。闼(tà):门。 ③在邦无怨,在家无怨:语出《论语·颜渊》。在邦:在诸侯国做官。无怨:不怨天尤人。在家:在卿大夫家做事。

【286】问:"孟子'巧力圣智'之说,朱子云:'三子力有余而巧不足。'①何如?"先生曰:"三子固有力,亦有巧,巧力实非两事。巧亦只在用力处,力而不巧,亦是徒力。三子譬如射:一能步箭,一能马箭,一能远箭;他射得到,俱谓之力,中处俱可谓之巧。但步不能马,马不能远,各有所长,便是才力分限有不同处;孔子则三者皆长。然孔子之和,只到得柳下惠而极②;清,只到得伯夷而极;任,只到

得伊尹而极。何曾加得些子？若谓'三子力有余而巧不足'，则其力反过孔子了。巧力只是发明圣知之义，若识得圣知本体是何物，便自了然。"

[注释]①巧力圣智：《孟子·万章下》云："孟子曰：'伯夷，圣之清者也；伊尹，圣之任者也；柳下惠，圣之和者也。孔子，圣之时者也，孔子之谓集大成。"孟子认为伯夷是圣人中之清高者，伊尹是圣人中之有担当者，柳下惠是圣人中之随和者，而孔子为圣人中之识时务者。相较于伯夷、伊尹、柳下惠具有某一方面的品质，而合于时宜的孔子则是集大成者。孟子还指出："智，譬则巧也；圣，譬则力也。由射于百步之外也，其至，尔力也；其中，非尔力也。"因此孟子认为一个人的智慧好比技巧，圣德好比力量，犹如百步之外射箭，射到是由于你的力量；射中不仅仅是由于你的力量，而孔子是既能射到又能射中的既巧且圣的人。因而在朱熹《孟子集注·万章下》注云："三子则力有余而巧不足，是以一节虽至于圣，而智不足以及乎时中也。""三子"指伯夷、叔齐、柳下惠。朱熹认为孔子"巧力俱全，而圣智兼备"，而三子各偏至一个方面，犹如春、夏、秋、冬各一其时，而孔子则大和元气之流行于四时。　②柳下惠：姓展，名获，字禽，春秋时期鲁国（今山东曲阜）人。鲁国贤大夫，食邑在柳下，谥曰惠。

【287】先生曰："'先天而天弗违'①，天即良知也；'后天而奉天时'②，良知即天也。"

[注释]①先天而天弗违：其意谓能行先天之道，因此天也不违背他。语出《周易·乾卦·文言》。　②后天而奉天时：其意谓后于天道而行事，却能顺应四序天时。语出《周易·乾卦·文言》。

【288】"良知只是个是非之心，是非只是个好恶，只好恶就尽了是非，只是非就尽了万事万变。"又曰："是非两字，是个大规矩，巧处则存乎其人。"

【289】"圣人之知如青天之日,贤人如浮云天日,愚人如阴霾天日,虽有昏明不同,其能辨黑白则一。虽昏黑夜里,亦影影见得黑白,就是日之余光未尽处;困学功夫,亦只从这点明处精察去耳!"

【290】问:"知譬日①,欲譬云,云虽能蔽日,亦是天之一气合有的,欲亦莫非人心合有否?"先生曰:"喜、怒、哀、惧、爱、恶、欲,谓之七情。七者俱是人心合有的,但要认得良知明白。比如日光,亦不可指着方所②;一隙通明,皆是日光所在;虽云雾四塞,太虚中色象可辨,亦是日光不灭处,不可以云能蔽日,教天不要生云。七情顺其自然之流行,皆是良知之用,不可分别善恶,但不可有所着③;七情有着,俱谓之欲,俱为良知之蔽④;然才有着时,良知亦自会觉,觉即蔽去,复其体矣!此处能勘得破⑤,方是简易透彻功夫。"

[注释]①知譬日:良知就像太阳。 ②指着方所:固定在一个地方。③有所着:有所执着。 ④蔽:障碍。 ⑤勘得破:琢磨透彻。

【291】问:"圣人生知安行是自然的,如何有甚功夫?"先生曰:"知行二字即是功夫,但有浅深难易之殊耳。良知原是精精明明的,如欲孝亲,生知安行的只是依此良知,实落尽孝而已;学知利行者只是时时省觉,务要依此良知尽孝而已;至于困知勉行者,蔽锢已深,虽要依此良知去孝,又为私欲所阻,是以不能,必须加人一己百、人十己千之功,方能依此良知以尽其孝。圣人虽是生知安行,

然其心不敢自是，肯做困知勉行的功夫。困知勉行的，却要思量做生知安行的事，怎生成得？"

【292】问："乐是心之本体，不知遇大故于哀哭时，此乐还在否？"先生曰："须是大哭一番方乐，不哭便不乐矣。虽哭，此心安处即是乐也，本体未尝有动。"

【293】问："良知一而已：文王作《彖》①，周公系《爻》②，孔子赞《易》③，何以各自看理不同？"先生曰："圣人何能拘得死格？大要出于良知同，便各为说何害？且如一园竹，只要同此枝节，便是大同。若拘定枝枝节节，都要高下大小一样，便非造化妙手矣。汝辈只要去培养良知。良知同，更不妨有异处。汝辈若不肯用功，连笋也不曾抽得，何处去论枝节？"

[注释]①《彖(tuàn)》：指《彖辞》，又称《卦辞》。相传伏羲画八卦，文王作六十四卦之卦辞，以释每卦之义。　②爻：指《爻辞》，说明《易》六十四卦中各爻要义的文辞。　③孔子赞《易》：相传孔子作《十翼》，以阐明《易》之本义，即《易传》。或谓《十翼》非出孔子之手。赞：赞述，撰写。

【294】乡人有父子讼狱，请诉于先生，侍者欲阻之。先生听之，言不终辞，其父子相抱恸哭而去。柴鸣治入问曰①："先生何言，致伊感悔之速？"先生曰："我言舜是世间大不孝的子，瞽瞍是世间大慈的父。"鸣治愕然请问。先生曰："舜常自以为大不孝，所以能孝。瞽瞍常自以为大慈，所以不能慈。瞽瞍只记得舜是我提孩长的，今何不曾

豫悦我,不知自心已为后妻所移了,尚谓自家能慈,所以愈不能慈。舜只思父提孩我时如何爱我,今日不爱,只是我不能尽孝,日思所以不能尽孝处,所以愈能孝。及至瞽瞍底豫时②,又不过复得此心原慈的本体。所以后世称舜是个古今大孝的子,瞽瞍亦做成个慈父。"

[注释]①柴鸣治:生平事迹不详。王阳明弟子。 ②底豫:得到欢乐。

【295】先生曰:"孔子有鄙夫来问,未尝先有知识以应之,其心只空空而已;但叩他自知的是非两端①,与之一剖决②,鄙夫之心便已了然。鄙夫自知的是非,便是他本来天则,虽圣人聪明,如何可与增减得一毫?他只不能自信,夫子与之一剖决,便已竭尽无余了。若夫子与鄙夫言时,留得些子知识在,便是不能竭他的良知,道体即有二了。"

[注释]①"孔子有鄙夫来问"四句:《论语·子罕》云:"子曰:'吾有知乎哉?无知也。有鄙夫问于我,空空如也。我叩其两端而竭焉。'"其意谓我从他所问事物的始末加以询问,然后尽可能尽我所知告诉他。鄙夫:乡下人。两端:指事物的始终、本末等相对的两个方面。竭:尽。 ②剖决:分析,解决。

【296】先生曰:"'烝烝乂,不格奸'①,本注说象已进进于乂②,不至大为奸恶。舜征庸后③,象犹日以杀舜为事,何大奸恶如之!舜只是自进于乂,以乂薰烝④,不去正他奸恶。凡文过掩慝,此是恶人常态,若要指摘他是非,反去激他恶性。舜初时致得象要杀己,亦是要象好的心太

急,此就是舜之过处。经过来,乃知功夫只在自己,不去责人,所以致得'克谐',此是舜'动心忍性,增益不能'处⑤。古人言语,俱是自家经历过来,所以说得亲切;遗之后世,曲当人情⑥。若非自家经过,如何得他许多苦心处?"

[注释]①烝烝乂(yì),不格奸:《尚书·尧典》云:"克谐以孝,烝烝乂,不格奸。"意谓舜能以至孝使全家和睦相处,以其淳厚善良去熏染感化其兄象,不使傲狠的象作奸犯科。烝烝:热气升腾的样子。乂:淳厚善良。 ②本注说象已进进于乂:宋蔡沈(1167—1230)《书集传》注云:"谐,和。烝,进也。言舜不幸遭此,而能和以孝,使之进进以善自治,而不至于大为奸恶也。" ③征庸:征召任用。《尚书·舜典》云:"舜生三十征庸,二十在位。"其意谓舜三十岁时被征召任用,居官二十年后继承皇位。 ④薰烝:感化。 ⑤动心忍性:震撼其心,坚韧其性。《孟子·告子下》云:"故天将降大任于是人也,必先苦其心志,劳其筋骨,饿其体肤,空乏其身,行拂乱其所为。所以动心忍性,曾益其所不能。"曾:通"增"。 ⑥曲当人情:经过变通仍然合乎人情。

【297】先生曰:"古乐不作久矣。今之戏子,尚与古乐意思相近。"未达,请问。先生曰:"《韶》之九成①,便是舜的一本戏子。《武》之九变②,便是武王的一本戏子。圣人一生实事,俱播在乐中。所以有德者闻之,便知他尽善尽美与尽美未尽善处③。若后世作乐,只是做些词调,于民俗风化绝无关涉,何以化民善俗?今要民俗反朴还淳,取今之戏子,将妖淫词调俱去了,只取忠臣孝子故事,使愚俗百姓人人易晓,无意中感激他良知起来,却于风化有益。然后古乐渐次可复矣。"曰:"洪要求元声不可得④,恐于古乐亦难复。"先生曰:"你说元声在何处求?"对曰:"古

人制管候气,恐是求元声之法。"先生曰:"若要去葭灰黍粒中求元声,却如水底捞月,如何可得? 元声只在你心上求。"曰:"心如何求?"先生曰:"古人为治,先养得人心和平,然后作乐。比如在此歌诗,你的心气和平,听者自然悦怿兴起,只此便是元声之始。《书》云'诗言志'⑤,志便是乐的本。'歌永言',歌便是作乐的本。'声依永,律和声',律只要和声,和声便是制律的本。何尝求之于外?"曰:"古人制候气法,是意何取?"先生曰:"古人具中和之体以作乐。我的中和,原与天地之气相应;候天地之气,协凤凰之音,不过去验我的气果和否。此是成律已后事,非必待此以成律也。今要候灰管,先须定至日⑥。然至日子时,恐又不准,又何处取得准来?"

[注释]①《韶》之九成:《韶》:舜时乐曲名,歌颂舜帝的德治教化。九成:乐一终为一成,即九乐章。《尚书·益稷》云:"《箫韶》九成,凤凰来仪。"仪:成双成对。 ②《武》之九变:《武》:周初乐曲,歌咏武王安定天下。九变:即九成,一个乐章演奏完毕转入下一乐章称为变。《周礼·春官宗伯下》云:"若乐九变,则人鬼可得而礼矣。" ③尽善尽美:歌曲的善与美皆无以复加。善是就音乐的内涵而言,美是就音乐的形式而言。《论语·八佾》云:"子谓《韶》,尽美矣,又尽善也;谓《武》,尽美矣,未尽善也。" ④洪:即钱德洪。元声:古代的一种声律制度,古人定十二律,将一个八度分成十二个不完全相等的半音,以黄钟律为标准音,因称黄钟为元声。 ⑤诗言志:诗歌表达人的思想情志。《尚书·舜典》云:"诗言志,歌永言,声依永,律和声。" ⑥至日:冬至。

【298】先生曰:"学问也要点化①,但不如自家解化者,自一了百当②。不然,亦点化许多不得。"

[注释]①点化:道教或佛教用语。此指启发、开导。 ②一了百当:彻

底妥当。

【299】"孔子气魄极大,凡帝王事业,无不一一理会,也只从那心上来。譬如大树有多少枝叶,也只是根本上用得培养功夫,故自然能如此,非是从枝叶上用功做得根本也。学者学孔子,不在心上用功,汲汲然去学那气魄①,却倒做了②。"

[注释]①汲汲:不停地。 ②倒做:颠倒。此指功夫做颠倒了。

【300】"人有过,多于过上用功,就是补甑①,其流必归于文过②。"

[注释]①补甑:补已损坏的甑。甑:古代蒸饭的瓦器。 ②文过:文过饰非。

【301】"今人于吃饭时,虽无一事在前,其心常役役不宁①,只缘此心忙惯了,所以收摄②不住。"

[注释]①役役:劳苦不息的样子。 ②收摄:管束。

【302】"琴、瑟简编①,学者不可无。盖有业以居之,心就不放②。"

[注释]①简编:书籍。 ②放:放纵。

【303】先生叹曰:"世间知学的人,只有这些病痛打不破①,就不是善与人同②。"崇一曰:"这病痛只是个好高不能忘己尔。③"

[注释]①打不破:此指改不掉。 ②善与人同:《孟子·公孙丑上》云:"大舜有大焉,善与人同。舍己从人,乐取于人以为善。"有:通"又"。其意谓舜更伟大,向别人的优点看齐。改掉自己的缺点,吸取别人的优点,还乐于听取学习别人认为的优点。 ③好高不能忘己:好高骛远而不能舍己从人。

【304】问:"良知原是中和的,如何却有过不及?"先生曰:"知得过不及处,就是中和。"

【305】"'所恶于上',是良知;'毋以使下①',即是致知。"

[注释]①"所恶于上"三句:《大学》云:"所恶于上,毋以使下;所恶于下,毋以事上。"其意谓对上级的所作所为感到厌恶,就不要以此对待下属;对下级的所作所为感到厌恶,就不要以此对待上级。

【306】先生曰:"苏秦、张仪之智也①,是圣人之资。后世事业文章,许多豪杰名家,只是学得仪、秦故智②。仪、秦学术善揣摸人情,无一些不中人肯綮③,故其说不能穷。仪、秦亦是窥见得良知妙用处,但用之于不善尔。"

[注释]①苏秦:字季子,战国时洛阳人。游说秦、赵等六国合纵抗秦。张仪:战国时魏人。相秦惠王,以连衡之策游说六国,破苏秦合纵之策。 ②故智:路数。 ③肯綮:关键,枢纽。

【307】或问"未发已发"。先生曰:"只缘后儒将未发已发分说了,只得劈头说个无未发已发,使人自思得之。若说有个已发未发,听者依旧落在后儒见解。若真见得无未发已发,说个有未发已发,原不妨,原有个未发已发

在。"问曰:"未发未尝不和,已发未尝不中;譬如钟声,未扣不可谓无,既扣不可谓有,毕竟有个扣与不扣,何如?"先生曰:"未扣时原是惊天动地,既扣时也只是寂天寞地。"

【308】问:"古人论性,各有异同,何者乃为定论?"先生曰:"性无定体,论亦无定体,有自本体上说者,有自发用上说者,有自源头上说者,有自流弊处说者。总而言之,只是一个性,但所见有浅深尔。若执定①一边,便不是了。性之本体原是无善无恶的,发用上也原是可以为善,可以为不善的,其流弊也原是一定善一定恶的。譬如眼,有喜时的眼,有怒时的眼,直视就是看的眼,微视就是觑的眼②。总而言之,只是这个眼,若见得怒时眼,就说未尝有喜的眼,见得看时眼,就说未尝有觑的眼,皆是执定,就知是错。孟子说性③,直从源头上说来,亦是说个大概如此。荀子性恶之说④,是从流弊上说来,也未可尽说他不是,只是见得未精耳。众人则失了心之本体。"问:"孟子从源头上说性,要人用功在源头上明彻;荀子从流弊说性,功夫只在末流上救正,便费力了。"先生曰:"然。"

[注释]①执定:固执坚持。 ②觑:窥视。 ③孟子说性:孟子认为人性本善。《孟子·告子上》云:"人性之善也,犹水之就下也。人无有不善,水无有不下。" ④荀子性恶之说:荀子认为人性本恶。《荀子·性恶篇》云:"人之性恶,其善者伪也。"

【309】先生曰:"用功到精处,愈着不得言语,说理愈

难。若着意在精微上,全体功夫反蔽泥了。①"

[注释]①蔽泥:壅塞拘泥。

【310】"杨慈湖不为无见①,又着在无声无臭上见了。"

[注释]①杨慈湖:杨简,字敬仲,号慈湖。浙江慈溪人。曾任知县,官至宝谟阁学士。陆九渊门人,南宋理学家。学重本心,发展了陆九渊心学。

【311】"人一日间,古今世界都经过一番,只是人不见耳。夜气清明时,无视无听,无思无作,淡然平怀,就是羲皇世界①。平旦时②,神清气朗,雍雍穆穆③,就是尧、舜世界。日中以前,礼仪交会,气象秩然,就是三代世界④。日中以后,神气渐昏,往来杂扰,就是春秋、战国世界。渐渐昏夜,万物寝息,景象寂寥,就是人消物尽世界。学者信得良知过,不为气所乱,便常做个羲皇已上人。"

[注释]①羲皇:伏羲。 ②平旦:清晨,平明。 ③雍雍穆穆:和谐温润。 ④三代:夏、商、周三个朝代的合称。

【312】薛尚谦、邹谦之、马子莘、王汝止侍坐①,因叹先生自征宁藩已来②,天下谤议益众,请各言其故。有言先生功业势位日隆,天下忌之者日众;有言先生之学日明,故为宋儒争是非者亦日博;有言先生自南都以后③,同志信从者日众,而四方排阻者日益力。先生曰:"诸君之言,信皆有之,但吾一段自知处,诸君俱未道及耳。"诸友请问。先生曰:"我在南都已前,尚有些子乡愿的意思在④。我今信得这良知真是真非,信手行去,更不着些覆藏⑤。

我今才做得个狂者的胸次,使天下之人都说我行不掩言也罢。"尚谦出,曰:"信得此过,方是圣人的真血脉。"

[注释]①王汝止:即王艮,初名银,王阳明改其名为艮,字汝止,号心斋,泰州安丰场(今江苏东台)人,人称王泰州。阳明弟子,传播心学,创立传承阳明心学的泰州学派。著作被编为《王心斋先生遗集》 ②征宁藩:正德十四年(1519),宁王朱宸濠反,王阳明无一兵一卒,而充分发挥其智慧,仅用四十二天时间即平定叛乱,并生擒朱宸濠。 ③自南都以后:指正德九年(1514)以后。正德九年,阳明在南京讲授心学,信徒越来越多。南都:即今南京。 ④乡愿:指貌似谨厚而实与流俗合污的伪善者。《论语·阳货》云:"乡原,德之贼也。"贼:残害。 ⑤覆藏:隐藏。

【313】先生锻炼人处,一言之下,感人最深。一日,王汝止出游归,先生问曰:"游何见?"对曰:"见满街人都是圣人。"先生曰:"你看满街人是圣人,满街人到看你是圣人在。"又一日,董萝石出游而归①,见先生曰:"今日见一异事。"先生曰:"何异?"对曰:"见满街人都是圣人。"先生曰:"此亦常事耳,何足为异?"盖汝止圭角未融②,萝石恍见有悟,故问同答异,皆反其言而进之。洪与黄正之、张叔谦、汝中丙戌会试归③,为先生道途中讲学,有信有不信。先生曰:"你们拿一个圣人去与人讲学,人见圣人来,都怕走了,如何讲得行!须做得个愚夫愚妇,方可与人讲学。"洪又言:"今日要见人品高下最易。"先生曰:"何以见之?"对曰:"先生譬如泰山在前,有不知仰者,须是无目人。"先生曰:"泰山不如平地大,平地有何可见?"先生一言剪裁,剖破终年为外好高之病④,在座者莫不悚惧。

[注释]①董萝石:即董沄,字复宗,号萝石,晚号从吾道人,浙江海盐人。擅长诗文。王阳明弟子。　②圭角未融:意谓锋芒尚露。圭角:圭的棱角,此处指锋芒。圭:玉制的礼器。　③张叔谦:名元冲,字叔谦,号浮峰,山阴(浙江绍兴)人。嘉靖十七年(1538)进士,官至右副都御史。阳明弟子。丙戌:即嘉靖五年(1526)。　④剪裁:剪除。剖破:点破。好高:即好高骛远。

【314】癸未春①,邹谦之来越问学,居数日,先生送别于浮峰。是夕,与希渊诸友移舟宿延寿寺,秉烛夜坐。先生慨怅不已,曰:"江涛烟柳,故人倏在百里外矣!"一友问曰:"先生何念谦之之深也?"先生曰:"曾子所谓'以能问于不能,以多问于寡;有若无,实若虚;犯而不较'②,若谦之者,良近之矣③!"

[注释]①癸未:即嘉靖二年(1523)。　②"以能问于不能"五句:出于《论语·泰伯》。犯而不较:其意谓受到冒犯而不计较。较:计较。　③良近:很接近。

【315】丁亥年九月①,先生起复征思、田②,将命行时,德洪与汝中论学。汝中举先生教言曰:"无善无恶是心之体,有善有恶是意之动,知善知恶是良知,为善去恶是格物。"德洪曰:"此意如何?"汝中曰:"此恐未是究竟话头③。若说心体是无善无恶,意亦是无善无恶的意,知亦是无善无恶的知,物是无善无恶的物矣。若说意有善恶,毕竟心体还有善恶在。"德洪曰:"心体是天命之性,原是无善无恶的。但人有习心,意念上见有善恶在,格、致、诚、正、修,此正是复那性体功夫。若原无善恶,功夫亦不消说矣。"是夕侍坐天泉桥④,各举请正。先生曰:"我今将行,

正要你们来讲破此意。二君之见正好相资为用,不可各执一边。我这里接人原有此二种⑤:利根之人⑥,直从本源上悟入。人心本体原是明莹无滞的,原是个未发之中。利根之人一悟本体,即是功夫,人己内外,一齐俱透了。其次不免有习心在⑦,本体受蔽,故且教在意念上实落为善去恶。功夫熟后,渣滓去得尽时,本体亦明尽了。汝中之见,是我这里接利根人的;德洪之见,是我这里为其次立法的。二君相取为用,则中人上下皆可引入于道。若各执一边,眼前便有失人⑧,便于道体各有未尽。"既而曰:"已后与朋友讲学,切不可失了我的宗旨:无善无恶是心之体,有善有恶是意之动,知善知恶的是良知,为善去恶是格物,只依我这话头随人指点,自没病痛。此原是彻上彻下功夫。利根之人,世亦难遇,本体功夫,一悟尽透。此颜子、明道所不敢承当,岂可轻易望人⑨!人有习心,不教他在良知上实用为善去恶功夫,只去悬空想个本体,一切事为俱不着实,不过养成一个虚寂。此个病痛不是小小,不可不早说破。"是日德洪、汝中俱有省。

[注释]①丁亥:即嘉靖六年(1527)。 ②思、田:思恩和田州。思恩在今广西武鸣县,田州在今广西田阳县。 ③究竟:此指透彻。 ④天泉桥:王阳明府邸碧霞池上的一座桥。此夜天泉桥上的对话,被称为"天泉证道",而"无善无恶心之体"四句被称作王门四句教。 ⑤接人:引导人。 ⑥利根之人:天资极高之人。利根:佛教语,意谓慧性。 ⑦有习心在:心中存在各种习气。 ⑧便有失人:意谓有人与道失之交臂。 ⑨望人:指望他人。

钱德洪序

先生初归越时,朋友踪迹尚寥落,既后,四方来游者日进。癸未年已后①,环先生而居者比屋,如天妃、光相诸刹②,每当一室,常合食者数十人;夜无卧处,更相就席③;歌声彻昏旦。南镇、禹穴、阳明洞诸山④,远近寺刹,徒足所到,无非同志游寓所在。先生每临讲座,前后左右环坐而听者,常不下数百人,送往迎来,月无虚日;至有在侍更岁,不能遍记其姓名者。每临别,先生常叹曰:"君等虽别,不出在天地间,苟同此志,吾亦可以忘形似矣!"诸生每听讲出门,未尝不跳跃称快。尝闻之同门先辈曰:"南都以前,朋友从游者虽众,未有如在越之盛者。此虽讲学日久,孚信渐博⑤,要亦先生之学日进,感召之机申变无方⑥,亦自有不同也。"

[注释]①癸未:即嘉靖二年(1523)。 ②天妃、光相:佛寺名。或曰在绍兴府西南门内。 ③更相就席:轮流上床休息。 ④南镇:浙江会稽山的古称。阳明洞:阳明讲学之地,在会稽山。 ⑤孚信:诚信。 ⑥感召之机申变无方:感化学生的时机与阐述学说的方法。

此后黄以方录

【316】黄以方问:"'博学于文'①,为随事学存此天理;然则谓'行有余力,则以学文'②,其说似不相合。"先生曰:"《诗》、《书》、六艺皆是天理之发见,文字都包在其中,考之《诗》、《书》、六艺,皆所以学存此天理也。不特发见于事为者方为文耳。'余力学文',亦只'博学于文'中事。"

或问"学而不思"二句③。曰:"此亦有为而言,其实思即学也。学有所疑,便须思之。'思而不学'者,盖有此等人只悬空去思，要想出一个道理，却不在身心上实用其力，以学存此天理。思与学作两事做，故有'罔'与'殆'之病。其实思只是思其所学，原非两事也。"

[注释]①博学于文：广泛学习古代的文献典籍。语出《论语·雍也》。②行有余力，则以学文：《论语·学而》云："弟子入则孝，出则弟，谨而信，泛爱众，而亲仁。行有余力，则以学文。" ③"学而不思"二句：《论语·为政》云："子曰：'学而不思则罔，思而不学则殆。'"罔：通"惘"，茫然无知。殆：疑惑。

【317】先生曰："先儒解格物为格天下之物，天下之物如何格得？且谓一草一木亦皆有理①，今如何去格？纵格得草木来，如何反来诚得自家意？我解'格'作'正'字义，'物'作'事'字义。《大学》之所谓'身'，即耳、目、口、鼻、四肢是也。欲修身，便是要目非礼勿视，耳非礼勿听，口非礼勿言，四肢非礼勿动。要修这个身，身上如何用得工夫？心者身之主宰，目虽视而所以视者心也，耳虽听而所以听者心也，口与四肢虽言动而所以言动者心也。故欲修身在于体当自家心体，常令廓然大公，无有些子不正处。主宰一正，则发窍于目，自无非礼之视；发窍于耳，自无非礼之听；发窍于口与四肢，自无非礼之言动：此便是修身在正其心。然至善者，心之本体也。心之本体，那有不善？如今要正心，本体上何处用得功？必就心之发动处才可着力也。心之发动不能无不善，故须就此处着力，便是在诚意。如一念发在好善上，便实实落落去好善；一念发在恶恶上，便实实落落去恶恶。意之所发，既无不诚，则其本体如何有不正的？故欲正其心在诚意。工夫

到诚意，始有着落处。然诚意之本，又在于致知也。所谓'人虽不知，而己所独知'者②，此正是吾心良知处。然知得善，却不依这个良知便做去，知得不善，却不依这个良知便不做去，则这个良知便遮蔽了，是不能致知也。吾心良知既不得扩充到底，则善虽知好，不能着实好了；恶虽知恶，不能着实恶了，如何得意诚？故致知者，意诚之本也。然亦不是悬空的致知，致知在实事上格。如意在于为善，便就这件事上去为；意在于去恶，便就这件事上去不为。去恶固是格不正以归于正，为善则不善正了，亦是格不正以归于正也。如此，则吾心良知无私欲蔽了，得以致其极，而意之所发，好善去恶，无有不诚矣！诚意工夫，实下手处在格物也。若如此格物，人人便做得，'人皆可以为尧、舜'③，正在此也。"

[注释]①一草一木亦皆有理：语出《河南程氏遗书》卷十八。　②人虽不知，而己所独知：语出《大学》。其意谓一个人独处时，思虑所致心动之处，虽然别人不知道，但自己心中非常清楚。　③人皆可以为尧、舜：语出《孟子·告子下》。

【318】先生曰："众人只说格物要依晦翁①，何曾把他的说去用？我着实曾用来。初年与钱友同论做圣贤要格天下之物②，如今安得这等大的力量？因指亭前竹子，令去格看。钱子早夜去穷格竹子的道理，竭其心思，至于三日，便致劳神成疾。当初说他这是精力不足，某因自去穷格。早夜不得其理，到七日，亦以劳思致疾。遂相与叹圣贤是做不得的，无他大力量去格物了。及在夷中三年③，

颇见得此意思,乃知天下之物本无可格者。其格物之功,只在身心上做,决然以圣人为人人可到,便自有担当了。这里意思,却要说与诸公知道。"

[注释]①晦翁:朱熹号晦庵,晚号晦翁。 ②初年:据《王阳明年谱》为弘治五年(1492),阳明侍其父王华于北京,官署中多竹子,为体悟朱熹"格物致知"之说,取竹格其理。此即有名的"阳明格竹"。钱友:生平事迹不详,当为其好友。 ③夷中三年:指阳明被贬贵州龙场驿丞,前后在贵州凡三年。

【319】门人有言邵端峰论童子不能格物①,只教以洒扫应对之说。先生曰:"洒扫应对就是一件物,童子良知只到此,便教去洒扫应对,就是致他这一点良知了。又如童子知畏先生长者,此亦是他良知处。故虽嬉戏中见了先生长者,便去作揖恭敬,是他能格物以致敬师长之良知了。童子自有童子的格物致知。"又曰:"我这里言格物,自童子以至圣人,皆是此等工夫。但圣人格物,便更熟得些子,不消费力。如此格物,虽卖柴人亦是做得,虽公卿大夫以至天子,皆是如此做。"

[注释]①邵端峰:生平事迹不详,当为阳明弟子。

【320】或疑知行不合一,以"知之匪艰"二句为问。先生曰:"良知自知,原是容易的。只是不能致那良知,便是'知之匪艰,行之惟艰'①。"

[注释]①知之匪艰,行之惟艰:其意谓认知道理不难,而实践它却难。《尚书·说命中》云:"非知之艰,行之惟艰。"

【321】门人问曰:"知行如何得合一?且如《中庸》,言'博学之',又说个'笃行之',分明知行是两件。"先生曰:"博学只是事事学存此天理,笃行只是学之不已之意。"又问:"《易》'学以聚之',又言'仁以行之'①,此是如何?"先生曰:"也是如此。事事去学存此天理,则此心更无放失时,故曰'学以聚之',然常常学存此天理,更无私欲间断,此即是此心不息处,故曰'仁以行之'。"又问:"孔子言'知及之,仁不能守之'②,知行却是两个了。"先生曰:"说'及之'已是行了,但不能常常行,已为私欲间断,便是'仁不能守'。"又问:"心即理之说,程子云'在物为理',如何谓心即理?"先生曰:"在物为理,在字上当添一心字,此心在物则为理。如此心在事父则为孝,在事君则为忠之类。"先生因谓之曰:"诸君要识得我立言宗旨。我如今说个心即理是如何,只为世人分心与理为二,故便有许多病痛。如五伯攘夷狄,尊周室,都是一个私心,便不当理。人却说他做得当理,只心有未纯,往往悦慕其所为,要来外面做得好看,却与心全不相干。分心与理为二,其流至于伯道之伪而不自知。故我说个心即理,要使知心理是一个,便来心上做工夫,不去袭义于外,便是王道之真。此我立言宗旨。"又问:"圣贤言语许多,如何却要打做一个?"曰:"我不是要打做一个,如曰:'夫道,一而已矣。'又曰:'其为物不二,则其生物不测。'③天地圣人皆是一个,如何二得?"

[注释]①学以聚之:依靠学习积累知识。仁以行之:用仁德指导行动。《周易·乾卦·文言》云:"君子学以聚之,问以辩之,宽以居之,仁以行之。"

②知及之,仁不能守之:意谓以智取天下,不能以仁守之。《论语·卫灵公》云:"子曰:'知及之,仁不能守之,虽得之,必失之。'" ③其为物不二,则其生物不测:其意谓天地的法则纯一无二,其化育的万物却难以测度。《中庸》第二十六章云:"天地之道,可一言而尽也。其为物不贰,则其生物不测。"

【322】"心不是一块血肉,凡知觉处便是心,如耳目之知视听,手足之知痛痒,此知觉便是心也。"

【323】以方问曰:"先生之说'格物',凡《中庸》之'慎独'及'集义''博约'等说,皆为'格物'之事。"先生曰:"非也。'格物'即'慎独',即'戒惧'。至于'集义''博约',工夫只一般,不是以那数件都做'格物'底事。"

【324】以方问"尊德性"一条①。先生曰:"'道问学'即所以'尊德性'也。晦翁言'子静以尊德性诲人'②,某教人岂不是道问学处多了些子?'是分尊德性、道问学作两件。且如今讲习讨论,下许多工夫,无非只是存此心,不失其德性而已。岂有尊德性只空空去尊,更不去问学?问学只是空空去问学,更与德性无关涉?如此,则不知今之所以讲习讨论者,更学何事!"问"致广大"二句。曰:"'尽精微'即所以'致广大'也。'道中庸'即所以'极高明'也。盖心之本体自是广大底,人不能'尽精微',则便为私欲所蔽,有不胜其小者矣。故能细微曲折,无所不尽,则私意不足以蔽之,自无许多障碍遮隔处,如何广大不致?"又问:"精微还是念虑之精微,是事理之精微?"曰:"念虑之精微即事理之精微也。"

[注释]①尊德性:尊崇存养天生的本性。语出《中庸》第二十七章。②子静:陆九渊之字。

【325】先生曰:"今之论性者纷纷异同,皆是说性,非见性也。见性者无异同之可言矣。"

【326】问:"声、色、货、利,恐良知亦不能无。"先生曰:"固然。但初学用功,却须扫除荡涤,勿使留积,则适然来遇①,始不为累,自然顺而应之。良知只在声、色、货、利上用功,能致得良知精精明明,毫发无蔽,则声、色、货、利之交,无非天则流行矣②。"

[注释]①适然:偶然。 ②天则:天理。

【327】先生曰:"吾与诸公讲致知格物,日日是此,讲一二十年俱是如此。诸君听吾言,实去用功,见吾讲一番,自觉长进一番。否则,只作一场话说,虽听之亦何用?"

【328】先生曰:"人之本体常常是寂然不动的,常常是感而遂通的。未应不是先,已应不是后。"

【329】一友举"佛家以手指显出①,问曰:'众曾见否?'众曰:'见之。'复以手指入袖,问曰:'众还见否?'众曰:'不见。'佛说还未见性"。此义未明②。先生曰:"手指有见有不见,尔之见性常在。人之心神只在有睹有闻上驰骛③,不在不睹不闻上着实用功。盖不睹不闻是良知本

体。戒慎恐惧是致良知的功夫。学者时时刻刻常睹其所不睹，常闻其所不闻，工夫方有个实落处。久久成熟后，则不须着力，不待防检，而真性自不息矣。岂以在外者之闻见为累哉？"

[注释]①佛家：某佛教禅师，其事迹不详。 ②此义未明：指一友对此事不明白。 ③驰骛：驰骋。此处指用功。

【330】问："先儒谓'鸢飞鱼跃'①，与'必有事焉'同一活泼泼地。②"先生曰："亦是。天地间活泼泼地，无非此理，便是吾良知的流行不息，致良知便是'必有事'的工夫。此理非惟不可离，实亦不得而离也。无往而非道，无往而非工夫。"

[注释]①鸢飞鱼跃：《诗经·大雅·旱麓》云："鸢飞戾天，鱼跃于渊。"《中庸》第十二章云："'鸢飞戾天，鱼跃于渊'，言其上下察也。"其意谓鸢鸟飞到天空，鱼儿跃入深渊，比喻中庸之道上至天空、下至大地皆能洞察。 ②《二程遗书》卷三程颐云："此一段（上引《中庸》语）子思吃紧为人处，与'必有事焉而勿正心'之意同，活泼泼地。"程颐认为鸟飞到天空、鱼儿跃入深渊所体现出来的道理与人们致良知的"必有事焉"一样"活泼泼地"。

【331】先生曰："诸公在此，务要立个必为圣人之心，时时刻刻，须是一棒一条痕，一掴一掌血①，方能听吾说话句句得力。若茫茫荡荡度日②，譬如一块死肉，打也不知得痛痒，恐终不济事。回家只寻得旧时伎俩而已③，岂不惜哉！"

[注释]①此语出自《朱子语类》。掴(guó)：用巴掌打。意谓做事必须痛

下决心,扎实有效。　②茫茫荡荡:空旷远大的样子。此意谓浑浑噩噩。③旧时伎俩:以前的老样子。

【332】问:"近来妄念也觉少,亦觉不曾着想定要如何用功,不知此是工夫否?"先生曰:"汝且去着实用功,便多这些着想也不妨,久久自会妥帖。若才下得些功,便说效验,何足为恃?"

【333】一友自叹:"私意萌时,分明自心知得,只是不能使他即去。"先生曰:"你萌时这一知处,便是你的命根。当下即去消磨,便是立命工夫。"

【334】"夫子说'性相近'①,即孟子说'性善',不可专在气质上说。若说气质,如刚与柔对,如何相近得?惟性善则同耳。人生初时,善原是同的。但刚的习于善则为刚善,习于恶则为刚恶;柔的习于善则为柔善,习于恶则为柔恶,便日相远了②。"

[注释]①性相近:《论语·阳货》云:"子曰:'性相近也,习相远也。'"②日相远了:日益"习相远"了。

【335】先生尝语学者曰:"心体上着不得一念留滞,就如眼着不得些子尘沙。些子能得几多?满眼便昏天黑地了。"又曰:"这一念不但是私念,便好的念头,亦着不得些子。如眼中放些金玉屑,眼亦开不得了。"

【336】问:"人心与物同体,如吾身原是血气流通的,所以谓之同体。若于人便异体了,禽兽草木益远矣,而何谓之同体?"先生曰:"你只在感应之几上看①,岂但禽兽草木,虽天地也与我同体的,鬼神也与我同体的。"请问。先生曰:"你看这个天地中间,甚么是天地的心②?"对曰:"尝闻人是天地的心。"曰:"人又甚么教做心?"对曰:"只是一个灵明。""可知充天塞地中间,只有这个灵明,人只为形体自间隔了。我的灵明,便是天地鬼神的主宰。天没有我的灵明,谁去仰他高?地没有我的灵明,谁去俯他深?鬼神没有我的灵明,谁去辩他吉凶灾祥?天地鬼神万物离却我的灵明,便没有天地鬼神万物了。我的灵明离却天地鬼神万物,亦没我的灵明。如此,便是一气流通的,如何与他间隔得?"又问:"天地鬼神万物,千古见在,何没了我的灵明,便俱无了?"曰:"今看死的人,他这些精灵游散了,他的天地万物尚在何处?"

[注释]①感应之几:微妙的感应。 ②天地的心:《礼记·礼运》云:"人者,天地之心也,五行之端也。"

【337】先生起行征思、田,德洪与汝中追送严滩①,汝中举佛家实相幻相之说②。先生曰:"有心俱是实,无心俱是幻;无心俱是实,有心俱是幻。"汝中曰:"有心俱是实,无心俱是幻,是本体上说工夫。无心俱是实,有心俱是幻,是工夫上说本体。"先生然其言。洪于是时尚未了达,数年用功,始信本体工夫合一。但先生是时因问偶谈,若吾儒指点人处,不必借此立言耳!

[注释]①严滩:地名,在浙江桐庐县西。一名七里滩。 ②实相幻相:佛教用语。《法华经·方便品》云:"佛所成就第一希有难解之法,唯佛与佛,乃能究尽诸法实相。"佛教认为实相即佛性,也是永恒不变的真实。《金刚般若波罗蜜经》云:"一切有为法,如梦幻泡影,如露亦如电,应作如是观。""有为法"指宇宙间万事万物的变化状态,即幻相,佛教认为幻相是不真实的、虚幻的。

【338】尝见先生送二三耆宿出门①,退坐于中轩,若有忧色。德洪趋进请问。先生曰:"顷与诸老论及此学,真圆凿方枘②。此道坦如道路,世儒往往自加荒塞,终身陷荆棘之场而不悔,吾不知其何说也!"德洪退,谓朋友曰:"先生诲人,不择衰朽③,仁人悯物之心也。"

[注释]①耆宿(qísù):有名望有学问的老年人。耆:六十岁以上之人。②圆凿方枘(ruì):圆凿指圆榫眼,方枘指方的榫头。圆孔不能容纳方榫头,两不相合。比喻彼此格格不入,意见不合。 ③不择衰朽:此谓不挑选对象。

【339】先生曰:"人生大病,只是一傲字。为子而傲必不孝,为臣而傲必不忠,为父而傲必不慈,为友而傲必不信:故象与丹朱俱不肖①,亦只一傲字,便结果了此生。诸君常要体此人心本是天然之理,精精明明,无纤介染着②,只是一无我而已;胸中切不可有,有即傲也。古先圣人许多好处,也只是无我而已,无我自能谦。谦者众善之基,傲者众恶之魁。"

[注释]①象:舜之弟。丹朱:尧之子,因其傲慢荒淫,尧不传其位而禅位于舜。 ②纤介:细微。

【340】又曰:"此道至简至易的,亦至精至微的。孔子曰:'其如示诸掌乎①!'且人于掌,何日不见?及至问他掌中多少文理,却便不知。即如我'良知'二字,一讲便明,谁不知得?若欲的见良知,却谁能见得?"问曰:"此知恐是无方体②,最难捉摸。"先生曰:"良知即是《易》,'其为道也屡迁,变动不居,周流六虚,上下无常,刚柔相易,不可为典要,惟变所适'③。此知如何捉摸得?见得透时便是圣人。"

[注释]①其如示诸掌乎:《中庸》第十九章云:"治国,其如示诸掌乎。"其意谓治理国家就如同把东西放在手掌上一样简单容易。　②方体:方向与形体。《周易·系辞上》云:"神无方而易无体。"　③"其为道也"七句:语出《周易·系辞下》。惟变所适:只有顺应其变化才能运用适当。

【341】问:"孔子曰:'回也,非助我者也。'①是圣人果以相助望门弟子否?"先生曰:"亦是实话。此道本无穷尽,问难愈多,则精微愈显。圣人之言,本自周遍②,但有问难的人胸中窒碍③,圣人被他一难,发挥得愈加精神。若颜子闻一知十④,胸中了然,如何得问难?故圣人亦寂然不动,无所发挥,故曰'非助'。"

[注释]①回也,非助我者也:出自《论语·先进》。　②周遍:严谨完备。③窒碍:障碍。此指疑惑。　④闻一知十:听到一件事就可以推知十件事。《论语·公冶长》云:"子谓子贡曰:'女与回也,孰愈?'对曰:'赐也何敢望回!回也闻一以知十,赐也闻一以知二。'子曰:'弗如也!吾与女弗如也。'"女:通"汝"。

【342】邹谦之尝语德洪曰:"舒国裳曾持一张纸,请先

生写'拱把之桐梓'一章①。先生悬笔为书,到'至于身而不知所以养之者',顾而笑曰:'国裳读书中过状元来,岂诚不知身之所以当养?还须诵此以求警?'一时在侍诸友皆惕然。"

[注释]①拱把之桐梓:此句指桐树与梓树尚小,一两把即可握住。《孟子·告子上》云:"孟子曰:'拱把之桐梓,人苟欲生之,皆知所以养之者。至于身,而不知所以养之者,岂爱身不若桐梓哉?弗思甚也。'"拱:两手合围。把:一手握住。桐梓:桐树与梓树。

钱 德 洪 跋

嘉靖戊子冬①,德洪与王汝中奔师丧,至广信②,讣告同门,约三年收录遗言。继后同门各以所记见遗。洪择其切于问正者,合所私录,得若干条。居吴时③,将与《文录》并刻矣,适以忧去,未遂。当是时也,四方讲学日众,师门宗旨既明,若无事于赘刻者,故不复萦念。

去年,同门曾子才汉得洪手抄④,复傍为采辑,名曰《遗言》,以刻行于荆⑤。洪读之,觉当时采录未精,乃为删其重复,削去芜蔓,存其三之一,名曰《传习续录》,复刻于宁国之水西精舍⑥。今年夏,洪来游蕲⑦,沈君思畏曰⑧:"师门之教久行于四方,而独未及于蕲。蕲之士得读《遗言》,若亲炙夫子之教;指见良知,若重睹日月之光。惟恐传习之不博,而未以重复之为繁也。请裒其所逸者增刻之⑨,若何?"洪曰:"然师门'致知格物'之旨,开示来学;学者躬修默悟,不敢以知解承,而惟以实体得,故吾师终日言是,而不惮其烦;学者终日听是,而不厌其数;盖指示专一则体悟日精,几迎于言前⑩,神发于言外,感遇之诚也。今吾师之殁未及三纪⑪,而格言微旨渐觉沦晦⑫,岂非吾党身践之不力,多言有以病之耶?学者之趋不一,师门之教不宣也。"乃复取逸稿,采其语之不背者,得一卷;其余影响不真,与《文录》既载者,皆削之,并易中卷为问答语,以付黄梅尹张君增刻之⑬。庶几读者不以知解承而惟以实体得,则无疑于是录矣!

嘉靖丙辰夏四月,门人钱德洪拜书于蕲之崇正书院。

[注释]①嘉靖戊子:即嘉靖七年(1528)。此年冬,阳明病故于归乡途中。 ②广信:即广信府,治所在今江西上饶。 ③吴:今江苏苏州。 ④曾子才汉:曾才汉,生平事迹不详。阳明弟子。 ⑤荆:今湖北江陵县治。 ⑥宁国:今安徽宁国。精舍:儒家讲学之地。后亦指出家人修炼之地为精舍。 ⑦蕲:今湖北蕲春。 ⑧沈君思畏:即沈宠,字思畏,号古林,安徽宣城人。就学于欧阳德与王畿,阳明再传弟子。 ⑨裒:搜集。 ⑩几迎于言前:往往先生还没有讲析,学生已经领悟。 ⑪三纪:一纪为十二年。从嘉靖七年(1528)阳明病故至嘉靖三十五年(1556)前后为二十九年,近三十年,故曰"未及三纪"。 ⑫沦晦:昏暗不明。 ⑬黄梅:今湖北黄梅县。尹:县令。张君:事迹不详。

〔附录〕朱子晚年定论

《定论》首刻于南赣。朱子病目静久，忽悟圣学之渊薮，乃大悔中年注述误己误人，遍告同志。师阅之，喜己学与晦翁同，手录一卷，门人刻行之。自是为朱子论异同者寡矣。师曰："无意中得此一助！"隆庆壬申，虬峰谢君廷杰刻师《全书》，命刻《定论》附《语录》后，见师之学与朱子无相谬戾，则千古正学同一源矣。并师首叙与袁庆麟跋凡若干条，洪僭引其说。

朱子晚年定论

阳明子序曰：

洙、泗之传，至孟氏而息；千五百余年，濂溪、明道始复追寻其绪；自后辨析日详，然亦日就支离决裂，旋复湮晦。吾尝深求其故，大抵皆世儒之多言有以乱之。

守仁早岁业举，溺志词章之习，既乃稍知从事正学，而苦于众说之纷扰疲苶①，茫无可入，因求诸老、释，欣然有会于心，以为圣人之学在此矣！然于孔子之教间相出入，而措之日用，往往缺漏无

---

① 苶：音 nié，疲倦貌。

归，依违往返，且信且疑。其后谪官龙场，居夷处困，动心忍性之余，恍若有悟，体验探求，再更寒暑，证诸"五经""四子"，沛然若决江河而放诸海也。然后叹圣人之道坦如大路，而世之儒者妄开窦径，蹈荆棘，堕坑堑，究其为说，反出二氏之下。宜乎世之高明之士厌此而趋彼也！此岂二氏之罪哉！间尝以语同志，而闻者竞相非议，目以为立异好奇。虽每痛反深抑，务自搜剔斑瑕，而愈益精明的确，洞然无复可疑。独于朱子之说有相抵牾，恒疚于心，切疑朱子之贤，而岂其于此尚有未察？及官留都，复取朱子之书而检求之，然后知其晚岁固已大悟旧说之非，痛悔极艾，至以为自诳诳人之罪，不可胜赎。世之所传《集注》《或问》之类，乃其中年未定之说，自咎以为旧本之误，思改正而未及，而其诸《语类》之属，又其门人挟胜心以附己见，固于朱子平日之说犹有大相谬戾者，而世之学者局于见闻，不过持循讲习于此。其余悟后之论，概乎其未有闻，则亦何怪乎予言之不信，而朱子之心无以自暴于后世也乎？

予既自幸其说之不谬于朱子，又喜朱子之先得我心之同然，且慨夫世之学者徒守朱子中年未定之说，而不复知求其晚岁既悟之论，竞相呶呶，以乱正学，不自知其已入于异端。辄采录而裒集之，私以示夫同志，庶几无疑于吾说，而圣学之明可冀矣！

正德乙亥冬十一月朔，后学余姚王守仁序。

答黄直卿书

为学直是先要立本。文义却可且与说出正意，令其宽心玩味；未可便令考校同异，研究纤密，恐其意思促迫，难得长进。将来见得大意，略举一二节目渐次理会，盖未晚也。此是向来定本之误。今幸见得，却烦勇革。不可苟避讥笑，却误人也。

答吕子约

日用功夫,比复何如?文字虽不可废,然涵养本原而察于天理人欲之判,此是日用动静之间,不可顷刻间断底事。若于此处见得分明,自然不到得流入世俗功利权谋里去矣。熹亦近日方实见得向日支离之病,虽与彼中证候不同,然忘己逐物,贪外虚内之失,则一而已。程子说"不得以天下万物挠己,已立后自能了得天下万物",今自家一个身心不知安顿去处,而谈王说伯,将经世事业别作一个伎俩商量讲究,不亦误乎!相去远,不得面论。书问终说不尽,临风叹息而已。

答何叔京

前此僭易拜禀博观之敝,诚不自揆。乃蒙见是,何幸如此!然观来谕,似有未能遽舍之意,何邪?此理甚明,何疑之有?若使道可以多闻博观而得,则世之知道者为不少矣。熹近日因事方有少省发处,如"鸢飞鱼跃",明道以为与"必有事焉勿正"之意同者,乃今晓然无疑。日用之间,观此流行之体,初无间断处,有下工夫处。乃知日前自诳诳人之罪,盖不可胜赎也。此与守书册,泥言语,全无交涉。幸于日用间察之,知此则知仁矣。

答潘叔昌

示喻"天上无不识字底神仙",此论甚中一偏之弊。然亦恐只学得识字,却不曾学得上天,即不如且学上天耳。上得天了,却旋学上天人,亦不妨也。中年以后,气血精神能有几何?不是记故事时节。熹以目昏，不敢着力读书。闲中静坐，收敛身心，颇觉得力。间起看书，聊复遮眼，遇有会心处，时一喟然耳！

答潘叔度

熹衰病，今岁幸不至剧，但精力益衰，目力全短，看文字不得，冥目静坐，却得收拾放心。觉得日前外面走作不少，颇恨盲废之不早也。看书鲜识之喻，诚然。然严霜大冻之中，岂无些小风和日暖意思？要是多者胜耳！

与吕子约

孟子言"学问之道，惟在求其放心"，而程子亦言"心要在腔子里"。今一向耽着文字，令此心全体都奔在册子上，更不知有己。便是个无知觉不识痛痒之人，虽读得书，亦何益于吾事邪？

与周叔谨

应之甚恨未得相见，其为学规模次第如何？近来吕、陆门人互相排斥，此由各徇所见之偏，而不能公天下之心以观天下之理，甚觉不满人意。应之盖尝学于两家，未知其于此看得果如何？因话扣之，因书谕及为幸也。熹近日亦觉向来说话有大支离处，反身以求，正坐自己用功亦未切耳。因此减去文字工夫，觉得闲中气象甚适。每劝学者且亦看《孟子》"道性善""求放心"两章，着实体察收拾为要。其余文字，且大概讽诵涵养，未须大段着力考索也。

答陆象山

熹衰病日侵,去年灾患亦不少,比来病躯方似略可支吾。然精神耗减,日甚一日,恐终非能久于世者。所幸迩来日用工夫颇觉有力,无复向来支离之病。甚恨未得从容面论。未知异时相见,尚复有异同否耳?

答符复仲

闻向道之意甚勤。向所喻义利之间,诚有难择者。但意所疑,以为近利者,即便舍去可也。向后见得亲切,却看旧事,又有见未尽舍未尽者,不解有过当也。见陆丈回书,其言明当,且就此持守,自见功效,不须多疑多问,却转迷惑也。

答吕子约

日用工夫,不敢以老病而自懈。觉得此心操存舍亡,只在反掌之间。向来诚是太涉支离。盖无本以自立,则事事皆病耳。又闻讲授亦颇勤劳,此恐或有未便。今日正要清源正本,以察事变之几微,岂可一向汩溺于故纸堆中,使精神昏弊,失后忘前,而可以谓之学乎?

与吴茂实

近来自觉向时工夫,止是讲论文义,以为积集义理,久当自有得力处,却于日用工夫全少检点。诸朋友往往亦只如此做工夫,所以多不得力。今方深省而痛惩之,亦欲与诸同志勉焉。幸老兄遍以告之也。

答张敬夫

熹穷居如昨,无足言者。自远去师友之益,兀兀度日。读书反己,固不无警省处,终是旁无强辅,因循汩没,寻复失之。近日一种向外走作,心悦之而不能自已者,皆准止酒例,戒而绝之,似觉省事。此前辈所谓"下士晚闻道,聊以拙自修"者,若充扩不已,补复前非,庶其有日。旧读《中庸》"慎独"、《大学》"诚意""毋自欺"处,常苦求之太过,措词烦猥。近日乃觉其非,此正是最切近处,最分明处。乃舍之而谈空于冥漠之间,其亦误矣。方窃以此意痛自检勒,懔然度日,惟恐有息而失之也。至于文字之间,亦觉向来病痛不少。盖平日解经最为守章句者,然亦多是推衍文义,自做一片文字。非惟屋下架屋,说得意味淡薄,且是使人看者将注与经作两项功夫。做了下梢,看得支离,至于本旨,全不相照。以此方知汉儒可谓善说经者,不过只说训诂,使人以此训诂玩索经文。训诂经文不相离异,只做一道看了,直是意味深长也。

答吕伯恭

道间与季通讲论,因悟向来涵养工夫全少,而讲说又多强探,必取寻流逐末之弊。推类以求,众病非一,而其源皆在此,恍然自失,似有顿进之功。若保此不懈,庶有望于将来。然非如近日诸贤所谓顿悟之机也。向来所闻诲谕诸说之未契者,今日细思,吻合无疑。大抵前日之病,皆是气质躁妄之偏,不曾涵养克治、任意直前之弊耳。

答周纯仁

闲中无事，固宜谨出，然想亦不能一并读得许多。似此专人来往劳费，亦是未能省事，随寓而安之病。又如多服燥热药，亦使人血气偏胜，不得和平，不但非所以卫生，亦非所以养心。窃恐更须深自思省，收拾身心，渐令向里，令宁静闲退之意胜，而飞扬燥扰之气消，则治心养气、处世接物自然安稳，一时长进，无复前日内外之患矣。

答窦文卿

为学之要，只在着实操存，密切体认，自己身心上理会。切忌轻自表襮，引惹外人辩论，枉费酬应，分却向里工夫。

答吕子约

闻欲与二友俱来而复不果，深以为恨。年来觉得日前为学不得要领，自做身主不起，反为文字夺却精神，不是小病。每一念之，惕然自惧，且为朋友忧之。而每得子约书，辄复恍然，尤不知所以为贤者谋也。且如临事迟回，瞻前顾后，只此亦可见得心术影子。当时若得相聚一番，彼此极论，庶几或有剖决之助。今又失此机会，极令人怅恨也！训导后生，若说得是，当极有可自警省处，不会减人气力。若只如此支离，漫无统纪，则虽不教后生，亦只见得展转迷惑，无出头处也。

答 林 择 之

熹哀苦之余,无他外诱,日用之间,痛自敛饬,乃知敬字之功亲切要妙乃如此。而前日不知于此用力,徒以口耳浪费光阴,人欲横流,天理几灭。今而思之,怛然震悚,盖不知所以措其躬也。

又

此中见有朋友数人讲学,其间亦难得朴实头负荷得者。因思日前讲论,只是口说,不曾实体于身,故在己在人,都不得力。今方欲与朋友说日用之间,常切点检气习偏处、意欲萌处,与平日所讲相似与不相似,就此痛着功夫,庶几有益。陆子寿兄弟.近日议论,却肯向讲学上理会。其门人有相访者,气象皆好。但其间亦有旧病。此间学者却是与渠相反,初谓只如此讲学,渐涵自能入德。不谓末流之弊只成说话,至于人伦日用最切近处,亦都不得毫毛气力。此不可不深惩而痛警也!

答 梁 文 叔

近看《孟子》见人即道性善,称尧、舜,此是第一义。若于此看得透,信得及,直下便是圣贤,便无一毫人欲之私做得病痛。若信不及,孟子又说个第二节工夫,又只引成覸、颜渊、公明仪三段说话教人如此,发愤勇猛向前,日用之间,不得存留一毫人欲之私在这里,此外更无别法。若于此有个奋迅兴起处,方有田地可下功夫。不然,即是画脂镂冰,无真实得力处也。近日见得如此,自觉颇得力,与前日不同,故此奉报。

答潘叔恭

学问根本在日用间,持敬集义工夫,直是要得念念省察。读书求义,乃其间之一事耳。旧来虽知此意,然于缓急之间,终是不觉有倒置处,误人不少。今方自悔耳!

答林充之

充之近读何书?恐更当于日用之间为人之本者,深加省察,而去其有害于此者为佳。不然,诵说虽精,而不践其实,君子盖深耻之。此固充之平日所讲闻也。

答何叔景

李先生教人,大抵令于静中体认大本未发时气象分明,即处事应物,自然中节。此乃龟山门下相传指诀,然当时亲炙之时,贪听讲论,又方窃好章句训诂之习,不得尽心于此。至今若存若亡,无一的实见处,辜负教育之意。每一念此,未尝不愧汗沾衣也。

又

熹近来尤觉昏愦无进步处。盖缘日前偷堕苟简,无深探力行之志,凡所论说,皆出入口耳之余,以故全不得力。今方觉悟,欲勇革旧习,而血气已衰,心志亦不复强,不知终能有所济否?

又

　　向来妄论"持敬"之说,亦不自记其云何。但因其良心发现之微,猛省提撕,使心不昧,则是做工夫底本领。本领既立,自然下学而上达矣。若不察良心发见处,即渺渺茫茫,恐无下手处也。中间一书论"必有事焉"之说,却尽有病,殊不蒙辨诘,何邪?所喻多识前言往行,固君子之所急。熹自来所见亦是如此。近因反求未得个安稳处,却始知此未免支离,如所谓因诸公以求程氏,因程氏以求圣人,是隔几重公案,曷若默会诸心,以立其本,而其言之得失,自不能逃吾之鉴邪?钦夫之学所以超脱自在,见得分明,不为言句所桎梏,只为合下入处亲切。今日说话虽未能绝无渗漏,终是本领。是当非吾辈所及,但详观所论,自可见矣。

答林择之

　　所论颜、孟不同处,极善极善!正要见此曲折,始无窒碍耳。比来想亦只如此用功。熹近只就此处见得向来未见底意思,乃知"存久自明,何待穷索"之语,是真实不诳语。今未能久,已有此验,况真能久邪?但当益加勉励,不敢少弛其劳耳!

答杨子直

　　学者堕在语言,心实无得,固为大病。然于语言中,罕见有究竟得彻头彻尾者。盖资质已是不及古人,而工夫又草草,所以终身于此,若存若亡,未有卓然可恃之实。近因病后,不敢极力读书,闲中却觉有进步处。大抵孟子所论"求其放心",是要诀尔!

与田侍郎子真

吾辈今日事事做不得,只有向里存心穷理,外人无交涉。然亦不免违条碍贯,看来无着力处,只有更攒近里面,安身立命尔。不审比日何所用心?因书及之,深所欲闻也。

答陈才卿

详来示,知日用工夫精进如此,尤以为喜。若知此心此理端的在我,则参前倚衡,自有不容舍者,亦不待求而得,不待操而存矣。格物致知,亦是因其所已知者推之,以及其所未知,只是一本,原无两样工夫也。

与刘子澄

"居官无修业之益",若以俗学言之,诚是如此。若论圣门所谓德业者,却初不在日用之外,只押文字,便是进德修业地头,不必编缀异闻,乃为修业也。近觉向来为学,实有向外浮泛之弊,不惟自误,而误人亦不少。方别寻得一头绪,似差简约端的,始知文字言语之外,真别有用心处,恨未得面论也。浙中后来事体,大段支离乖僻,恐不止似正似邪而已,极令人难说,只得惶恐,痛自警省!恐未可专执旧说以为取舍也。

与林择之

熹近觉向来乖谬处不可缕数,方惕然思所以自新者,而日用之间，悔吝潜积，又已甚多。朝夕惴惧，不知所以为计。若择之能一来辅此不逮，幸甚！然讲学之功，比旧却觉稍有寸进。以此知初学得些静中功夫，亦为助不小。

答吕子约

示喻日用工夫如此，甚善！然亦且要见一大头脑分明，便于操舍之间有用力处。如实有一物，把住放行在自家手里，不是谩说求其放心，实却茫茫无把捉处也。

子约复书云："某盖尝深体之，此个大头脑本非外面物事，是我元初本有底。其曰'人生而静'，其曰'喜怒哀乐之未发'，其曰'寂然不动'，人汩汩地过了日月，不曾存息，不曾实见此体段，如何会有用力处？程子谓'这个义理，仁者又看做仁了，智者又看做智了，百姓日用不知，此所以君子之道鲜'。此个亦不少，亦不剩，只是人看他不见，不大段信得此话。及其言于勿忘勿助长间认取者，认乎此也。认得此，则一动一静皆不昧矣！恻隐羞恶辞让是非，四端之著也，操存久则发见多；忿懥忧患好乐恐惧，不得其正也，放舍甚则日滋长。记得南轩先生谓'验厥操舍，乃知出入'，乃是见得主脑，于操舍间有用力处之实话。盖苟知主脑不放下，虽是未能常常操存，然语默应酬间历历能自省验，虽其实有一物在我手里，然可欲者是我底物，不可放失；不可欲者非是我物，不可留藏：虽谓之实有一物在我手里，亦可也。若是谩说，既无归宿，亦无依据，纵使强把捉得住，亦止是袭取，夫岂是我元有底邪？愚见如此，敢望指教。"朱子答书云："此段大概，甚正当亲切。"

答吴德夫

承喻仁字之说,足见用力之深。熹意不欲如此坐谈,但直以孔子、程子所示求仁之方,择其一二切于吾身者,笃志而力行之,于动静语默间,勿令间断,则久久自当知味矣。去人欲,存天理,且据所见去之存之。工夫既深,则所谓似天理而实人欲者次第可见。今大体未正,而便察及细微,恐有"放饭流歠而问无齿决"之讥也。如何如何?

答或人

"中和"二字,皆道之体用。旧闻李先生论此最详,后来所见不同,遂不复致思。今乃知其为人深切,然恨已不能尽记其曲折矣。如云"人固有无所喜怒哀乐之时,然谓之未发,则不可言无主也",又如先言"慎独",然后及"中和",此亦尝言之。但当时既不领略,后来又不深思,遂成蹉过,孤负此翁耳!

答刘子澄

日前为学,缓于反己。追思凡百,多可悔者。所论注文字,亦坐此病,多无着实处。回首茫然,计非岁月工夫所能救治,以此愈不自快。前时犹得敬夫、伯恭时惠规益,得以自警省。二友云亡,耳中绝不闻此等语。今乃深有望于吾子澄。自此惠书,痛加镌诲,乃君子爱人之意也。

朱子之后,如真西山、许鲁斋、吴草庐亦皆有见于此,而草庐见之尤真,悔之尤切。今不能备录,取草庐一说附于后。

临川吴氏曰："天之所以生人，人之所以为人，以此德性也。然自圣传不嗣，士学靡宗，汉、唐千余年间，董、韩二子依稀数语近之，而原本竟昧昧也。逮夫周、程、张、邵兴，始能上通孟氏而为一。程氏四传而至朱，文义之精密，又孟氏以来所未有者。其学徒往往滞于此而溺其心。夫既以世儒记诵词章为俗学矣，而其为学亦未离乎言语文字之末。此则嘉定以后朱门末学之敝，而未有能救之者也。夫所贵乎圣人之学，以能全天之所以与我者尔。天之与我，德性是也，是为仁义礼智之根株，是为形质血气之主宰。舍此而他求，所学何学哉？假而行如司马文正公，才如诸葛忠武侯，亦不免为习不著，行不察；亦不过为资器之超于人，而谓有得于圣学则未也。况止于训诂之精，讲说之密，如北溪之陈，双峰之饶，则与彼记诵词章之俗学，相去何能以寸哉？圣学大明于宋代，而踵其后者如此，可叹已！澄也钻研于文义，毫分缕析，每以陈为未精，饶为未密也。堕此科臼中垂四十年，而始觉其非。自今以往，一日之内子而亥，一月之内朔而晦，一岁之内春而冬，常见吾德性之昭昭，如天之运转，如日月之往来，不使有须臾之间断，则于尊之之道殆庶几乎？于此有未能，则问于人，学于己，而必欲其至。若其用力之方，非言之可喻，亦味于《中庸》首章、《订顽》终篇而自悟可也。"

《朱子晚年定论》，我阳明先生在留都时所采集者也。揭阳薛君尚谦旧录一本，同志见之，至有不及抄写，袖之而去者。众皆惮于翻录，乃谋而寿诸梓。谓"子以齿，当志一言"。惟朱子一生勤苦，以惠来学，凡一言一字，皆所当守；而独表章是、尊崇乎此者，盖以为朱子之定见也。今学者不求诸此，而犹踵其所悔，是蹈舛也，岂善学朱子者哉？麟无似，从事于朱子之训余三十年，非不专且笃，而竟亦未有居安资深之地，则犹以为知之未详，而览之未博也。戊寅夏，持所著论若干卷来见先生。闻其言，如日中天，睹之即见；象五谷之艺地，种之即生；不假外求，而真切简易，恍然有悟。退求其故而不合，则又不免迟疑于其间。及读是编，始释然，尽投其所业，假馆而受学，盖三月而若将有闻焉。然后知向之所学，乃朱子中年未定之论，是故三十年而无获。今赖天之灵，始克从事于其所谓定见者，故能三月而若将有闻也。非吾先生，几乎已矣！敢以告夫同志，使无若麟之晚而后悔也。若夫直求本原于言语之外，真有以验其必然而无疑者，则存乎其人之自力，是编特为之指迷耳。正德戊寅六月望，门人雩都袁庆麟谨识。

参考文献

(以作者姓氏拼音为序)

班固.汉书[M].颜师古,注.北京:中华书局,1962.

陈独秀.陈独秀选集[M].天津人民出版社,1990.

陈来.有无之境:王阳明哲学的精神[M].北京:北京大学出版社,2006.

陈荣捷.王阳明传习录详注集评[M].上海:华东师范大学出版社,2009.

陈寿.三国志[M].陈乃乾,校点.北京:中华书局,1982.

陈锡祺.孙中山年谱长编[M].北京:中华书局,1991.

陈旭麓.宋教仁集[M].北京:中华书局,1981.

程俊英.诗经译注[M].上海:上海古籍出版社,2014.

程颐,程颢.二程集[M].王孝鱼,点校.北京:中华书局,2004.

大学中庸[M].傅佩荣,译解.北京:东方出版社,2012.

邓艾民.传习录注疏[M].上海:上海古籍出版社,2012.

董仲舒.春秋繁露[M].朱方舟,整理.朱维铮,审阅.上海:上海书店出版社,1989.

冈田武彦.王阳明大传:知行合一的心学智慧[M].杨田,冯莹莹,译.重庆:重庆出版社,2015.

郜元宝.鲁迅六讲[M].上海三联书店,2000.

龚自珍.龚自珍全集[M].王佩诤,校.上海:上海古籍出版社,1999.

谷应泰.明史纪事本末[M].北京:中华书局,1985.

何心隐.何心隐集[M].容肇祖,整理.北京:中华书局,1960.

贺麟.五十年来的中国哲学[M].上海:上海人民出版社,2012.

胡风.胡风评论集[M].北京:人民文学出版社,1984.

黄宗羲.明儒学案[M].沈芝盈,点校.北京:中华书局,1985.

黄宗羲.宋元学案[M].陈金生,梁运华,点校.北京:中华书局,1986.

嵇文甫.嵇文甫文集[M].郑州:河南人民出版社,1985.

卷五:思辨录[M]//王元化集.武汉:湖北教育出版社,2007.

康有为.康有为全集[M].上海:上海古籍出版社,1992.

老子[M].傅佩荣,译解.北京:东方出版社,2012.

李大钊.李大钊文集[M].北京:人民出版社,1984.

李梦生.左传译注[M].上海:上海古籍出版社,2004.

李民,王健.尚书译注[M].上海:上海古籍出版社,2004.

李贽.藏书[M].北京:中华书局,1972.

李贽.焚书·续焚书[M].夏剑钦,校点.北京:中华书局,1975.

梁启超.梁启超讲阳明心学[M].西安:陕西人民出版社,2013.

梁启超.饮冰室合集[M].北京:中华书局,1989.

梁启超.中国近三百年学术史[M].北京:东方出版社,2004.

林子秋,马伯良,胡维定.王艮与泰州学派[M].成都:四川辞书出版社,2000.

鲁迅.鲁迅全集[M].北京:同心出版社,2014.

陆九渊.陆九渊集[M].钟哲,点校.北京:中华书局,1980.

论语[M].杨伯峻,杨逢彬,注译.长沙:岳麓书社,2000.

罗洪先集[M].徐儒宗,编校整理.南京:凤凰出版社,2007.

罗汝芳集[M].方祖猷,梁一群,李庆龙,等编校整理.南京:凤凰出版社,2007.

毛泽东.毛泽东选集[M].北京:人民出版社,1991.

孟子[M].杨伯峻,杨逢彬,注译.长沙:岳麓书社,2000.

钱穆.阳明学述要[M].北京:九州出版社,2010.

邵雍.邵雍集[M].郭彧,整理.北京:中华书局,2010.

司马迁.史记[M].北京:中华书局,1982.

孙中山.孙中山选集[M].北京:人民出版社,1981.

谭嗣同.谭嗣同全集[M].增订本.北京:中华书局,1998.

汤一介,李中华.中国儒学史[M].北京:北京大学出版社,2011.

唐文治.性理救世书[M].刻本.1920.

汪高鑫,李德峰.此心光明:评说王阳明与《传习录》[M].北京:人民出版社,2014.

汪中.新编汪中集[M].田汉云,点校.扬州:广陵书社,2005.

王夫之.船山全书[M].长沙:岳麓书社,2011.

王艮.王心斋全集[M].陈祝生,等校点.南京:江苏教育出版社,2001.

王守仁.王阳明全集[M].吴光,钱明,董平,等编校.上海:上海古籍出版社,2011.

王肃.孔子家语[M].廖名春,邹新明,校点.沈阳:辽宁教育出版社,1997.

王阳明.传习录全鉴:珍藏版[M].迟双明,解译.北京:中国纺织出版社,2016.

王阳明.传习录全译[M].于民雄,注.顾久,译.增订本.贵阳:贵州人民出版社,2009.

王阳明.传习录[M].张靖杰,译注.南京:江苏凤凰文艺出版社,2016.

魏徵,令狐德棻.隋书[M].北京:中华书局,1973.

吴震.《传习录》精读[M].上海:复旦大学出版社,2011.

萧无陂.传习录校释[M].长沙:岳麓书社,2012.

熊十力.新唯识论[M].上海:上海人民出版社,2011.

徐世昌.清儒学案[M].沈芝盈,梁运华,点校.北京:中华书局,2008.

颜钧.颜钧集[M].北京:黄宣民,点校.中国社会科学出版社,1996.

杨峰,张伟.清代经学学术编年[M].南京:凤凰出版社,2015.

杨国荣.王学通论:从王阳明到熊十力[M].上海:华东师范大学出版社,2018.

杨嵘.王阳明大全集[M].北京:中国华侨出版社,2011.

杨天宇.礼记译注[M].上海:上海古籍出版社,2004.

曾国藩.曾国藩全集[M].长沙:岳麓书社,1986.

曾震宇,傅永聚.春秋繁露新注[M].北京:商务印书馆,2010.

张岂之.民国学案[M].长沙:湖南教育出版社,2011.

张廷玉等.明史[M].北京:中华书局,1974.

张载.张载集[M].章锡琛,点校.北京:中华书局,1978.

章太炎.齐物论释[M].武汉:崇文书局,2016.

正蒙[M].李峰,注说.开封:河南大学出版社,2016.

周敦颐.周敦颐集[M].陈克明,点校.北京:中华书局,1990.

朱杰人,严佐之,刘永翔.朱子全书[M].修订本,上海:上海古籍出版社,2010.

  朱熹,吕祖谦.近思录[M].郑州:中州古籍出版社,2008.

  朱熹.四书章句集注[M].北京:中华书局,1983.

近期国学读物要目

国学新读本

诗经　梁锡锋　注说
论语　臧知非　注说
尚书　姜建设　注说
国语　曹建国　张玖青　注说
孔子家语　杨朝明　注说
山海经　郑慧生　注说
墨子　苏凤捷　程梅花　注说
孟子　何晓明　周春健　注说
庄子　曹础基　注说
荀子　杨朝明　注说
韩非子　赵沛　注说
孙子兵法　赵国华　注说
楚辞　李中华　邹福清　注说
潜夫论　王健　注说
文心雕龙　戚良德　注说

礼记　杨天宇　注说
老子　曹峰　注说
吕氏春秋　张富祥　注说
商君书　徐莹　注说
战国策　张彦修　注说
淮南子　杨有礼　注说
春秋繁露　曾振宇　注说
世说新语　赵成林　注说
史通　李振宏　注说

周易　龚留柱　注说
新语　李振宏　注说
新书　徐莹　注说
新论　臧知非　注说
说苑　赵国华　范正娥　注说
搜神记　王利锁　注说
颜氏家训　郭宝军　注说

文中子　王路曼　池　桢　注说
潜书　池　桢　王路曼　注说
六祖坛经　姚彬彬　注说
韩愈集　刘真伦　岳　珍　注说
柳宗元集　岳　珍　注说
贞观政要　苏士梅　注说
通书　张文瀚　注说
正蒙　李　峰　注说
王弼集　党圣元　注说
欧阳修集　杨　亮　注说
王安石集　张富祥　李玉诚　注说
容斋随笔　张富祥　注说
论语集注　梁振杰　注说
大学中庸集注　梁振杰　注说
孟子集注　赵庆伟　注说
近思录　路新生　注说
《传习录》注说　岳淑珍　注说
焚书　李竞艳　注说
明夷待访录　赵轶峰　注说
闲情偶寄　惠　萍　注说
龚自珍集　曹志敏　注说
校邠庐抗议　刘克辉　戴宁淑　注说
劝学篇　马小泉　注说

百年河大国学旧著新刊
河洛方言诠诂　王广庆　著
三统历表　邵瑞彭　著
中国戏剧概论　卢　前　著
晚明思想史散论　嵇文甫　著
论语新探　赵纪彬　著
天问研究　孙作云　著
汉魏六朝文学史　李嘉言　著
金艺文志　金登科记考　万　曼　著
唐集叙录　万　曼　著
中国文学史新编　张长弓　著
汉碑集释　高　文　著
袁中郎研究　任访秋　著
东夷杂考　李白凤　著
宋会要辑稿考校　王云海　著
长江集新校　李嘉言　著

高适岑参选集　高　文　王刘纯　选著
花间集注　华锺彦　著
庆湖遗老诗集校注　王梦隐　著
曾瑞散曲集校注　李春祥　著
辛弃疾选集　佟培基　选著
汉魏六朝韵谱　于安澜　著
毡推闲话　武慕姚　著
中国救荒史　邓云特　著
红学二百年　李春祥　著
文心雕龙选讲　温绎之　著

于安澜书画学四种
画论丛刊
画史丛书
画品丛书
书学名著选

元典文化丛书
中华第一经——《周易》与中国文化　宋会群　苗雪兰　著
教化百科——《诗经》与中国文化　孙克强　张小平　著
经国治民之典——《周礼》与中国文化　郝铁川　著
哲人的智慧——《老子》与中国文化　高秀昌　龚　力　著
圣人箴言录——《论语》与中国文化　李振宏　著
武学圣典——《孙子兵法》与中国文化　龚留柱　著
亚圣思辨录——《孟子》与中国文化　何晓明　著
逍遥之祖——《庄子》与中国文化　白本松　王利锁　著
外王之学——《荀子》与中国文化　张曙光　著
中国帝王术——《韩非子》与中国文化　王宏斌　著
史家绝唱——《史记》与中国文化　邓鸿光　著
诸经总龟——《春秋》与中国文化　涂文学　周德钧　著
管理宝典——《管子》与中国文化　袁　闯　著
纵横家书——《战国策》与中国文化　张彦修　著
人仙之间——《抱朴子》与中国文化　徐仪明　冷天吉　著
医学圣典——《黄帝内经》与中国文化　王庆宪　梁晓珍　著
礼乐渊薮——《礼记》与中国文化　黄宛峰　著
词章之祖——《楚辞》与中国文化　李中华　著
星学宝典——《历书天官书》与中国文化　郑慧生　著
天人衡中——《春秋繁露》与中国文化　曾振宇　范学辉　著
王政全书——《吕氏春秋》与中国文化　张富祥　著
神话之源——《山海经》与中国文化　高有鹏　孟　芳　著

新道鸿烈——《淮南子》与中国文化　杨有礼　著
史家龟鉴——《史通》与中国文化　曾凡英　著
政事纲纪——《尚书》与中国文化　姜建设　著
春秋弦歌——《左传》与中国文化　龚留柱　著
平民理想——《墨子》与中国文化　苏凤捷　程梅花　著
人伦本原——《孝经》与中国文化　臧知非　著
法典之王——《唐律疏议》与中国文化　徐永康　吉霁光　郑取　著
文论巨典——《文心雕龙》与中国文化　戚良德　著

宋代研究丛书

北宋诗学　张海鸥　著
宋代东京研究　周宝珠　著
宋代地域经济　程民生　著
宋代监察制度　贾玉英　著
宋代官员选任和管理制度　苗书梅　著
宋代地域文化　程民生　著
宋代文学通论　王水照　主编
宋代司法制度　王云海　主编
宋代教育　苗春德　主编
清明上河图与清明上河学　周宝珠　著
宋代文化史　姚瀛艇　主编
黄庭坚与宋代文化　杨庆存　著
宋代交通管理制度研究　曹家齐　著
岳飞和南宋前期政治与军事研究　王曾瑜　著
成圣之道——北宋二程修养工夫论之研究　温伟耀　著
宋代绘画研究　邓乔彬　著

汉语史专书语法研究丛书

《三朝北盟会编》语法研究　刁晏斌　著
《荀子》虚词研究　黄珊　著
《晏子春秋》词类研究　姚振武　著
《聊斋俚曲》语法研究　冯春田　著
《孟子》词类研究　崔立斌　著
《朱子语类辑略》语法研究　吴福祥　著
敦煌变文12种语法研究　吴福祥　著
《吕氏春秋》句法研究　殷国光　著
《尚书》语法论稿　钱宗武　著
《左传》语法研究　何乐士　著
《元典章·刑部》语法研究　李崇兴　祖生利　著
汉语语法史断代专书比较研究　何乐士　著

图书在版编目(CIP)数据

《传习录》注说 / 岳淑珍注说. -- 郑州:河南大学出版社,2024.5
ISBN 978-7-5649-5900-5

Ⅰ.①传… Ⅱ.①岳… Ⅲ.①心学-中国-明代②《传习录》-研究 Ⅳ.①B248.25

中国国家版本馆 CIP 数据核字(2024)第 107945 号

责任编辑	胡玲霞
责任校对	谢明子
封面设计	马 龙

出版发行	河南大学出版社		
	地址:郑州市郑东新区商务外环中华大厦 2401 号		
	邮编:450046　电话:0371-86059701(营销部)		
	网址:hupress.henu.edu.cn		
排　版	郑州市今日文教印制有限公司		
印　刷	郑州市今日文教印制有限公司		
版　次	2024 年 5 月第 1 版	印　次	2024 年 5 月第 1 次印刷
开　本	650 mm×960 mm　1/16	印　张	23.25
字　数	350 千字	定　价	60.00 元

(本书如有印装质量问题,请与河南大学出版社营销部联系调换)